"*O Líder do Futuro* não é apenas um livro, mas um modelo para uma grande liderança. Com base em pesquisas únicas, é uma leitura indispensável para líderes e aspirantes a líderes."

— *Jon Gordon, autor do best-seller*
The Power of Positive Leadership

"E se você pudesse se reunir com as pessoas que realmente comandam algumas das melhores empresas do mundo e perguntar-lhes o que realmente faz um grande líder? E se você pudesse aproveitar a sabedoria nascida da experiência? Jacob Morgan tem um acesso invejável a essa sabedoria e compartilhou-a com todos nós. Esta é uma das melhores bússolas que conheço para nos levar às lideranças do século XXI."

— *Michael Bungay Stanier, autor do best-seller do Wall Street Journal,* The Coaching Habit

"O livro de Jacob Morgan nos oferece um olhar convincente sobre o futuro da liderança – os desafios que os líderes enfrentarão e os *mindsets* e as habilidades que serão necessárias para superá-los. Quer ser um líder pronto para o futuro? Então você precisa ler este livro!"

— *Horst Schulze, fundador e CEO do The Ritz-Carlton Hotel Company*

"*O Líder do Futuro* fornece uma nova e original atenção a um tópico atemporal. Combinando histórias inspiradoras dos principais líderes empresariais do mundo com dados concretos e extensa pesquisa, este livro ajudará seus leitores a compreender melhor como inspirar equipes e o que realmente significa ser um líder."

— *Barbara Humpton, CEO da Siemens dos Estados Unidos*

"Um livro novo e original que aborda um tópico desafiador, com histórias esclarecedoras de CEOs aliadas a dados rigorosos. É impossível ler este livro e não pensar de modo diferente sobre liderança e sobre quem você é como líder. Uma leitura sem dúvida obrigatória!"

— *Garry Ridge, CEO da WD-40 Company*

"*O Líder do Futuro* é recurso importante para qualquer um que pretenda causar impacto em sua organização... e no mundo."

— *Maynard Webb, autor de best-sellers do New York Times, ex-presidente do conselho de diretores do Yahoo!, membro do conselho da Salesforce e Visa, fundador da Webb Investment Network*

"Enfim um livro que olha para o futuro da liderança e para o que é necessário. Uma visão incrível para todas as organizações."

— *Nigel Travis, ex-CEO da Dunkin' Brands e Papa John's Pizza, diretor da Challenge Consulting LLC*

"Com base em 140 entrevistas com CEOs, este é um livro essencial sobre um assunto importante. Jacob Morgan nos incita a pensar sobre o que é a liderança em tempos atuais e o que ela precisa ser no futuro."

— *L. David Marquet, autor do best-seller* Turn the Ship Around!

"Jacob pesquisa uma lista enorme de CEOs de primeira linha para dar uma espiada nos atributos do bem-sucedido líder do amanhã. Este livro pode ajudá-lo a ser esse líder."

— *John Venhuizen, CEO da Ace Hardware*

"O fundamental para a leitura deste livro é algo simples. O mundo do trabalho está em constante mudança, e o mercado está sempre exigindo novos tipos de líderes para guiarem as organizações rumo ao futuro. Este livro pode ajudá-lo a se tornar o melhor líder do futuro que puder ser".

— *Arnold Donald, CEO da Carnival Corporation*

"Jacob escreveu um livro para ajudá-lo a entender como a liderança está mudando, por que está mudando e o que precisa ser feito a esse respeito. *O Líder do Futuro* nos inspira a repensar o que a liderança significou no passado e a adotar as habilidades e os *mindsets* que serão necessários para conseguirmos seguir em frente."

— *David Henshall, president e CEO da Citrix*

"Em *O Líder do Futuro* há muitas ideias práticas imprescindíveis que me pareceram relevantes para os desafios e as oportunidades que enfrento a cada dia. Sem a menor dúvida, vale uma leitura."

— *Brad Jacobs, presidente e CEO da XPO Logistics*

"Jacob examinou minuciosamente como os líderes de algumas das maiores marcas veem suas funções, e, mais importante ainda, como suas ações afetam seus funcionários e o mundo em torno deles. Este livro oferece uma oportunidade para os líderes de hoje aprenderem com os colegas e para uma nova geração de líderes aprenderem com nossos êxitos e fracassos."

— *Michel Combes, presidente e CEO da Sprint*

"Quer saber como se tornar um grande líder? Se sim, leia o livro de Jacob Morgan!"

— *Gerhard Zeiler, diretor financeiro da WarnerMedia*

"Ser um líder é uma tremenda honra e responsabilidade. Você tem obrigação consigo mesmo e para com seu pessoal de se tornar o melhor líder possível. Pode começar lendo este livro e colocando em prática as ideias que são exploradas nele. Uma leitura valiosa!"

— *David Novak, CEO da oGoLead, cofundador, presidente aposentado e CEO da Yum! Brands, Inc.*

"Os líderes corporativos de hoje não começam do zero. Eles constroem sua prática de liderança com base na experiência coletiva daqueles que vieram antes deles e aplicam essa sabedoria para impulsionar a transformação, construir mercados e desenvolver marcas. O novo livro de Jacob Morgan proporciona acesso a essa visão e a essa experiência."

— *Michael Kneeland, presidente do conselho da United Rentals*

"Este livro é diferente dos livros convencionais de liderança porque se baseia na macroeconomia global da vida profissional. Tem um conteúdo real. A prática de gestão parou de funcionar há trinta anos. Este livro dá uma contribuição rara e extremamente necessária em termos de liderança, equipes e desenvolvimento humano."

— *Jim Clifton, presidente e CEO da Gallup*

O LÍDER DO FUTURO

JACOB MORGAN

O LÍDER DO FUTURO

**9 NOTÁVEIS HABILIDADES E *MINDSETS*
PARA TER SUCESSO NA PRÓXIMA DÉCADA**

Tradução
Mário Molina

Editora
Cultrix
SÃO PAULO

Título do original: The Future Leader.
Copyright © 2020 Jacob Morgan.
Copyright da edição brasileira © 2022 Editora Pensamento-Cultrix Ltda.
1ª edição 2022.

Todos os direitos reservados. Nenhuma parte desta obra pode ser reproduzida ou usada de qualquer forma ou por qualquer meio, eletrônico ou mecânico, inclusive fotocópias, gravações ou sistema de armazenamento em banco de dados, sem permissão por escrito, exceto nos casos de trechos curtos citados em resenhas críticas ou artigos de revistas.

A Editora Cultrix não se responsabiliza por eventuais mudanças ocorridas nos endereços convencionais ou eletrônicos citados neste livro.

Editor: Adilson Silva Ramachandra
Gerente editorial: Roseli de S. Ferraz
Preparação de originais: Alessandra Miranda de Sá
Gerente de produção editorial: Indiara Faria Kayo
Editoração Eletrônica: Ponto Inicial Design Gráfico
Revisão: Erika Alonso

Dados Internacionais de Catalogação na Publicação (CIP)
(Câmara Brasileira do Livro, SP, Brasil)

Morgan, Jacob
  O líder do futuro : 9 notáveis habilidades e mindsets para ter sucesso na próxima década / Jacob Morgan ; tradução Mário Molina. -- São Paulo : Editora Cultrix, 2022.

  Título original: The future leader
  ISBN 978-65-5736-155-9

  1. Administração 2. Desenvolvimento pessoal 3. Entrevistas 4. Equipes no local de trabalho 5. Liderança 6. Líderes 7. Mudança organizacional I. Título.

22-105931   CDD-658.4092

Índices para catálogo sistemático:
1. Liderança : Administração 658.4092
Maria Alice Ferreira - Bibliotecária - CRB-8/7964

Direitos de tradução para o Brasil adquiridos com exclusividade pela
EDITORA PENSAMENTO-CULTRIX LTDA., que se reserva a
propriedade literária desta tradução.
Rua Dr. Mário Vicente, 368 — 04270-000 — São Paulo — SP
Fone: (11) 2066-9000
http://www.editorapensamento.com.br
E-mail: atendimento@editorapensamento.com.br
Foi feito o depósito legal.

Aos meus pais, David e Ella, que sempre me serviram de guia. Obrigado pela orientação. E à minha esposa, Blake, cujos amor, apoio e estímulo tornam tudo o que faço possível.

Sumário

Introdução		1
PARTE 1	COMPREENDENDO O PAPEL DO LÍDER	9
Capítulo 1	A Discrepância da Liderança	11
	Hoje os líderes vêm tendo dificuldades	12
	É hora de mudar	14
Capítulo 2	Três Questões Essenciais de Liderança	17
	O que é liderança e o que significa ser um líder?	17
	Como os CEOs definem liderança	19
	Quais são seus filtros de liderança?	21
	Defina liderança	24
	Líder ou gerente?	24
	O líder de 2030 é assim tão diferente do líder de hoje?	26
Capítulo 3	O Impacto de um Líder	29
	Como ótimos e maus líderes influenciam você e sua organização	29
	Precisamos de mais grandes líderes	33
PARTE 2	TENDÊNCIAS E DESAFIOS QUE MOLDARÃO OS LÍDERES DO FUTURO	35
Capítulo 4	Inteligência Artificial e Tecnologia	37
	As máquinas vão assumir o controle?	39
	Automatizar uma tarefa não significa substituir alguém	40
	O que fazem os líderes	41
	Como a inteligência artificial vai afetar a liderança	42

O Líder do Futuro

Capítulo 5	**Ritmo das Mudanças**	45
	Liderança em um futuro que ainda não existe	46
Capítulo 6	**Propósito e Significado**	49
	Trabalho, propósito, impacto, significado	50
	Criação de propósito e significado	53
Capítulo 7	**Cenário dos Novos Talentos**	57
	A enorme escassez de talentos	57
	Necessidade de requalificar e reciclar	59
	Diversidade e inclusão como questões cruciais	61
Capítulo 8	**Moralidade, Ética e Transparência**	65
	Ética *versus* moral	66
	O impacto de um líder ético	67
	Líderes têm de ser transparentes	70
Capítulo 9	**Globalização**	73
	Diversidade e curiosidade são essenciais	74
Capítulo 10	**Estamos Prontos para as Novas Tendências?**	75
	Precisamos de menos conversa e mais ação	80
	Há uma pane organizacional	80
	Os funcionários confiam mais em si mesmos que naqueles que os cercam	81
Capítulo 11	**Desafios**	83
	Futurar	84
	Não estamos prontos para os desafios	96
	Approprie-se das Nove Notáveis	98
PARTE 3	**AS QUATRO MENTALIDADES DAS NOVE NOTÁVEIS**	101
Capítulo 12	**O Explorador**	103
	Visão geral do explorador	104
	Precisamos ser mais curiosos	110
	Aprendizagem realmente perpétua	116

Sumário

	Família de aprendizes realmente perpétuos	121
	Mindset de crescimento	125
	Adaptabilidade e agilidade	127
	Como os líderes podem desenvolver a mentalidade de explorador	128
Capítulo 13	**O *Chef***	133
	Precisamos de mais humanIT	134
	Adoção de tecnologia	137
	Guiado por um propósito e pela atenção às pessoas	140
	Como os líderes podem desenvolver a mentalidade de *chef*	143
Capítulo 14	**O Servidor**	149
	Prestação de serviço aos líderes	150
	Prestação de serviço à equipe	150
	Prestação de serviço aos clientes	155
	Prestação de serviço a si mesmo	158
	Humildade e vulnerabilidade	161
	Como os líderes podem desenvolver a mentalidade de servidor	164
Capítulo 15	**O Cidadão Global**	167
	Os benefícios da mentalidade de cidadão global	168
	Como os líderes podem desenvolver a mentalidade de cidadão global	172
Capítulo 16	**Até que ponto estamos praticando devidamente essas mentalidades hoje?**	175
	Cuidado com as discrepâncias	178
	A maldição do tempo de casa	179
	Pelo mundo afora	180

O Líder do Futuro

PARTE 4	**AS CINCO HABILIDADES DAS NOVE NOTÁVEIS**	**185**
Capítulo 17	**O Futurista**	187
	Como pensa um futurista	190
	Como os líderes podem desenvolver a habilidade do futurista	193
Capítulo 18	**Yoda**	195
	Inteligência emocional (empatia e autoconsciência)	196
	Outros componentes da inteligência emocional	200
	Como os líderes podem desenvolver a habilidade do Yoda	204
Capítulo 19	**O Tradutor**	207
	Prestando atenção	209
	Comunicação	211
	Como os líderes podem desenvolver a habilidade do tradutor	213
Capítulo 20	**O _Coach_**	219
	Motivação, inspiração e engajamento de pessoas	222
	Criação de líderes do futuro	227
	O trabalho através de gerações e culturas	231
	Criação de equipes eficientes	233
	Como os líderes podem desenvolver a habilidade do _coach_	237
Capítulo 21	**O Adolescente da Tecnologia**	239
	Compreendendo como a tecnologia afeta seu negócio	239
	Como os líderes podem desenvolver a habilidade do adolescente da tecnologia	241
Capítulo 22	**Até que ponto estamos praticando devidamente essas habilidades hoje?**	243
	Cuidado com as discrepâncias... de novo!	244
	Pelo mundo afora	246
	Estamos prontos para o líder do futuro?	246

XIV

Sumário

PARTE 5	**TORNANDO-SE UM LÍDER DO FUTURO**	249
Capítulo 23	Conhecer *versus* Fazer	251
	Defina "líder" e "liderança"	254
	Olhe para seu atual estado	256
	Pratique as habilidades e as mentalidades	257
	Construa sua tribo	258
	Evite os dias comuns	258
	Guie outras pessoas	259
Referências		261
Agradecimentos		277
Recursos Adicionais		279
	A avaliação do líder do futuro	279

Introdução

Milhares de anos atrás, quando marinheiros e exploradores decidiram navegar em águas desconhecidas, o único modo de conseguirem encontrar o caminho de volta para casa ou de chegada ao destino era procurar um ponto de referência, como um amontoado de rochas durante o dia ou um ponto luminoso brilhando no meio da noite. Esses marcos serviam não só para orientar os marinheiros, mas também para adverti-los dos perigos que pudessem vir a afundar suas embarcações. Talvez o farol mais famoso, e uma das Sete Maravilhas do Mundo, fosse o Farol de Alexandria, construído no século III a.C. A história conta que essa estrutura tinha quase 137 metros de altura e que sobreviveu por 1.500 anos antes de ser destruída por um terremoto.

Ao longo da História, os faróis serviram de sinalizadores para nos conduzir ao nosso destino, ao mesmo tempo em que nos ajudavam a evitar perigos. Foi por isso que optei por usar um farol como capa deste livro. Encaro os líderes atuais e do futuro como faróis que guiam seus funcionários e organizações rumo ao sucesso, afastando-os das costas rochosas que poderiam esmagá-los.

Grandes líderes transformam o mundo, ou talvez seja mais apropriado dizer que grandes líderes constroem o mundo. Ajudam a projetar os produtos e serviços que usamos na vida pessoal e profissional; criam empresas que geram empregos, para que as pessoas que trabalham lá possam sustentar suas famílias; defendem causas sociais e lutam contra injustiças para ajudar a tornar o mundo um lugar melhor; apoiam instituições de caridade e organizações sem fins lucrativos; e moldam a cultura, a atitude e o comportamento de quem trabalha com eles, o que significa moldar quem somos como seres humanos. É uma responsabilidade tremenda, mas também um privilégio enorme.

Para criar um mundo em que todos queiramos viver e trabalhar, precisamos garantir a presença dos líderes certos no lugar certo, agora e, em particular, no futuro. No contexto deste livro, isso abrange o ambiente de negócios, embora a ideia possa ser aplicada a qualquer indivíduo, em qualquer organização. É algo desafiador, porque o mundo do trabalho vem mudando com rapidez, e o que funcionou no passado não vai funcionar no futuro. Wayne Gretzky disse a famosa frase: "Eu patino para onde o disco vai estar, não para onde ele esteve". Quero ajudar líderes e organizações a compreender para onde está indo o disco, para que possam começar, desde já, a se mover para lá.

Nos últimos dez anos, escrevi cinco livros, entre eles, este. Durante essa década, tive a sorte de trabalhar com centenas de empresas, viajar pelo mundo e apresentar meu trabalho a milhões de pessoas. Compartilhei várias ideias e percepções em minha jornada, mas continuo me considerando um eterno aprendiz. Liderança é uma das áreas pelas quais tenho um fascínio especial.

Todo ano falo em cerca de quarenta simpósios e eventos pelo mundo afora, sempre sobre temas e tópicos relacionados a liderança, ao futuro do trabalho e à experiência do funcionário. Comecei, então, a observar uma tendência recorrente entre membros da audiência e entre os executivos que eu assessorava, conhecia ou entrevistava. Cada vez mais, eles me faziam perguntas não sobre liderança atual, mas sobre como seria a liderança na próxima década. Certamente eu tinha algumas ideias e teorias a esse respeito, mas passei a achar que era um tema bem interessante para ser mais explorado. Começando a investigá-lo, percebi que não havia quase nada que abordasse a questão e sem dúvida nada baseado em uma pesquisa sólida, que de fato incorporasse as percepções de CEOs e funcionários em nível global.

O mundo dos negócios parece estar sendo cada vez mais inundado pelas atuais estratégias e ideias de liderança. Embora tenha sido feito certo progresso para a criação de grandes líderes, existe ainda um longo caminho a ser trilhado, e as coisas mudam com rapidez! Podemos argumentar, por exemplo, que na última década os líderes viviam obcecados, antes de mais nada, com o preço das ações; a diversidade e os esforços de inclusão eram incipientes; a tecnologia (em particular, a inteligência artificial (IA)) estava muito longe do avanço ou da capacidade de transformação que tem hoje; a hierarquia estava sendo desafiada, mas não da forma como vemos atualmente; as plataformas de mídia social apenas começavam a decolar; o iPhone era quase inexistente; a expressão "experiência do funcionário" raramente era mencionada; "propósito" e "impacto" eram conceitos risíveis; as forças de trabalho não estavam tão distribuídas nem eram tão diversificadas como hoje; a

Introdução

visão de curto prazo parecia desenfreada; e a ênfase em espaços físicos de trabalho além do típico cubículo era pequena, sem mencionar que lidávamos com o impacto dramático da crise financeira de 2008.

Pouco antes da crise financeira, tive meu primeiro emprego fora do âmbito universitário ao trabalhar para uma empresa de tecnologia em Los Angeles. Tinha me formado na Universidade da Califórnia em Santa Cruz com honras e dois bacharelados: em Economia e em Psicologia de Gestão Empresarial. Estava pronto para ingressar no mundo corporativo e consegui um emprego que me obrigava a passar três horas diárias em engarrafamentos no trânsito. Aceitei o trabalho porque me venderam a história de como era trabalhar lá. Com alguns meses de emprego, cuidava da entrada de dados, de chamadas não solicitadas, apresentações em PowerPoint, e passei a detestar minha vida. Um dia, o CEO gritou meu nome do outro lado do escritório e disse que tinha um projeto muito importante do qual eu iria participar. Claro que fiquei animado e pensei que enfim seria capaz de "pagar o que estava devendo", mostrando assim que podia contribuir e causar impacto. Então, o CEO pegou sua carteira, me deu dez dólares e disse: "Estou atrasado para uma reunião, preciso que corra até a Starbucks e me traga uma xícara de café. Ah, a propósito, pegue alguma coisa para você também". Argh! Esse foi um dos últimos empregos onde tive de trabalhar para outra pessoa, e desde então me apaixonei por criar organizações às quais todos têm vontade de comparecer para trabalhar. E os líderes têm um grande papel nisso.

A maioria das pessoas não se dá conta de como tudo mudou na última década porque foram "parte da coisa", digamos assim. Imagine que embarcamos em um trem para fazer uma viagem muito longa, uma viagem que durou dez anos. Enquanto estávamos no trem, as coisas pareciam continuar como eram, as tecnologias se mantinham as mesmas, a roupa que todos usavam era a mesma – nada mudava. Mas dez anos se passaram e chegamos enfim ao destino. Ao desembarcar, mal conseguimos reconhecer o mundo novo à nossa volta. As organizações têm feito, de forma coletiva, essa longa viagem de trem. E quem nunca saltou em alguma parada ao longo do caminho para observar o mundo sem dúvida não notou nenhuma mudança. Mas um dia se sentiu em um lugar inteiramente novo.

No romance de Ernest Hemingway, *O Sol Também se Levanta*, há um diálogo entre dois personagens que é assim:

— Como você foi à falência? — perguntou Bill.

— De duas maneiras — disse Mike. — De modo gradual e depois de repente.

Se observarmos a coisa de fora, perceberemos com rapidez que a liderança de dez anos atrás não foi o que é hoje e, mais importante, que a liderança de hoje não é o que será daqui a dez anos. Mas, como estamos tão envolvidos com os aspectos cotidianos de nossa vida e carreira, é raro pensarmos nessa mudança e na forma real que ela pode tomar.

Eu não sabia muito bem como responder à pergunta sobre o futuro da liderança e resolvi reunir informações. Entrevistei mais de 140 CEOs em empresas do mundo inteiro, que representavam a Turquia, a França, a Índia, a Austrália, o Japão, a Finlândia, o Reino Unido, os Estados Unidos, o Canadá, a Itália, o Brasil, a Irlanda, o Peru, além de outros países. O ramo das indústrias abrangia cuidados de saúde, alimentos e bebidas, organizações sem fins lucrativos, indústrias automotivas, serviços financeiros, aluguel de equipamentos, *software*, imóveis e assuntos correlacionados. Os CEOs eram de empresas como Mastercard, Best Buy, Unilever, Oracle, Verizon, St. Jude Children's Research Hospital, Philip Morris International, Itaú Unibanco, InterContinental Hotels Group, Saint Gobain, ZF Friedrichshafen, Kaiser, Koç Holdings, além de outras pelo mundo afora. Com exceção de algumas poucas, realizei todas as entrevistas pessoalmente ou via chamada individual ao vivo, que duravam cerca de 45 a 60 minutos. Quis me concentrar especificamente nos CEOs porque eles são o topo da liderança no mundo dos negócios. São os responsáveis pelas decisões que a organização toma e pelo impacto que ela tem no mundo e sobre os investidores, além de empregados e clientes.

No total, estes CEOs representam mais de 7 milhões de pessoas, 35 indústrias e 20 países pelo mundo afora. Como não há muitas mulheres CEOs, conseguir trazê-las para o meu livro foi desafiador, mas estou orgulhoso das muitas que fui capaz de incluir: 23% de todos os CEOs que entrevistei eram mulheres. Tomemos para comparação que menos de 7% de todos os 500 CEOs da *Fortune* são mulheres (Zillman, 2019) e apenas 5% dos CEOs na S&P 500 são mulheres (Catalyst, 2019). De fato, as mulheres ocupam menos de 5% dos cargos de CEO nos Estados Unidos e na Europa (Edgecliffe-Johnson, 2018). Tive a sorte de superar várias vezes todos esses números.

Introdução

Foi feita a todos os CEOs uma série de doze perguntas:
1. Que tendências provocarão impacto no futuro da liderança?
2. Que tipo(s) de *mindset* (mentalidades) você acha que o líder do futuro terá de possuir e por quê? (Como eles devem pensar?)
3. Que qualificações você acha que o líder do futuro terá de possuir e por quê? (O que vão precisar saber fazer?)
4. Quando você pensa nos líderes de hoje e nos da próxima década, quais são as principais diferenças?
5. Imagine um dia na vida de um líder na próxima década. Como ele é?
6. Quais serão os maiores desafios para o líder do futuro?
7. Você pode exemplificar com nomes da atualidade os líderes de daqui a dez anos? Explique sua(s) escolha(s).
8. A empresa na qual você trabalha está pensando nessa questão e/ou trabalhando nela de alguma maneira?
9. Você já pensou sobre quais qualificações o líder da próxima década vai precisar?
10. Como você define liderança?
11. Há mais alguma coisa que gostaria de acrescentar sobre o futuro da liderança?
12. Seu *hack* de liderança (dicas, técnicas ou estratégias que costuma usar para ser um líder mais eficiente) tem funcionado bem para você?

PROCURE esta imagem no livro! Quando surgir, ela indica que a seção correspondente trará uma citação literal de um dos muitos CEOs que entrevistei.

Antes de fazer essas perguntas, informei os CEOs sobre o contexto do livro e o foco na liderança da próxima década. Todas as entrevistas foram transcritas e passaram por uma leitura prévia em busca de informações importantes. Nessa etapa, eu procurava temas e ideias específicos, além de respostas comuns à lista de perguntas. Por exemplo: quais são as qualificações e as atitudes comuns que os CEOs continuam a identificar como cruciais para o futuro da liderança? Todas essas respostas foram então codificadas em uma grande planilha, que me permitiu filtrá-las por diferentes critérios, como tamanho da companhia, gênero do CEO e indústria.

Também me inscrevi no LinkedIn, a maior rede social profissional do mundo, para pesquisar quase 14 mil membros que, nos mais diversos países, identificavam-se como empregados em tempo integral. Queria ver se a percepção deles combinava com o que os CEOs diziam. A pesquisa foi significativa em termos estatísticos, com um nível de confiança de 95%. Os funcionários pesquisados representavam a China, a Austrália, os Estados Unidos, o Reino Unido, a Índia, a Áustria, a Alemanha, a Suíça, o Brasil e os Emirados Árabes Unidos. Também nesse caso os empregados representavam uma variedade de indústrias, com o tamanho das empresas variando de 50 empregados a mais de 100 mil, e as categorias abrangendo desde colaboradores individuais até executivos de alto escalão. A pesquisa foi extremamente abrangente e de alcance global.

Essa pesquisa usou as mesmas doze perguntas, com a adição de poucas outras, pedindo que os entrevistados avaliassem a si próprios, bem como a seus gerentes e executivos seniores, em diferentes áreas que os CEOs consideravam cruciais para o futuro da liderança. Por exemplo, em seguida à pergunta "Que tipo(s) de *mindsets* (mentalidades) você acha que o líder do futuro terá de possuir e por quê? (Como eles devem pensar?)", também foi questionado aos participantes da pesquisa como eles, seus gerentes e executivos seniores estavam praticando essas novas formas de pensar. Isso me permitiu captar uma imagem completa da liderança em organizações pelo mundo afora e a compreender de fato se o que os CEOs diziam estava mesmo sendo praticado e com que qualidade. Os funcionários também podiam selecionar até três respostas para algumas perguntas; por exemplo, ao identificar as principais atitudes esperadas do líder do futuro, tinham a opção de escolher três respostas, não apenas uma.

Por fim, entrevistei vários acadêmicos, pesquisadores ou *coaches*, e vasculhei centenas de estudos de caso, livros, artigos e relatórios sobre liderança e o futuro da liderança, para ver o que mais poderia aprender. Acredito que este seja o mais abrangente e talvez um dos raros projetos do gênero especificamente dedicado a investigar o líder do futuro e o futuro da liderança até 2030 e daí em diante. À medida que avançar no livro, você vai encontrar várias frases ditas pelos CEOs que entrevistei. Quero que leia e ouça, em detalhes, o que os principais líderes empresariais do mundo me contaram com as próprias palavras.

O livro é dividido em algumas partes básicas, cada uma delas com um elemento essencial para o líder do futuro compreender e dominar. Na Parte 1, defino liderança. A Parte 2 concentra-se nas tendências que moldam o futuro da liderança e as implicações dessas tendências para os futuros líderes. Esta seção também aborda os principais desafios com que esses líderes vão se defrontar.

A Parte 3 discute as mentalidades (*mindsets*) mais essenciais que os líderes do futuro devem adotar para liderar com eficiência. A Parte 4 examina as habilidades que os líderes do futuro devem possuir, indicando coisas específicas que eles precisam saber fazer. A Parte 5 aborda como se tornar um líder do futuro e onde começar a jornada.

Para acompanhar este livro, criei dois recursos complementares que você pode acessar. O primeiro é um apanhado que vai avaliá-lo acerca das habilidades e mentalidades descritos aqui e que pode ser encontrado em FutureLeaderSurvey.com. O segundo é para quem quer ser treinado e guiado pessoalmente por mim durante um mês inteiro e obter acesso aos *hacks* de liderança exclusivos dos CEOs mais importantes do mundo. Nesse caso, vá até LeadershipReset.com. Espero que considere esses dois *links* úteis!

Gostaria de me voltar em particular para o futuro da liderança nos próximos dez anos, porque eles não estão tão longe assim a ponto de tornar a ideia irreal, e sim perto o bastante para torná-la algo prático. Minha esperança é que leia este livro e compreenda que você, sua equipe e sua organização deviam estar trabalhando agora para serem capazes de exercer com êxito a liderança nos próximos anos. Ninguém precisa ser um líder para aplicar os conceitos deste livro, mas, se for ou quiser ser um deles, sem a menor dúvida terá de fazê-lo. Tudo neste livro se aplica e é importante para o mundo empresarial de hoje, mas no futuro se tornará como o ar e a água.

Líderes que possuem as qualificações e os *mindsets* descritos aqui, e que ajudam outros ao redor a fazerem o mesmo, descobrirão que, além de serem capazes de criar organizações onde os empregados querem realmente comparecer ao trabalho, criarão um mundo em que todos nós teremos orgulho de viver. Está na hora de "sair da caixa".

Jacob Morgan
Alameda, Califórnia
Novembro de 2019

PARTE 1

COMPREENDENDO O PAPEL DO LÍDER

1
A Discrepância da Liderança

Quantos líderes você estima que existam na cidade onde você mora? E no país? E em todo o mundo? Se vamos olhar para o líder do futuro, é importante sabermos quantos indivíduos desses temos agora e quantos poderemos ter no futuro.

Só nos Estados Unidos há cerca de 25 milhões de supervisores e gerentes, pessoas que são responsáveis por outras. Isso representa cerca de 1 em cada 6 norte-americanos. No Reino Unido, esse número gira em torno de 5 milhões, o que também chega a 1 para 6 pessoas. McKinsey prevê que, em 2030, a força de trabalho global andará por volta de 3,5 bilhões de pessoas (McKinsey, 2012). Em 2020, a Organização Internacional do Trabalho estimou uma força de trabalho 45% autônoma, que na realidade vem diminuindo nos últimos poucos anos (Banco Mundial, 2019). Se admitirmos que 50% da força de trabalho total será autônoma em 2030, isso nos deixa com 1,75 bilhões de pessoas empregadas (Organização para a Cooperação e o Desenvolvimento Econômico – OCDE, s.d.). O número de empregados por gerente ou supervisor é mencionado como "extensão de controle", e o número sugerido de empregados por gerente varia de 4 a mais de 20. Isso significa que haverá, em todo o mundo, aproximadamente entre 87,5 e 437,5 líderes, o que é na verdade uma estimativa conservadora, já que muitos autônomos têm também empregos em tempo integral. É um número bem grande de líderes! Como os líderes ajudam a construir o mundo, é melhor ter certeza de que temos as pessoas certas nessas posições. Todos nós merecemos gostar de nosso emprego (ou, me atrevo a dizer, amá-los), e isso começa com os líderes certos na administração das organizações.

Hoje os líderes vêm tendo dificuldades

Infelizmente, e falando com franqueza, a maioria de nossos líderes não são bons. Se fossem, veríamos isso refletido nos dados. O que não significa que sejam pessoas más, mas o modo como ensinam e falam sobre liderança é bastante antiquado, e é com isso, em essência, que os líderes de hoje estão familiarizados e que praticam. É mais ou menos como tentar voar em um jato moderno quando fomos treinados em um avião primitivo dos Irmãos Wright. Podemos colocá-lo no ar, mas não chegaremos muito longe.

Segundo um estudo realizado pela Ultimate Software e pelo Center for Generational Kinetics, 80% dos empregados dizem que podem fazer seu trabalho sem os gerentes e, sem dúvida, acham que os gerentes são desnecessários (Ultimate Software, 2017). Outro estudo da Randstad constatou que quase metade das 2.257 pessoas que responderam à sua pesquisa disseram que podiam fazer um trabalho melhor que o chefe delas (RandstadUSA, s.d.). Um segundo estudo da Randstad, realizado em 2018, revelou que 60% dos empregados largaram o emprego ou estão pensando em largá-lo porque não gostam de seus supervisores diretos (RandstadUSA, 2018). Esses números bastam para pintar um quadro dos líderes atuais que os fazem parecer não essenciais. Sejamos honestos: todos nós, em algum momento de nossa carreira, sentimo-nos assim com relação a nossos líderes. Eu sem dúvida me senti assim; na verdade, houve várias ocasiões em que via um líder trabalhando e minha voz interior lhe dizia: "O que você está fazendo aqui?".

Um estudo da Gallup com mais de 7 mil norte-americanos concluiu que 1 em cada 2 pessoas chegaram de fato, em algum momento da carreira, a abandonar um emprego para se afastar de seu gerente e melhorar a qualidade geral de vida (Harter, 2015). Aguarde um instante para assimilar a ideia. É uma estatística muito sombria, mas todos podemos nos identificar com ela. O mesmo estudo mostra que os gerentes representam pelo menos 70% da variância em pontuações de engajamento do funcionário. Mesmo no Reino Unido, uma pesquisa publicada pelo *Independent* descobriu que quase metade dos trabalhadores britânicos acreditam que poderiam fazer um trabalho melhor que o chefe deles (Bailey, 2017). Talvez a descoberta mais alarmante tenha sido que 13% disseram que seus chefes são perigosamente incompetentes em suas funções.

Não podemos esquecer também o estudo seminal da Gallup sobre engajamento global, que descobriu que apenas 15% dos empregados em todo o mundo estão de fato engajados em seu trabalho. Segundo o estudo: "em toda parte, os empregados não odeiam necessariamente a empresa ou organização para a qual trabalham tanto quanto odeiam os chefes. Empregados – em especial os de destaque – ingressam em uma companhia e depois abandonam seu gerente" (Clifton, 2017).

Eu poderia escrever um livro inteiro só sobre como os líderes pelo mundo afora vêm falhando conosco. Seriam essas as pessoas que admiramos e queremos imitar? São essas as pessoas que deveriam liderar nossas organizações e nos ajudar a moldar e criar o futuro? Embora esses números pintem um quadro desanimador da liderança atual, eles não parecem nada melhores quando olhamos para o futuro.

Em seu mais recente relatório, o "Global Leadership Forecast" [Projeção de Liderança Global], a Development Dimensions International (DDI) pesquisou mais de 25 mil líderes do mundo todo e descobriu que somente 42% disseram que a qualidade geral da liderança dentro das organizações era elevada (DDI, 2018). Talvez mais chocante foi que apenas 14% das organizações têm o que a DDI chama de "banco de reserva" forte, isto é, um conjunto de líderes prontos, capazes de substituir aqueles que se aposentam ou mudam de empresa. Isso significa que, se um "vírus de liderança" eliminasse todos os líderes atuais, não haveria ninguém para intervir e ocupar o lugar deles. Mesmo equipes esportivas têm jogadores talentosos no banco de reservas que tomam a frente quando alguém se machuca, mas nossas empresas, não. Talvez porque nossos modelos de liderança não estejam mudando, o que significa que estamos ensinando aos líderes como liderar em um mundo que não existe mais.

Em outro relatório da DDI que investigou o "Estado de Desenvolvimento da Liderança", metade das organizações pesquisadas disseram que os líderes não estavam capacitados para liderar de forma eficiente suas organizações no mundo atual (DDI, 2015), e 71% disseram que os líderes não estavam prontos para liderar suas organizações no futuro. Um estudo do Center for Creative Leadership encontrou resultados parecidos em um estudo intitulado apropriadamente de "The Leadership Gap" [A Lacuna da Liderança], no qual os autores declaram: "Os líderes não estão preparados de forma adequada para o futuro. A capacitação da liderança de hoje é insuficiente para atender aos requisitos da liderança futura. Essa conclusão se aplica a todos os países, organizações e níveis nas organizações" (Leslie, 2015). Por fim, no relatório "Ready-Now Leaders" [Líderes

Prontos para Ação], a Conference Board, em parceria com a DDI, revelou que 85% dos executivos não confiavam nos próprios canais de liderança. Eis aqui mais alguns números para você avaliar (DDI, 2014).

Na mais recente pesquisa Millennial, da Deloitte, que coletou 10 mil respostas de 36 países, 71% dos *millennials* disseram que esperam deixar o emprego nos próximos dois anos porque estão insatisfeitos com o modo como sua capacidade de liderança está sendo desenvolvida (Deloitte, 2019). Isso é particularmente preocupante porque, como é óbvio, há toda uma nova geração de trabalhadores que querem assumir cargos de liderança, mas as organizações não têm feito o bastante para tornar isso possível.

Não há dúvida de que há alguma coisa errada com a liderança em todo o mundo, caso contrário esses números não seriam tão chocantes como são em termos globais. Praticamente todos os indicadores humanos estão nos dizendo que temos um problema, mas a maioria das organizações e líderes atuais não estão fazendo nada para enfrentar isso. Imagine por um momento que você está dirigindo um carro e, no meio da viagem, uma luz vermelha acende no painel, seguida de uma advertência sobre a calibragem dos pneus, do alerta de combustível na reserva e da luz da bateria, tudo isso enquanto o indicador de temperatura está no vermelho. Agora imagine que toda a sua família está no carro. Você ia mesmo continuar dirigindo, torcendo para chegar ao destino? Espero que não. Contudo, no mundo dos negócios, estamos com o modo crise acionado, e a pior parte é que estamos todos viajando no mesmo carro!

É hora de mudar

Quando vejo os dados apresentados neste capítulo, fico com raiva, frustrado e triste. Todos nós devíamos ficar. Eles indicam que hoje e no futuro vamos viver e trabalhar em um mundo onde temos, em nível global, centenas de milhões de líderes que são ruins... a não ser que tomemos alguma providência a esse respeito. É como se tivéssemos milhões de vagas de liderança global para preencher. Como mostram os números anteriores, temos mesmo muita gente em funções de liderança, mas nem sempre as pessoas certas. Os dias delas, no entanto, estão contados. Acredito com toda a firmeza que exercer a liderança é um privilégio que deveria ser concedido aos que de fato revelam o *mindset* e as habilidades sugeridos neste livro. Sem erros: existe uma gigantesca lacuna de liderança nas organizações que só continuará a se ampliar nos próximos anos. As organizações capazes de preencher essa brecha são as que continuarão a existir e a prosperar no futuro, e os indivíduos capazes de se tornarem líderes do futuro são aqueles que vão liderar essas organizações. Sei que isso passa a impressão de que todos os líderes são ruins, mas isso não é verdade. Temos um número bem grande de ótimos líderes em todo o mundo e entrevistei vários deles para este livro, mas esse número não é suficiente. Espero sinceramente que esta obra e a pesquisa que há por trás dela ajudem a mudar esse cenário, mas é você que tem de transformar essa mudança em realidade.

Felizmente o livro vai orientá-lo sobre como fazer exatamente isso, ensinando-o a implementar as Nove Notáveis. Elas formam um conjunto de quatro mentalidades e cinco habilidades que os principais líderes empresariais do mundo identificaram como as mais cruciais para um líder do futuro. Essas Nove Notáveis são a solução para a crise de liderança que vem sendo vivenciada por tantas organizações e indivíduos pelo mundo afora. No final do livro, você também encontrará um caminho a seguir caso queira se tornar o líder do futuro de que todos precisamos e merecemos. Vamos lá?

2
Três Questões Essenciais de Liderança

Para falar sobre o líder do futuro, devemos primeiro responder a três perguntas fundamentais sobre o líder atual:

O que é liderança e o que significa ser um líder?

A pessoa deve ser chamada de líder ou gerente?

O líder de 2030 será realmente tão diferente do líder de hoje? E, se for, como vai agir?

O que é liderança e o que significa ser um líder?

De longe, a pergunta mais difícil para os CEOs responderem era: "Como você define liderança?". Quando eu fazia essa pergunta por telefone, em geral me deparava com longas pausas ou comentários como "essa é realmente uma boa pergunta". Mas de longe a resposta mais comum era: "*Hum...* é a primeira vez que alguém me faz essa pergunta". Na minha cabeça, eu gritava: "O quê?! O que está querendo dizer quando fala que ninguém jamais lhe fez essa pergunta? Você está comandando uma empresa de muitos bilhões de dólares, com milhares de empregados!". Mas é claro que nunca cheguei de fato a dizer isso, para que a chamada telefônica não fosse finalizada mais cedo do que deveria. Pensei algum tempo no assunto e a coisa começou a fazer sentido. Simplesmente consideramos o conceito de líder como algo garantido e presumimos que todos sabem como é e o que significa ser um grande líder. É quase como tentar definir a água: parece algo tolo, pois afinal todos sabemos o que é água, certo? Mas como definiríamos a água para alguém que nunca a tivesse visto? Diríamos apenas que é um líquido claro e insípido? Mas dezenas de líquidos são claros e insípidos. O mesmo acontece com a liderança; ela está de alguma forma em toda parte e a vivenciamos no dia a dia, no trabalho, praticando esportes, vendo TV ou fazendo compras. Está à nossa volta como o ar e, em virtude disso, nunca paramos para questionar o que ela realmente é ou o que significa ser um líder.

Pense nisso por um instante. Como você definiria liderança? Tem a ver com fazer a coisa certa? Alcançar determinado nível de desempenho ou produzir resultados nos negócios? Ter seguidores? Inspirar e motivar os outros? Talvez se trate de ter uma visão clara e nortear o rumo das pessoas? Ou é uma daquelas coisas que você reconhece apenas batendo os olhos?

Hitler era um líder? E quanto a Madre Teresa, Abraham Lincoln, Darth Vader, Gengis Khan, rainha Elizabeth I, Elon Musk, Rosa Parks, Jeffrey Skilling, LeBron James ou Al Capone? Todas essas pessoas, boas ou más, fictícias ou reais, preenchiam alguns dos critérios mencionados anteriormente.

A palavra "liderar" remonta ao ano 900 e significa "ir antes ou ir com a pessoa para mostrar o caminho". Um líder, portanto, é alguém que faz isso. À luz dessa definição, todos os indivíduos citados podem ser descritos como líderes. O que há de diferente entre as pessoas que mencionei não é o fato de guiarem outros; é a direção para a qual os guiam e o caminho que tomam. Hitler escolheu a direção do mal, da guerra e da morte. Madre Teresa escolheu a direção da bondade, do serviço e da gratidão. Muitos líderes estão hoje no caminho errado. Se sua responsabilidade como líder é mostrar aos outros o caminho, como esse caminho deve ser?

De todos os líderes empresariais que entrevistei, não recebi uma só resposta repetida à minha pergunta sobre como definir liderança. Claro que houve alguns elementos comuns, que serão abordados neste livro, mas no geral cada explicação e definição eram únicas. Os CEOs atribuíram diferentes qualidades ou características aos líderes. Alguns se concentraram em atributos mais humanos como empatia, diversidade e humildade, enquanto outros se concentraram mais na perspicácia empresarial, como atingir metas e saber como priorizar e definir um plano. Naturalmente, alguns CEOs tentaram encontrar uma boa combinação e equilíbrio de ambos os lados.

Temos aqui mais de 140 CEOs das principais organizações do mundo, e cada um define liderança à sua maneira. Como isso pode acontecer?

Aprendi duas coisas fazendo essa pergunta. A primeira, e que foi surpreendente, é que os líderes do mundo inteiro raramente se perguntam o que a liderança significa. E, além disso, o assunto não é sequer investigado em nível organizacional. É encarado como algo evidente, talvez pela presunção de que todos reconhecem um bom líder quando encontram um. A segunda coisa que aprendi é que a definição de liderança difere em função do líder e da organização. Não existe uma definição comum ou universal de liderança. Não haveria nenhum problema com isso se agíssemos apenas como indivíduos, mas não é o que acontece; todos nós fazemos parte de grupos, equipes e/ou organizações. Isso significa que o primeiro passo para se tornar ou para criar um grande líder é definir o que significa liderança e como ela se manifesta dentro da organização em que trabalhamos (e/ou de nossa vida pessoal).

Como os CEOs definem liderança

Pondere por um momento sobre como os CEOs citados a seguir definem liderança.

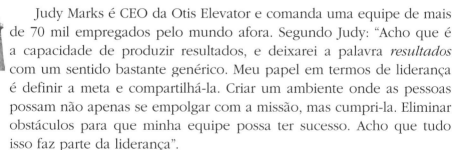

Judy Marks é CEO da Otis Elevator e comanda uma equipe de mais de 70 mil empregados pelo mundo afora. Segundo Judy: "Acho que é a capacidade de produzir resultados, e deixarei a palavra *resultados* com um sentido bastante genérico. Meu papel em termos de liderança é definir a meta e compartilhá-la. Criar um ambiente onde as pessoas possam não apenas se empolgar com a missão, mas cumpri-la. Eliminar obstáculos para que minha equipe possa ter sucesso. Acho que tudo isso faz parte da liderança".

Marissa Mayer é ex-CEO do Yahoo!. Quando me encontrei com ela, Mayer me disse que sua definição de liderança é "ajudar a acreditar em um amanhã melhor ou resultado melhor do que temos hoje".

Mark Hurd foi CEO da Oracle, uma empresa de tecnologia da informação e de serviços com mais de 137 mil empregados por todo o globo. Encontramo-nos logo após eu comunicar a abertura do simpósio HCM World em Dallas, Texas. Infelizmente, ele faleceu alguns meses depois de nos conhecermos, mas o tempo que passamos juntos deixou uma impressão duradoura em mim. Eis aqui o que Mark tinha a dizer: "A definição mais básica de liderança é você definir o destino. Planejamos uma estratégia para chegar a esse destino e nos esforçamos ao máximo para reunir e fornecer os recursos para que isso aconteça".

Bill Thomas foi presidente global da KPMG, uma empresa de serviços profissionais com mais de 200 mil funcionários em todo o mundo. Ele define liderança como: "Pensar bem no futuro e definir um plano que posicione melhor sua organização para prosperar nesse novo mundo. Construir uma equipe de liderança diversificada, capaz de cumprir esse plano. Comunicar a seu pessoal tanto esse plano quanto um plano de negócios de curto prazo, de modo a torná-los relevantes e personalizados para eles. Manter-se conectado com o mundo fora da empresa para entender as forças que moldam não só o mercado em que você opera, mas também a sociedade a que atende".

Hans Vestberg é CEO da Verizon Communications, um conglomerado multinacional norte-americano de telecomunicações com mais de 152 mil funcionários em todo o mundo. Hans acredita que liderança é: "Garantir que as pessoas tenham tudo de que precisam para cumprir as missões de uma organização. É isso. O resto são notas de rodapé".

Quem está certo e com que definição de liderança você mais se identifica? Todos esses CEOs pensam e definem liderança à própria maneira, e esse é exatamente o ponto. Todos estão corretos. Judy, Marissa, Mark, Bill e Hans deram claras definições de liderança, que impactam os tipos de pessoas que ingressam nas organizações, a cultura e os valores criados, a direção estratégica e as prioridades do negócio. A definição de liderança também pode mudar quando mudam os líderes que comandam a organização. Talvez o melhor exemplo disso venha da Microsoft e de como ela se desenvolveu sob a liderança do antigo CEO, Steve Ballmer, e do atual, Satya Nadella. Descrevem-se esses dois líderes, de modo correto, como CEOs bem-sucedidos da perspectiva do desempenho corporativo, mas o estilo deles é radicalmente diferente.

Ballmer era conhecido por ter um temperamento forte e, embora fosse um líder meticuloso, tinha também a reputação de ser combativo e gostar dos holofotes. É o tipo que muitos considerariam uma "celebridade CEO". Com sua personalidade exuberante, era competitivo ao extremo e encorajava essa competição entre os empregados. Ballmer também acreditava em escalas de desempenho, que enquadram os empregados em uma série de mínimos de desempenho. Por exemplo, 10% dos empregados seriam considerados grandes realizadores; 10%, precários; e

80%, médios, mas ainda valiosos. Os líderes eram obrigados a ter esse tipo de distribuição na equipe, mesmo não achando que qualquer um dos empregados pudesse ser classificado nos 10% inferiores. A certa altura, Steve Ballmer foi o CEO com a classificação mais baixa de qualquer empresa de tecnologia na Glassdoor, com um índice de aprovação de 39%. Ainda assim, e apesar de tudo isso, muitos acreditam que Satya não estaria em condições de ter êxito como novo CEO da Microsoft se não tivesse contado com a ajuda de Ballmer.

Quando Satya Nadella entrou na empresa, uma primeira carta aos funcionários destacava a importância que sua família tinha em sua vida. Satya deu a famosa declaração de que queria se transferir de uma cultura em que "tudo se sabe" para outra na qual "tudo se aprende". É um grande defensor da diversidade e da inclusão, da colaboração em vez da competição implacável, da mente aberta, do encorajamento de novas perspectivas e ideias, e de fazer o bem. Em vez das constantes rivalidades internas pelas quais a Microsoft era conhecida, Satya pretendia criar uma cultura baseada na empatia. Um de seus primeiros atos como CEO foi pedir que os empregados lessem o livro *Nonviolent Communication*. No momento em que escrevo, Satya tem uma taxa de aprovação de 96% dos funcionários, e o preço das ações mais do que triplicou. Durante o mandato de Ballmer, a Microsoft tinha uma capitalização de mercado por volta de US$ 300 bilhões, que agora está pairando ao redor de US$ 900 bilhões.

Na verdade, estamos vendo mais de uma mudança em direção à colaboração, ao trabalho em equipe e à criação em grupo. Erik Anderson é CEO do Topgolf Entertainment Group, que emprega quase 20 mil pessoas. É também presidente da Singularity University. Ele me disse: "Se quiser prosperar dentro da comunidade e de sua empresa, você tem de aprender a colaborar em vez de competir, pois assim avançará mais rápido. Ficar sozinho e competir o tempo todo é uma estratégia perigosa, por isso é fundamental passar da competição à colaboração e à criação em grupo".

Quais são seus filtros de liderança?

A pior coisa para você e sua organização é não ter uma definição clara do que é liderança e do que significa ser um líder. Ainda que achemos que nossa definição de liderança talvez não seja perfeita, temos de começar em algum lugar e depois ir progredindo. Sou um ávido jogador de xadrez, e no xadrez se diz que ter um mau plano é melhor do que não ter nenhum.

É por isso que muitas organizações têm líderes que são admirados e amados, e outros que são odiados e evitados – cada um desses líderes assumiu sua posição como resultado das diferentes definições e ideias de liderança daqueles que os promoveram.

Mas, se houvesse uma visão compartilhada do que é liderança e do que significa ser um líder, as chances de isso acontecer cairiam de forma drástica. Outro aspecto crucial aqui é certificar-se de que sua organização tem filtros atuando para que os líderes certos acabem nos cargos em que sejam responsáveis por outras pessoas. Os filtros vão variar bastante, dependendo da organização. Eis aqui alguns a serem considerados:

- Cumprir metas de negócios e/ou financeiras.
- Ter avaliações positivas de colegas e gerentes.
- Apoiar e ajudar no desenvolvimento de outros membros da equipe.
- Estimular a colaboração entre equipes e regiões.
- Ter uma forte bússola moral e ética.
- Promover e ajudar a criar um ambiente diversificado e inclusivo.
- Ter aptidão para atrair, capacitar e inspirar outras pessoas.
- Apresentar de forma contínua um trabalho de ótima qualidade.

Pense nisso como uma peneira organizacional. Você quer ter certeza de que seu filtro deixará passar apenas as pessoas certas.

O Facebook é uma das poucas organizações que de fato combinou bônus e remuneração de funcionários para progredir nas questões sociais e se concentrar no bem social. Tradicionalmente, os empregados eram avaliados com base no salário regular mais horas extras, na meta de bônus individual, no desempenho individual e no desempenho da empresa. O bem social inclui coisas como eliminar o discurso de ódio, criar uma empresa mais transparente e ajudar pequenos negócios. Como o Facebook transformou isso em uma parte central de seu sistema de filtros, o tipo de líder que ele atrai e cultiva é aquele que se preocupa e se concentra nessas questões, como atitude oposta a ser motivado de modo exclusivo pelo poderoso dólar (Hamilton, 2019).

Não é coincidência que, em meu livro anterior sobre experiência de funcionários, o Facebook tenha sido colocado em primeiro lugar entre 252 organizações.

A IBM lançou um programa intensivo sobre o futuro da liderança concebido para atrair, identificar, desenvolver e promover os candidatos mais adequados para funções de liderança. Por meio de uma série de avaliações alimentadas pela tecnologia, a IBM tem identificado habilidades e *mindsets* requeridos para quem quer ser um líder de sucesso na empresa. Entre eles estão coisas como julgamento situacional, habilidade cognitiva, capacidade exploratória e *mindset* construtivo. Em outras palavras, as avaliações identificam e criam filtros de liderança para a IBM que vão além das habituais métricas de desempenho. As avaliações digitais vêm na forma de uma narrativa de vídeo que explora o cotidiano de um gerente de primeiro escalão em uma empresa de cosméticos. Cada passo da avaliação ocorre em diferentes momentos do dia do gerente e solicita que o candidato tome certas decisões. Com base nessas decisões, a IBM é capaz de lhe dar uma pontuação em relação a habilidades e *mindsets* desejados (IBM, s.d.).

Sua organização sabe o que significa ser um líder e identificou as habilidades e *mindsets* requeridos para um líder do futuro? Para a maioria das organizações, a resposta aqui é não. Mas, se não tivermos uma compreensão clara dessas coisas, como poderemos esperar liderar no futuro?

Se os filtros em nossa organização estão puramente baseados na capacidade de cumprir metas ou prazos finais e ganhar dinheiro, será esse, então, o perfil dos que acabarão em funções de liderança. Isso é comum em muitos ramos de negócio, como o financeiro. Nunca vou me esquecer de meu estágio na Morgan Stanley, há mais de dezoito anos. O vice-presidente que de fato me contratou tinha sido promovido à sua posição por ter trazido com ele um grande número de novos negócios. Algumas semanas depois do início do meu estágio, ele foi dispensado porque alguns negócios não deram certo e ele não conseguiu trazer outros para a empresa. Isso poderia ter acontecido com qualquer outro líder com quem trabalhei lá; essas pessoas estavam sendo promovidas por razões erradas e, graças a esse estágio, percebi que não gostaria, de forma alguma, de fazer uma carreira em finanças.

Se os filtros estão mais direcionados para o lado humano dos negócios, com ênfase em treinar e orientar, serão pessoas com esse perfil que acabarão em postos de liderança. Que tipo de gente você quer no comando de sua empresa e que filtros tem disponíveis para garantir que são essas as pessoas que de fato estão chegando lá?

Defina liderança

Mas o que é liderança? O que significa ser líder? Não acredito que haja uma definição padrão, mas, se fosse começar de algum ponto para tentar moldá-la, ela combinaria visão de negócios e humanidade. Quero encorajá-lo a começar com isso e a trabalhar com essa ideia para fazê-la funcionar para você e sua organização.

Um líder é alguém que tem a capacidade de ver que algo pode ser melhor do que é agora; alguém que é capaz de motivar pessoas a se moverem rumo a esse panorama mais saudável; alguém que pode apresentar um plano para criar esse panorama e que pode trabalhar para torná-lo realidade, levando em conta, antes de qualquer coisa, as pessoas.

Jim Kavanaugh é CEO da World Wide Technology, um provedor de serviço tecnológico com mais de 5 mil empregados, baseado no Missouri (aliás, St. Louis é uma das capitais mundiais do xadrez!). Ele foi classificado como um dos mais importantes CEOs pela Glassdoor, e sua companhia foi reconhecida como um ótimo lugar para se trabalhar por um longo período.

Jim dá um excelente conselho a líderes atuais e do futuro:

> Como líder, você deve estar disposto a se aprofundar nos detalhes, mas também precisa ser capaz de recuar um passo e olhar para as coisas de uma altitude de 10 mil metros. Se estamos sentados no alto de uma montanha ou se formos uma águia vigiando o terreno e avaliando o que está se passando, teremos uma boa visão do que acontece. Pergunte a si mesmo quais são as coisas mais importantes acerca de sua organização. O que está tentando realizar? Como quer que as pessoas se comportem? Onde quer chegar? Como causar impacto?

Líder ou gerente?

O que faz de alguém um gerente ou um líder? Isso foi algo que explorei em um livro anterior, *The Future of Work*, mas vale a pena abordar com rapidez aqui. Algumas pessoas dizem que a distinção entre gerentes e líderes é puramente semântica, enquanto outros insistem em que são dois tipos bem diferentes de pessoas. Costumamos presumir que gerentes são aqueles responsáveis pelas pessoas, que tomam decisões e as fazem ser cumpridas, delegando, criando equipes, reforçando o controle e assim por diante. Líderes, por outro lado, são aqueles que acreditamos ser visionários. São os que inspiram, motivam e encorajam os demais; que desafiam o *status quo*; que veem um mundo melhor e estão determinados a construí-lo. Mas por que gerentes e líderes têm de ser considerados em separado, como se fossem pessoas diferentes? Não deveria alguém que é responsável por outros ser capaz de se destacar em ambas as funções? Acredito com firmeza que qualquer pessoa dentro de uma empresa possa ser um líder, mas que gerentes *têm* de sê-lo.

As palavras que usamos no trabalho e na vida são muito importantes, e é por isso que devemos parar de vez de usar a palavra "gerente". Se ela se transformou em uma palavra com conotação e significado negativos, qual é o sentido de utilizá-la? Você quer ser gerenciado? Quer trabalhar para um gerente estereotipado como o que vemos retratado no filme *Como Enlouquecer seu Chefe*? Ninguém quer ser gerenciado, e na verdade vários líderes já não querem mais ser chamados de gerentes.

Qualquer um pode se tornar um líder; basta compreender quem estamos liderando. Por exemplo, podemos liderar a nós mesmos, uma pequena equipe ou uma tarefa, um departamento ou toda uma empresa. Mas com isso vem uma advertência. Não se trata apenas de uma mudança de nome ou de título. É uma transformação de habilidades e *mindset*, e, se não formos capazes de adotar as habilidades e o *mindset* descritos neste livro, não teremos a possibilidade de sermos líderes de pessoas. Se hoje você está ocupando um cargo de liderança e descobriu que não possui nem as habilidades nem o o *mindset* descritos aqui, terá a responsabilidade funcional de aprendê-los e praticá-los, ou então não será líder por muito tempo. Trata-se de uma abordagem severa, mas sem dúvida é a única abordagem. Não há lugar para maus líderes no futuro profissional.

Um recente relatório de pesquisa da Deloitte consultou mais de 5 mil trabalhadores do conhecimento (*knowledge workers*) nos Estados Unidos e 72% declararam: "Precisamos de uma nova definição do que é ser 'líder' no mundo de hoje" (Deloitte, junho de 2018). Imagine quanto esse número aumentará na próxima década.

O líder de 2030 é assim tão diferente do líder de hoje?

As organizações não são mais apenas lugares onde os funcionários aparecem para ganhar um salário e cumprir uma tarefa. Esse é o mundo a que a maioria dos líderes estão acostumados. As organizações são agora planejadores financeiros, centros de saúde e bem-estar, abastecedores, centros de aprendizado, creches, orientadores profissionais, consultores do cotidiano, locais onde nos divertimos e fazemos amigos, centros beneficentes e muito mais. Estamos vendo a integração de trabalho e vida, e muitos de nós passamos de fato muito tempo, se não a maior parte dele, no trabalho do que em casa. Esse não é o tipo de organização a que a maioria dos líderes estão acostumados, mas é aquele do qual todos estamos nos tornando parte.

O mundo e os negócios vêm mudando com rapidez, o que nos força a fazer duas perguntas importantes. A liderança na próxima década será de fato tão diferente da atual, e, nesse caso, como será ela?

Dos CEOs que entrevistei, um pequeno grupo disse que a liderança mudará de forma tão drástica que ficará irreconhecível, e um grupo ligeiramente maior disse que a liderança permanecerá quase a mesma de agora. A maioria dos CEOs, no entanto, disse que a liderança se baseará em um conjunto de princípios e ideias fundamentais que já existem hoje, como estabelecer metas e ser capaz de executá-las, mas que os futuros líderes precisarão acrescentar coisas, produzindo um novo arsenal de habilidades e *mindsets*. É exatamente disso que trata este livro.

Tim Ryan é presidente da PwC nos Estados Unidos e no exterior, uma força de trabalho com mais de 55 mil funcionários. Quando conversamos sobre o futuro da liderança e como ela está mudando, Ryan disse: "Está mudando diante de nossos olhos. Eu sem dúvida diria que não é provável que aquilo que fez um grande líder 50 ou 25 anos atrás sirva para criar um grande líder daqui a dez anos".

Não nos enganemos, ser um líder no futuro será a tarefa mais difícil que vai existir, e quem embarcar nesta jornada vai enfrentar um dos maiores desafios de sua carreira profissional, ainda que seja o mais recompensador.

Shawn Riegsecker é CEO da Centro, uma empresa de *software* para publicidade digital com cerca de 700 funcionários. Conversamos um bom tempo sobre ser um líder do futuro, e ele me passou esta preciosidade:

> Não existe atalho para ser um grande líder. Sem dúvida, demora para chegar lá, e teremos de enfrentar altos e baixos ao longo do caminho. Para conseguir o que queremos, temos de fazer o que nos dá confiança para avançarmos nem que seja só um pouquinho no dia seguinte. Ninguém gosta de fracassar. O fracasso nada mais é que um desafio e uma oportunidade de aprender, e não algo a ser evitado. Acredito que o maior momento de crescimento acontece quando ficamos inquietos e nos esforçamos para sair de nossa zona de conforto. Temos de colocar os dedos dos pés na beirada do "confortável" e pisar no "incerto" para produzir uma diferença real em nossa vida.

É natural resistir à mudança e se sentir um pouco assustado e desconfortável com ela, mas, como disse Shawn, é então que ocorre o verdadeiro crescimento. Se estiver disposto a se esforçar para se tornar um grande líder no futuro, continue lendo esta obra.

3
O Impacto de um Líder

Qual líder você admira, respeita e deseja imitar? É possível que tenha pensando em alguém que nunca encontrou, alguém que está no comando de uma grande e triunfante empresa. Agora imagine por um momento que esse líder (que você nunca conheceu pessoalmente) esteja comandando uma grande e bem-sucedida empresa, mas trate mal os funcionários. O líder paga salários baixos, repreende-os em telefonemas e reuniões, obriga-os a trabalhar por um período irracional de horas e, falando com franqueza, trata-os como subalternos. Imagine que a organização à qual esse líder pertence esteja prejudicando o meio ambiente ou as comunidades locais. Ou que o líder esteja praticando negócios escusos para inflar os números. Ou que seja um líder que não dá a mínima por qualquer causa social. Ou que seja um líder cruel. Você continuaria considerando essa pessoa um líder, mesmo que o negócio estivesse rendendo rios de dinheiro? Você gostaria de trabalhar para esse tipo de pessoa?

Como ótimos e maus líderes influenciam você e sua organização

Para quase todos os CEOs que entrevistei, e em geral para a maioria das pessoas, a percepção de um líder vitorioso baseia-se em alguém que faz dinheiro e desenvolve um negócio. Para alguns, isso já basta, mas, para os que querem ser líderes do futuro e colocam as pessoas em primeiro lugar, seria inaceitável. Esse ponto ficou bastante esclarecido quando entrevistei Abraham Schot, CEO da Audi, a empresa automotiva com mais de 90 mil funcionários. Ele me disse: "Liderança diz respeito a caminhar uma milha extra e solucionar problemas que outros não conseguem resolver. Sobretudo, liderança diz respeito a cuidar das pessoas, e não apenas de números".

Alguns CEOs que entrevistei mencionaram que admiram membros da família, líderes anteriores que os guiaram rumo ao sucesso e líderes de organizações filantrópicas ou religiosas das quais faziam parte. Precisamos mudar nossa percepção do que significa ser líder e por quê; não se trata apenas de dinheiro.

Líderes ajudam a moldar o mundo e têm um impacto profundo em toda a nossa vida, em especial se trabalhamos com eles. Você, assim como eu, provavelmente já experimentou o impacto de trabalhar com ótimos e péssimos líderes. Quando trabalhamos para um péssimo líder, sentimo-nos um subalterno; não temos vontade de nos destacar no trabalho e, quando isso acontece, fazemos de tudo para evitar um encontro com ele. Maus líderes o fazem duvidar de si mesmo; eles sugam a alma e os sentidos de seu corpo, podendo, de modo bem literal, arruinar sua vida enquanto você trabalha para eles, e enquanto transformam o negócio em um monte de dinheiro.

Maus líderes provocam esgotamento nas pessoas, destituindo-as de inspiração. Talvez você discuta mais com seu cônjuge, sinta-se deprimido ou trabalhe demais, a ponto de ficar exausto e não ter tempo para se alimentar de maneira saudável, exercitar-se ou reservar um tempinho para você ou a família. Trabalhei para vários líderes desse tipo quando ingressei no mundo empresarial, e o pior momento do meu dia era quando o alarme do relógio me despertava às 6h30 da manhã e eu via que estava na hora de enfrentar o "CEO sugador de almas", uma expressão de Garry Ridge, CEO da WD-40 Company. Esses péssimos líderes são tóxicos para a organização e para cada um dos funcionários. Como ervas daninhas, devem ser arrancados sem misericórdia da organização, ou então se adaptar. A vida é curta demais para trabalharmos com esse tipo de gente, e é particularmente curta demais para sermos liderados por gente assim.

Líderes Tóxicos

A Escola de Administração de Empresas da Universidade de Manchester fez um estudo com 1.200 participantes para investigar o impacto causado pelos líderes. Com certeza não ficaremos surpresos em saber que empregados que trabalhavam para um chefe tóxico tiveram as taxas mais baixas de satisfação no emprego. Contudo, a estatística mais assustadora diz que os efeitos de um chefe tóxico extrapolam para a vida pessoal dos funcionários. O estudo descobriu que empregados que trabalhavam para um chefe narcisista ou psicopata eram mais propensos a ter depressão. Também faltavam a esses chefes empatia e consciência. O mesmo estudo descobriu que empregados que trabalhavam para esse tipo de chefe estavam mais propensos a se tornarem críticos francos uns dos outros; a assumir o crédito pelo trabalho de outras pessoas; e a se comportarem de forma mais agressiva com os colegas de trabalho. Constatou-se, ainda, que o comportamento de um chefe tóxico se propagava como fogo dentro das organizações. Isso significa que, se temos maus líderes na empresa, a não ser que façamos uma mudança drástica, o comportamento e as ações desses líderes tóxicos se tornarão a norma, como um vírus que se disseminasse. Inclusive um estudo recente, com mais de 400 mil norte-americanos, constatou que maus chefes podem estar causando doenças cardíacas nos funcionários. Eles podem literalmente nos matar (De Luce, 2019).

Talvez isso explique por que o mundo empresarial vem enfrentando tamanha dificuldade para corrigir esse problema. Um estudo de Korn Ferry de 2018, que investigou o estresse no trabalho, descobriu que o maior percentual dos entrevistados disseram que o chefe deles era a maior fonte de estresse no trabalho (Korn Ferry, 2018). A principal pessoa da empresa, que, segundo supomos, nos dará apoio e encorajamento, ser a principal fonte de estresse? Não podemos aceitar uma coisa dessas. Um estudo feito pela Zenger Folkman, empresa de desenvolvimento de lideranças, descobriu que líderes pouco inspiradores não alcançam mais que um total de 9% de eficiência administrativa. O engajamento médio de subordinados é de apenas 23%, e 47% dos subordinados pensam em se demitir (Zenger, 2015).

Não há uma maneira fácil de contornar isso. Se você tem maus líderes em sua organização, gente que não consegue treinar nem instruir, tire-os da empresa ou pelo menos dos cargos de liderança. Livrar-se desse tipo de líder não vai apenas salvar a organização; vai salvar a vida das pessoas que trabalham nela. Que justificativa podemos dar para termos péssimos líderes em uma empresa? Só o dinheiro não justifica. Fiz recentemente um trabalho de consultoria para uma grande seguradora da América Latina. Ela estava substituindo mais de

30% de seus líderes porque eles não se mostravam dispostos ou não conseguiam se adaptar às necessidades de mudança da organização. Severidade? Sim. Mas necessária, se a organização quiser permanecer no mercado nos próximos anos e desejar preservar a saúde das pessoas que trabalham nela.

Grandes Líderes

Grandes líderes, por outro lado, têm efeito diametralmente oposto. Quando você trabalha para um grande líder, fica entusiasmado em comparecer ao trabalho. Sente sempre que está aprendendo e crescendo, e que tem um verdadeiro instrutor e mentor para lhe dar respaldo. Fica mais confiante em suas habilidades e disposto a doar mais de si mesmo à organização. Às vezes, o trabalho nem parece trabalho. O estudo da Zenger Folkman mencionado antes constatou que bons líderes podem de fato dobrar os lucros da companhia. Não é só a liderança tóxica que contagia; a boa liderança também tem o mesmo efeito! A pesquisa revelou que, se você é um bom chefe, é provável que também trabalhe para um bom chefe. Mas, se for um gerente de alto escalão que realiza um trabalho abaixo da média, estará não só prejudicando o engajamento das pessoas que trabalham diretamente com você, mas também o engajamento de quem trabalha para essas pessoas. É um efeito dominó. O exato oposto também é verdadeiro: se estiver fazendo um ótimo trabalho, você aumenta o envolvimento dos que trabalham para você e dos que trabalham para eles. Se maus líderes devem ser extirpados sem misericórdia, os bons devem ser plantados de modo incansável; e devem ser dadas a eles todas as oportunidades, recursos, incentivos e encorajamento para se desenvolverem.

Há pouco tempo, tive a oportunidade de me encontrar com Marissa Mayer, ex-CEO do Yahoo!. Encontrei-a em Palo Alto, que não fica muito longe de onde moro. Conversamos durante uma hora em seu escritório, que estava repleto de todo tipo de lembrança de sua carreira. Durante a conversa, ela me contou:

> Quando está liderando uma organização, você deve levar em conta que as pessoas são sempre o que há de mais importante na empresa. Como recrutamos essas pessoas, como as motivamos, como as encarregamos da missão geral e do que queremos realizar são o cerne da liderança.

Um estudo chamado "Leadership, Job Satisfaction and Organizational Commitment in Healthcare Sector: Proposing and Testing a Model" [Liderança, Satisfação no Trabalho e Compromisso Organizacional na Área da Saúde: Propondo e Testando um Modelo] descobriu que o comportamento de liderança dos gerentes explicava uma variância de 28% na satisfação do funcionário em relação ao trabalho e uma variância de 20% no compromisso do funcionário com a organização (Mosadeghrad e Ferdosi, 2013). A Development Dimensions International (DDI), empresa de consultoria de liderança global, realizou um estudo com quase 15 mil participantes pelo mundo fora e descobriu que a diferença entre o impacto de um líder de alto desempenho e de outro com desempenho médio é de 50%. Ao observar o desempenho financeiro, as organizações com líderes da mais alta qualidade eram treze vezes mais propensas a superar os concorrentes do ramo (Tanner, 2018). Essas organizações tinham ainda taxas de conservação e engajamento de funcionários que chegavam a ser três vezes maiores que as dos concorrentes.

Precisamos de mais grandes líderes

É claro que o impacto dos líderes é significativo. É a diferença entre a felicidade e a desgraça, entre uma organização próspera ou outra que está quase se afogando, entre a vida e a morte. A hora da ação é agora.

Wolf-Henning Scheider é CEO da ZF Friedrichshafen, fábrica alemã com 150 mil funcionários em todo o mundo. Ela fornece produtos para automóveis, como embreagens e freios. Marcas como Audi, Bentley, Toyota, Rolls-Royce, BMW e Dodge usam seus produtos. Wolf-Henning me disse: "Não podemos só contratar grandes astros. Temos também de criá-los e capacitá-los. É uma enorme tarefa de liderança, e a encaro como prioridade número um".

Infelizmente, uma pesquisa da Monster.com descobriu que, nos Estados Unidos, apenas 19% dos empregados consideram que seu chefe seja um mentor ou alguém com quem podem aprender e contar. E 76% dos entrevistados disseram que têm agora, ou tiveram recentemente, um chefe tóxico (Kaufman, 2018). Esses números não são muito melhores em outros pontos do globo. No Reino Unido, por exemplo, 2 em cada 3 trabalhadores já tiveram a experiência de trabalhar com um chefe ruim, segundo a Glassdoor (Di Toro, 2017).

Os líderes podem construir ou destruir a organização, e também podem construir ou destruir as pessoas que trabalham nela. Está na hora, então, de começarmos a elaborar perguntas difíceis. Que tipo de líder queremos ser, que tipo de líderes nossa organização deseja ter e como os criaremos e capacitaremos? Não deixe isso ao acaso e não presuma que o assunto será bem encaminhado por outro departamento, como o de recursos humanos (RH). A responsabilidade é de todos, especialmente sua.

Chris McCann, presidente e CEO da 1-800-flowers.com, deu voz a este sentimento: "Se você sente que motivou ou inspirou alguém a fazer mais, você agiu como um líder".

Esse é o tipo de gente de que mais precisamos.

PARTE 2

TENDÊNCIAS E DESAFIOS QUE MOLDARÃO OS LÍDERES DO FUTURO

4
Inteligência Artificial
e Tecnologia

Por que tantos CEOs acham que a liderança será diferente nos próximos dez anos? Que tendências os levam a crer que será necessário um novo conjunto de habilidades e *mindsets*? Neste e nos próximos capítulos, vou abordar as tendências que estão moldando o futuro da liderança até 2030 e além (Figura 4.1). Os líderes atuais e do futuro devem estar cientes de todas essas tendências e das implicações que elas vão criar.

Inteligência artificial (IA) e tecnologia foram de longe a tendência número um que CEOs e funcionários de todos os níveis identificaram como a de maior impacto sobre o futuro da liderança. Durante as entrevistas com CEOs, os comentários estiveram mais focados especificamente na inteligência artificial. Essa foi também a tendência número um identificada por colabores individuais, gerentes e executivos seniores na pesquisa do LinkedIn.

Nossa obsessão em criar algo melhor, mais forte, mais rápido e mais inteligente do que nós começou muitos anos atrás. O primeiro encontro com uma certa forma de IA aconteceu na história grega de Jasão e dos Argonautas, cuja primeira menção ocorreu em 800 a.C. Segundo a história, Jasão deveria ser o rei de uma terra chamada Iolkos, mas quem se encontrava no trono era seu tio, o rei Pélias. Para retomar seu reino, Pélias disse que Jasão teria de lhe trazer a Lã do Carneiro de Ouro.

Seis Tendências que Moldarão o Futuro da Liderança

© *thefutureorganization.com*

Figura 4.1 Seis tendências que moldarão o futuro da liderança.

Jasão montou uma equipe de heróis e aventureiros, e a jornada começou. No caminho para casa, depois de se apossar da lã, eles foram desviados de seu curso para uma pequena ilha, que é hoje a Grécia. Nessa ilha, Jasão encontrou Talos, um autômato gigante, a quem foi capaz de derrotar removendo um pequeno parafuso perto de seu calcanhar. Isso fez com que o icor, ou sangue vital de Talos, se escoasse. Do folclore judaico, conhecemos a história de Golem, que veio em auxílio do povo judeu, e no islã o alquimista Jabir ibn Hayyan escreveu sobre Takwin ou a criação de vida sintética. Mais recentemente, é claro, fomos apresentados a criaturas como HAL, de *2001: Uma Odisseia no Espaço*, e Skynet, de *O Exterminador do Futuro*. Mas essas são apenas versões mais modernas de ideias que vieram de histórias, mitos e lendas de milhares de anos atrás. Agora, a grande questão para nós é: o que acontece quando essas coisas se tornam de fato realidade?

Na 22ª Pesquisa Anual Global de CEOs da PwC, que inclui respostas de 1.378 CEOs de todo o mundo, 42% concordam que a IA terá impacto maior do que a internet, e 21% dos CEOs concordaram de maneira enfática, e bastante justificável, com essa afirmação. A PwC também estima US$ 15,7 trilhões em ganhos do PIB global com IA em 2030 (PwC, 2019).

Desde o começo do mundo empresarial moderno, temos criado organizações perfeitamente adequadas para inteligência artificial, robôs e *software*: ambientes onde os funcionários aparecem todo dia ao mesmo tempo, usam o mesmo uniforme, fazem sempre o mesmo trabalho e onde são instruídos a não questionar nada e apenas fazer seu trabalho. Décadas atrás, como essas tecnologias não existiam, usávamos o que havia de melhor: os humanos. Hoje, enfim, temos as tecnologias que são, antes de qualquer coisa, capazes de executar os trabalhos projetados para eles. É uma realidade monumental com a qual devemos lidar, porque desafia a fundação sobre a qual as organizações de hoje foram construídas.

As máquinas vão assumir o controle?

Devemos agora perguntar que trabalhos os humanos farão, como os farão e por quê. Sempre admitimos que a inteligência artificial terá maior impacto nas tarefas de rotina, como processamento de números ou entrada de dados. A maior parte dos estudos sobre o futuro do trabalho e automação já enfatiza isso. Contudo, uma das funções que será mais afetada é a liderança.

Quase todos os CEOs que entrevistei estavam otimistas acerca do impacto que a inteligência artificial e a tecnologia terão sobre a liderança e o futuro do trabalho, já que a tecnologia vai nos fornecer mais tempo e recursos, permitindo que nos concentremos nas pessoas que fazem parte das organizações. Na verdade, liderança é isso. Mas essa constatação vem com a ressalva de que teremos de adotar novas tecnologias, e não fugir delas, o que está na contramão de muitos relatórios que, em anos recentes, temos visto alertar para a extinção de empregos. Muitos estudos e relatórios preveem algo que pode ir de alguns milhões a vários bilhões de empregos eliminados. É como se fôssemos viver uma cena de *The Walking Dead*, onde só perambulamos de um lado para o outro armados de forquilhas.

Há uma grande lacuna entre o que a pesquisa diz e o que os principais líderes do mundo me disseram. É verdade que algumas áreas sofrerão impacto como resultado da automação, mas acredito que a grande dimensão desse impacto será sentida mais como transformação de empregos, e não como eliminação deles. Temos de lembrar que automatizar uma ocupação ou tarefa não é o mesmo que substituir uma pessoa.

Christian Ulbrich é CEO da JLL, uma das maiores empresas de consultoria imobiliária do mundo, com quase 100 mil funcionários em nível global. Ele foi um dos muitos CEOs que entrevistei e que expressou esse ponto de vista: "Só teremos sucesso na era digital se nos envolvermos com entusiasmo, dando boas-vindas às ideias e oportunidades que as ferramentas digitais, a análise de dados e as novas tecnologias trarão".

Automatizar uma tarefa não significa substituir alguém

Outra questão que precisamos resolver quando se trata de IA e empregos é assegurar que os novos empregos que criaremos sejam empregos que valham a pena. Em outras palavras, a criação de empregos é inútil se todos eles forem sugar a alma das pessoas! Felizmente, o que temos visto em grande proporção até agora são organizações usando a IA para automatizar de forma intensa funções de rotina, enquanto requalificam os empregados para concentrá-los sobretudo em tarefas humanas. Veja o caso da Accenture, que automatizou mais de 17 mil postos de trabalho, mas não dispensou um único trabalhador. Como isso pôde acontecer? Os trabalhos automatizados estavam na área de finanças e, em vez de continuar processando números, esses funcionários foram requalificados e passaram por um novo treinamento para serem basicamente consultores estratégicos, ajudando os clientes da Accenture a compreender o que os números de fato significam e que ações devem ser tomadas com base nesses números. O cálculo real e a tabulação de números estavam sendo feitos por IA e robôs.

O McDonald's é outra organização que depende bastante da automação ao implementar quiosques nas suas várias lojas de varejo. O diretor de pessoal me contou que, em vez de automatizar e perder milhares de funcionários em todo o mundo, o número deles em suas instalações permaneceu o mesmo ou, em certos casos, até aumentou. Isso aconteceu porque o McDonald's está se tornando um negócio experimental e empregando maior ênfase na hospitalidade, e hospitalidade requer pessoas. Os clientes do McDonald's dizem que uma das coisas que eles mais apreciam é o calor e o envolvimento das pessoas que trabalham nas lojas. A equipe continua lá; só está sendo utilizada de modo diferente.

Esses são apenas dois dos muitos exemplos que existem. O que se deve entender é que as discussões não devem se concentrar em pessoas *versus* tecnologia; trata-se de fato de pessoas que trabalham com tecnologia para resolver um problema ou eliminar obstáculos de uma oportunidade.

O que fazem os líderes

Grandes líderes se concentram, de forma convencional, em duas responsabilidades de amplo espectro. A primeira é a tomada de decisões. Em geral, os líderes têm acesso a um número maior de dados e informação, têm autoridade e poder, e por isso tomam decisões cruciais sobre assuntos como direção estratégica do negócio ou desenvolvimento de novos produtos e serviços. As decisões são tomadas e, em seguida, o restante da força de trabalho é informado dessas decisões. De fato, um estudo da Accenture que pesquisou 1.770 gestores de catorze países constatou que 54% do tempo deles era gasto na coordenação e no controle da administração (Accenture, 2016).

Adam Warby é CEO da Avanade, empresa de tecnologia com mais de 36 mil funcionários pelo mundo afora. Tive a oportunidade de passar algum tempo com Adam quando visitei o Reino Unido alguns anos atrás. Seus comentários sobre liderança e tomada de decisões em plena era de IA ainda reverberam em meus ouvidos: "Vejo a inteligência artificial e a tecnologia como extremamente positivas para líderes do futuro. Elas vão permitir que eles tenham um parceiro no processo de tomada de decisões, possibilitando-lhes se concentrar no aspecto mais importante da liderança: as pessoas".

A segunda responsabilidade comum de grandes líderes é fazer que as pessoas se movam na direção da decisão tomada; em outras palavras, é engajar, capacitar, motivar e inspirar pessoas. O aspecto humano da liderança é uma área com a qual muitas organizações no mundo inteiro vêm se defrontando, e, é claro, há vários elementos que podem ser colocados sob a amplitude desse rótulo.

Maus líderes costumam se concentrar na parte da tomada de decisões: acreditam em comando e controle, limitando-se a dizer a outras pessoas o que precisa ser feito. Em suma, são esses que constituem o estereótipo do "gerente".

41

Como a inteligência artificial vai afetar a liderança

Já estamos vendo o influxo de inteligência artificial dentro das organizações, e na próxima década a IA se tornará o sistema operacional de quase toda organização existente. Hoje, na maioria dos casos, a IA já é capaz de tomar decisões melhores e mais precisas do que os humanos ao analisar e levar em conta um número maior de dados e informações. Isso não significa que devamos entregar os domínios da tomada de decisões à tecnologia e presumir que o que ela diz é sempre correto e o melhor para nossas organizações e nosso pessoal. Mas significa que a tecnologia será um importantíssimo auxiliar no processo de tomada de decisões, e que ajudará os líderes a conceber e a compreender uma variedade de possibilidades. Isso, no entanto, também significa que, se você é um mau líder, concentrado apenas na tomada de decisões, no comando e no controle, qual será seu valor no futuro, ou mesmo agora? Ele se tornará secundário, na melhor das hipóteses, e inexistente, na pior. Se você é um bom líder, no entanto, seu valor poderá aumentar dez vezes porque você é capaz de agregar, motivar, inspirar, engajar e treinar pessoas. Essas qualidades humanas serão alguns dos traços mais importantes de futuros líderes.

A inteligência artificial terá impactos específicos no futuro da liderança. Primeiro, deixará flagrantemente claro quem são os maus líderes e quem são os bons. Em segundo lugar, forçará os líderes a criarem organizações mais humanas, concentradas no que se costuma chamar de *soft skills*.[1] Em suma, dependerá dos que estão lendo este livro entrar em ação e decidir que espécie de líder pretendem ser.

Além da inteligência artificial, todo tipo de tecnologia vem entrando em nossa vida e nas organizações, como realidade aumentada e virtual, internet das coisas, *blockchain*, robótica, *big data*, *wearables* ("dispositivos vestíveis"), computação quântica e dezenas de outras. Todas essas tecnologias vão mudar a maneira como trabalhamos. A realidade virtual, por exemplo, pode nos ajudar a praticar empatia e resolução de conflitos colocando funcionários em situações virtuais envolventes, algo que a Walmart já tem feito com regularidade. *Blockchain* é uma plataforma construída em prol da transparência, o que significa que também traz implicações para a liderança. O *blockchain* poderia transformar a forma como o RH lida com análises de desempenho, avaliações de habilidades

---

1 *Soft skills* são habilidades subjetivas difíceis de avaliar, como criatividade, persuasão, colaboração, adaptabilidade e inteligência emocional. Costumam ser analisadas com as habilidades técnicas (*hard skills*) pelos departamentos de recursos humanos. (N. do T.)

Inteligência Artificial e Tecnologia

e pagamentos. Talvez os líderes nem saibam o que fazer com a quantidade de dados que lhes dará a internet das coisas. Muitos líderes ao redor do mundo já estão aprendendo como é liderar equipes virtuais e globalmente distribuídas, que eles não podem ver. Também nesse caso a tecnologia será uma ferramenta essencial, que mudará o que os líderes fazem, como fazem e até mesmo por que fazem.

Assim como os CEOs que entrevistei, também concordo que a tecnologia pode ter um impacto tremendamente positivo nas organizações e no modo como lideramos, mas é preciso aproveitar a oportunidade em vez de permanecermos ociosos e inertes.

Bill McDermott é CEO da SAP SE, empresa de tecnologia e *software* com cerca de 100 mil funcionários pelo mundo afora. Ele vê um enorme potencial na tecnologia e a possibilidade de empregá-la para nos ajudar a nos tornarmos mais humanos.

"A IA e o aprendizado sobre a máquina geram muita ansiedade, mas também trazem oportunidades incríveis. Não pode haver medo. Precisamos ser otimistas sobre as possibilidades emocionantes que surgem quando pessoas e máquinas trabalham juntas. As tecnologias emergentes poderão livrar as pessoas de trabalhos rotineiros e perigosos, permitindo uma mudança para tarefas mais valorosas, que só os humanos podem fazer, tornando-os, assim, mais eficientes – e mais felizes. No fundo, é uma experiência positiva. Máquinas não podem sonhar. Só as pessoas podem."

Implicações para líderes

- Concentre-se no lado humano da liderança.
- Ajude outros a compreender o impacto que a IA e a tecnologia podem ter em empregos e carreiras.
- Observe as áreas em que a tecnologia pode ser usada para valorizar os funcionários, ao contrário de áreas em que possa substituí-los.
- Faça testes com diferentes tecnologias de modo regular e se familiarize com elas, com o que fazem e como funcionam em alto nível.
- Explore áreas em que a tecnologia possa ser usada para destacar e melhorar a experiência do funcionário.
- Encare a IA e a tecnologia como parceiras de sua empresa.

5
Ritmo das Mudanças

Quer olhemos para as mudanças climáticas, a globalização, tecnologia, demografia, cibersegurança, questões geopolíticas, concorrência ou qualquer outra das numerosas tendências que ocupam nossa vida e as organizações, é evidente a constatação de que a mudança ocorre com rapidez e o tempo todo. Experimentaremos mais transformações nas próximas décadas do que experimentamos nas últimas centenas de anos.

Essa foi a segunda tendência que mais impactou o futuro da liderança, conforme mencionado por todos os CEOs que entrevistei e por todas as pessoas pesquisadas. A mudança é uma constante. Mas não é com a mudança em si que os principais líderes empresariais do mundo estão preocupados; é com a rapidez com que ela acontece, e o ritmo só vem aumentando! Essa mudança está sendo alimentada por muitas variáveis, como progresso tecnológico, transformação nas demandas e expectativas de clientes e funcionários, concorrência e globalização. Parecemos estar em uma esteira, com nosso treinador nos mandando aumentar a velocidade. A questão então se torna: com que rapidez podemos de fato seguir em frente?

O ritmo das mudanças foi mencionado de forma adequada em uma conversa que tive com David Henshall, presidente e CEO da Citrix, empresa de *softwares* para computador com mais de 8.500 empregados ao redor do mundo. Ele declarou:

Tanto a taxa quanto o ritmo das mudanças têm se acelerado e continuarão a fazê-lo em um futuro previsível. Como resultado, a ruptura pode vir de qualquer lugar e de empresas de qualquer porte. Essa velocidade muda tudo, desde como lideramos até como criamos produtos, passando pela maneira como atendemos os clientes. Os líderes devem compreender e aceitar que este é o novo mundo em que terão de atuar. O único caminho para ser bem-sucedido nesse mundo é desafiar o *status quo*.

Se estivéssemos em 1971 e quiséssemos armazenar 1 *gigabyte* (GB) de dados (o equivalente a mais ou menos 230 canções), teríamos de pagar 250 milhões. Hoje sem dúvida podemos conseguir vários GB de armazenamento de graça. Você se lembra das missões espaciais Apollo 13 e Apollo 14 dos anos 1970? Elas foram acionadas pelo Computador de Orientação Apollo, que era menos poderoso que a torradeira eletrônica de nossa cozinha. Os computadores que foram usados na Terra para se comunicarem com os módulos lunares e executar cálculos tinham o tamanho de um carro e custavam mais de 3,5 milhões de dólares. O *smartphone* mais ou menos recente que talvez tenhamos no bolso é poderoso o bastante para guiar simultaneamente 120.000.000 de espaçonaves da era Apollo para a Lua (Puiu, 2019). É assustador pensar no que vamos carregar por aí nos próximos cinco, dez, vinte anos.

Segundo a Cushman & Wakefield, empresa de consultoria imobiliária na área comercial, a propriedade construída hoje com uma vida útil de cinquenta anos enfrentará uma tecnologia 30 milhões de vezes mais poderosa do que a de hoje; as crianças de 11 anos verão um aumento de 64 vezes no poder da computação quando estiverem terminando o ensino médio, e um executivo que passe da graduação para a gestão em um período de vinte anos vai se defrontar com uma tecnologia 500 mil vezes mais poderosa da que existia no dia em que começou a trabalhar (Cushman, 2018). Pensemos ainda que os custos de energia solar e eólica caíram respectivamente 88% e 69% desde 2009 (Lazard, 2018).

Liderança em um futuro que ainda não existe

A Dell, em parceria com o Institute for the Future, prevê que 85% dos empregos que existirão em 2030 ainda não foram criados (Dell, 2017). É evidente a preocupação dos CEOs em saber com que rapidez o mundo está mudando e com a aptidão de suas organizações para se adaptarem às mudanças. Isso se aplica a todos os aspectos dos negócios, embora a tecnologia tenda a ser a grande área em que as organizações se concentram. Práticas profissionais do passado estão desatualizadas; as tecnologias dos últimos anos estão obsoletas, enquanto novas surgem com rapidez; a demanda dos clientes vem evoluindo; a concorrência está vindo agora de todos os lados, com diversos e novos titulares; a inovação já não diz respeito somente a uma pequena equipe de pesquisa e desenvolvimento (P&D); geram-se mais dados do que podemos conceber e organizar, e isso é apenas a ponta do *iceberg*. Coroando tudo, o fato é que a maioria das organizações não têm as pessoas certas em posições de liderança neste novo mundo do trabalho.

Houve uma época em que era aceitável e até mesmo prático criar um detalhado plano de empresa de cinco anos. Hoje esse plano é o equivalente a um exercício de criatividade. Na década de 1950, a expectativa de vida média de uma empresa no S&P 500 era de 60 anos – quase a vida inteira de uma pessoa. Em 1965, o número encolheu para 33 anos; em 1990, para 20 anos; e, para 2026, está projetada uma redução para 14 anos. Esqueça os planos de uma vida inteira; agora mal estamos falando do tempo necessário para se chegar à adolescência! A lista dos 500 da *Fortune* não está se saindo melhor. Desde sua criação, em 1955, só 53 companhias se mantêm, pouco menos de 11%. Todas as outras já foram à falência, entraram em fusões ou apenas deixaram a lista que reúne as melhores. Está lembrado de empresas como Armour, Esmark, Amoco, RCA, Union Carbide, Bethlehem Steel ou Douglas Aircraft? Provavelmente não. No entanto, todas essas organizações foram gigantes de sua época.

Há pouco tempo tive a oportunidade de trabalhar com a equipe de liderança da Royal Caribbean International, que emprega mais de 80 mil pessoas em todo o mundo e opera, globalmente, uma frota de mais de 60 navios. Tive a chance de conversar com o CEO Richard Fain e, quando falamos sobre o ritmo das mudanças, ele me disse o seguinte:

> O ritmo das mudanças jamais voltará a ser tão lento quanto o de hoje. Se olhar por esse prisma, vai perceber que há pouquíssimo tempo para aprender, se acostumar a novos processos e novos modos de fazer as coisas e difundi-los entre seu pessoal e amigos. Isso coloca muito mais pressão na liderança do que vimos até agora. O papel da liderança está muito mais concentrado no que está chegando, no que está levando pessoas em toda a organização a mudar seus paradigmas, e a mudá-los de modo incessante. Acho então que o papel do líder teve uma transformação fundamental, e que essa transformação se tornará ainda mais importante à medida que avançarmos.

O Líder do Futuro

Simplificando, isso significa que o que tradicionalmente funcionou para líderes no passado não funcionará no futuro, e o que funcionará no futuro vai mudar com rapidez!

Em uma pesquisa recente com graduados das trinta maiores escolas internacionais de administração de empresas, o ritmo do avanço tecnológico e digital foi classificado como a principal ameaça enfrentada por futuros líderes de negócios globais.

Eu sou otimista. Podemos encarar qualquer mudança como uma ameaça ou uma oportunidade. Amy Pressman é cofundadora, membro do conselho de administração e ex-presidente da Medallia, empresa de gestão de experiência de clientes com mais de mil funcionários. Ela expressou isso de maneira gentil: "De várias maneiras, a mudança pela qual passamos é boa, mas ainda cria ansiedade para as pessoas porque nosso dia a dia vai ser diferente. Precisamos ir ao encontro dessa mudança, adotá-la, e não nos assustar com ela".

Implicações para líderes

- Experimente e teste ideias com frequência.
- Sinta-se confortável desafiando, e não se prendendo, ao *status quo*.
- Aceite a incerteza e não deixe o medo guiar a tomada de decisões.
- Procure se cercar de pessoas que sejam mais inteligentes e mais capazes que você.
- Dê a funcionários de todos os níveis e funções a oportunidade de compartilhar ideias, resolver problemas e identificar oportunidades.
- Construa alianças com pessoas e organizações.
- Revise políticas, procedimentos e regras que estejam desatualizados em seu ambiente de trabalho.
- Concentre-se no aprimoramento da comunicação e da colaboração entre equipes e regiões.
- Preste atenção às tendências que afetam sua indústria, sua empresa e sua carreira.
- Entenda que este é o novo normal.

6
Propósito e Significado

Mindy Grossman é CEO da WW (antes conhecida como Weight Watchers, ou Vigilantes do Peso), que emprega cerca de 20 mil pessoas em todo o mundo. Em nossa discussão, Mindy repetiu o que muitos outros CEOs me disseram: "As marcas do futuro terão de entender qual é seu propósito e significado, não importa o negócio em que estejam. Propósito e significado serão ainda mais valiosos no futuro".

Durante décadas, o mundo empresarial viveu sob a premissa de que, para atrair e conservar as melhores pessoas, tudo o que precisávamos fazer era pagar mais. Era essa a maior alavanca que as organizações poderiam puxar, mas agora está se tornando evidente que os empregados não se preocupam apenas em ganhar dinheiro. Um estudo recente feito pela BetterUp entrevistou 2.285 profissionais norte-americanos de 26 ramos industriais e descobriu que 9 em cada 10 funcionários trocariam dinheiro por mais senso de propósito no trabalho. Quanto eles trocariam? Em média 23% de ganhos futuros, em um total de US$ 21 mil por ano, para terem um trabalho sempre significativo. O mesmo estudo mostrou que os funcionários com um trabalho significativo ficam por mais tempo na empresa, tiram menos dias de licença remunerada e se mantêm mais inspirados (BetterUp, 2018). Outra pesquisa, agora da Imperative, analisou 26 mil membros do LinkedIn em 40 países e descobriu que 74% dos candidatos queriam um emprego no qual pudessem sentir a importância de seu trabalho (Vesty, 2016). Wrike, empresa de *software* para gestão de trabalho, lançou há pouco tempo a "Happiness Poll" [Pesquisa da Felicidade], que abrangia 4 mil empregados no Reino Unido, na Alemanha, França e nos Estados

Unidos, com o objetivo de elencar o que os tornava felizes e como isso afetava a produtividade. No Reino Unido, o principal fator que contribuía para a felicidade do empregado era fazer um trabalho significativo e sentir-se conectado a um propósito (Wrike, 2019).

Em agosto de 2019, CEOs de quase duzentas grandes organizações dos Estados Unidos, entre elas, Amazon, Apple, Boeing e GM, fizeram uma declaração coletiva informando que o valor de suas ações, algo há muito considerado o objetivo de uma organização, não era mais a principal preocupação delas. Em vez disso, os novos objetivos dessas organizações era investir nos funcionários, oferecer utilidades aos clientes, negociar de forma ética com os fornecedores e dar apoio a comunidades externas. Essa é uma tremenda mudança em como pensamos e lideramos os negócios.

Propósito e significado não são apenas "questões de trabalho". São temas humanos primários que fazem parte de nossa natureza. Como espécie, não paramos de nos perguntar: "Qual é o sentido da vida?"; "Qual é meu objetivo?"; "Por que estou aqui?". A busca pela conexão com o outro, o senso de um objetivo maior e um sentido para a vida nunca acabam, e não são coisas que possam ser suprimidas por dinheiro.

As palavras "propósito" e "significado" aparecem com frequência lado a lado. Contudo, embora estejam relacionadas, é importante entender que significam coisas diferentes e que podemos fazer distinção entre as duas. Funcionários têm um emprego, esse emprego tem um propósito, como resultado desse propósito há um impacto e, de preferência, desse impacto os empregados vão tirar um significado. O dr. Paul T. P. Wong, professor emérito da Trent University, professor assistente da Saybrook University e presidente da International Network on Personal Meaning, colocou isso de forma sucinta: a função do propósito é cumprir um sentido.

Trabalho, propósito, impacto, significado

No contexto dos negócios, o trabalho que você tem se refere tão somente às tarefas que executa, seja fazer programação de computador, vender produtos ou serviços, ajudar clientes ou coisas semelhantes. O propósito do trabalho, porém, vai a um nível mais profundo. Você cria um programa porque está tentando montar um *site* de fácil utilização, que os clientes possam acessar sem dificuldade; você vende produtos ou serviços porque quer ajudar a empresa a gerar renda e crescimento; você ajuda os clientes porque deseja criar uma grande experiência para eles e inspirar lealdade. A peça de impacto é o que de fato se tira do seu propósito. Em outras palavras, você ajuda os clientes porque pretende criar grandes experiências para eles, mas isso dá certo? Qual é o impacto real do trabalho que está fazendo? O propósito diz respeito ao potencial, mas o impacto é o que realmente acontece. Se nosso propósito é criar grandes experiências, mas o impacto mostra que na realidade estamos criando más experiências, sem dúvida temos um problema. Pense nisso como dois lados de uma equação que no mínimo deveriam se igualar. O estado desejado deve corresponder ao estado real, ou melhor, o estado real deve ser maior que o estado desejado.

O propósito age como ponte entre o trabalho que você está fazendo e o impacto que o trabalho tem sobre clientes, outros funcionários, comunidades ou o mundo. Mas você entende o significado do trabalho que está fazendo? O significado é muito subjetivo e único para cada um de nós, e muitas vezes é um terreno no qual os funcionários se movem com dificuldade. O significado diz mais respeito à razão de você pessoalmente fazer algo e ao sentimento que vivencia ao fazê-lo. Para um funcionário que trabalha no atendimento direto ao cliente, o significado pode vir de estar ajudando as pessoas e tentando tornar a vida delas um pouco melhor; para o desenvolvedor, o significado pode vir da solução de problemas complexos; para o vendedor, o significado pode vir de estar construindo relacionamentos e do contato humano resultante, por natureza, do ato de venda. Como podemos ver, propósito e significado não são a mesma coisa, embora estejam relacionados.

Meu trabalho é escrever, falar, pesquisar e criar conteúdo sobre liderança, sobre o futuro do trabalho e a experiência do funcionário. Meu propósito é ajudar a criar organizações em todo o mundo nas quais os funcionários queiram aparecer todo dia para trabalhar. Felizmente, esse é também o impacto que provoco nas organizações e em seus líderes (ou pelo menos é o que me dizem). Extraio disso um grande significado, que inclui causar impacto positivo na vida de funcionários do mundo inteiro, trabalhando com coisas pelas quais tenho verdadeiro interesse e sou apaixonado, criando assim desafios para mim mesmo, criando uma vida independente e construindo ótimos relacionamentos com os vários líderes com quem trabalho pelo mundo afora.

Criação de um Trabalho Significativo

Figura 6.1 Criação de um trabalho significativo.

Como mostrado na Figura 6.1, o fator trabalho é perfeitamente autoexplicativo. O propósito também deve ser bastante comum e fácil de alcançar, mas infelizmente, nesse ponto, a maioria das pessoas e organizações têm problemas. Isso ocorre porque construímos organizações para se concentrarem em empregos, tarefas e coisas para nos manter ocupados. No mundo inteiro, muitos empregados não têm, de fato, noção de como o trabalho que fazem afeta alguém ou algo; eles são apenas engrenagens em uma máquina. Uma das razões de haver tantos empregados debatendo-se com o significado de seu trabalho é porque eles sequer compreendem o propósito dele.

A pesquisa que fiz para este livro tornou bastante evidente que a maior parte dos empregados entendem suas tarefas, mas se confundem com o propósito, o impacto e o significado delas. Líderes entendem suas tarefas e com frequência têm uma compreensão mais sólida do propósito delas (já que agora têm acesso a mais informações, percepções etc.) e do impacto que estão produzindo, mas também se debatem quanto ao significado. Stephen Poor é sócio e *chairman* emérito da Seyfarth Shaw LLP, um escritório de advocacia com quase mil advogados espalhados pelo mundo. Ele me disse: "A maioria dos líderes de organizações que conheço têm uma compreensão bastante profunda de seu negócio específico, de seu ramo industrial, de concorrentes e clientes ou fregueses. Ninguém vai seguir alguém que não sabe do que está falando". É claro que isso é importante e, para muitos líderes, é de onde vem o propósito, mas é também aí que muitos se detêm. Em vez de se deter, dê mais um passo à frente e pergunte: o que tudo isso significa para você?

Robert Half pesquisou por que os funcionários deixavam o emprego atual, e uma das principais respostas foi a vontade de trabalhar para outra empresa que tivesse um propósito maior. A única resposta com classificação superior foi "estar indo para outra empresa para ganhar mais" (Kong, 2018). Outro estudo, conduzido pela Reward Gateway, descobriu que, embora 89% dos empregadores digam que é fundamental os funcionários compreenderem a missão da empresa, só 25% deles se julgam informados por completo acerca do propósito e da missão, enquanto 32% estão totalmente desinformados (Reward Gateway, 2018). Isso tudo é bastante elementar. Os líderes querem sempre "as frutas ao alcance da mão", e eis então o resultado.

Um estudo do E. Y. Beacon Institute e da Harvard Business School constatou que 42% das empresas não guiadas por um propósito mostraram queda de receita ao longo de um período de três anos, enquanto 85% das empresas com propósito apresentaram crescimento positivo (Keller, 2015). Não causa espanto que o foco em coisas como essas afete realmente o resultado final. Em 2018, a Mercer entrevistou mais de 7.600 funcionários pelo mundo e uma das tendências dos mais talentosos era o desejo de trabalhar com um propósito (Mercer, 2018).

Propósito e significado são coisas especificamente humanas que todos desejam e pelas quais anseiam, coisas de que todos precisam. O equilíbrio de poder se deslocou de modo dramático para a mão dos funcionários, e organizações em todo o mundo estão se concentrando em criar uma experiência para que os empregados queiram de fato comparecer ao trabalho. Os funcionários dizem que querem fazer parte de uma organização cujo propósito compreendam e na qual possam encontrar um sentido. Um estudo da BetterUp constatou que os empregados produzem mais, trabalham mais, ficam mais tempo nas empresas e podem sacrificar um pagamento maior se encontrarem sentido no trabalho. Nove em cada dez trabalhadores trocarão dinheiro por significado (BetterUp, 2018). É um tanto desmotivador que funcionários do mundo inteiro estejam suplicando por esses aspectos humanos no âmbito profissional sem, contudo, serem capazes de obtê-los.

Criação de propósito e significado

Uma das organizações que realizam um trabalho verdadeiramente pioneiro em torno do propósito e do significado é a Unilever, que tem cerca de 160 mil funcionários por todo o mundo. A empresa já inscreveu mais de 34 mil funcionários em um *workshop* interativo e presencial sobre propósito e significado no trabalho, e esses números vêm crescendo com rapidez. O objetivo final é que a pessoa saia de lá com uma carta de intenções que possa se conectar com o propósito da companhia como um todo; os funcionários seriam então capazes de realmente descobrir e compreender o que os motiva e os faz avançar. Entre os que passaram pelo *workshop* estão líderes, profissionais de vendas, pessoal de fábrica e todos os que participam da empresa. No *workshop*, os funcionários refletem sobre suas experiências pessoais e profissionais, seus valores pessoais e até mesmo memórias de infância. Acho ótimo e tranquilizador que organizações como esta estejam ajudando as pessoas a compreender como e onde elas se inserem no mundo.

Alguns podem argumentar que propósito e significado são reservados apenas aos poucos privilegiados que ganham bem e trabalham em uma empresa estável. Infelizmente, a maior parte da população mundial mal consegue pôr comida na mesa, o que dirá se preocupar com algum tipo de propósito ou significado no trabalho. Mas isso não significa que essas pessoas não mereçam ter também propósito e significado. Todos nós merecemos e precisamos disso, não importa se somos executivos proeminentes de empresas globais, zeladores, empregados do comércio, artistas ou trabalhadores de qualquer outra área. Propósito e significado não devem ser um privilégio no trabalho; devem ser um direito de qualquer empregado, em qualquer nível.

Bernard Tyson foi presidente e CEO da Kaiser Permanente, um dos principais provedores de saúde dos Estados Unidos, que emprega mais de 200 mil pessoas. Infelizmente, ele faleceu de repente, pouco antes da publicação deste livro. Tyson resumiu o conceito de representação de algo maior que ganhar dinheiro.

> Empresas do futuro não podem mais pensar somente em existir [...] empresas importantes do futuro não poderão ser como pequenos compartimentos estanques, sem contato com seu entorno. Somos parte de uma sociedade maior, e a sociedade maior é parte de nós. A questão de quando e como nos engajamos nas questões sociais mais amplas continuará a fazer parte do futuro da liderança.

Propósito e Significado

Implicações para líderes

* Saiba a diferença entre trabalho, propósito, impacto e significado; eles não são a mesma coisa.

* Procure entender primeiro seu trabalho. seu propósito, seu impacto e seu significado antes de querer ajudar os outros a entender os deles.

* Concentre-se nas histórias que pode contar para ajudar os funcionários a entender como o trabalho deles está tendo impacto.

* Passe a conhecer os funcionários como indivíduos e descubra o que os motiva e impulsiona.

* Ao atrair e conservar talentos, torne propósito, impacto e significado a parte essencial de sua organização.

* Pense em organizar os próprios *workshops* e treinamentos concentrados em propósito, impacto e significado.

7
Cenário dos Novos Talentos

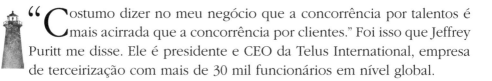"Costumo dizer no meu negócio que a concorrência por talentos é mais acirrada que a concorrência por clientes." Foi isso que Jeffrey Puritt me disse. Ele é presidente e CEO da Telus International, empresa de terceirização com mais de 30 mil funcionários em nível global.

A enorme escassez de talentos

O que é talento, de onde vem e quanto dele existe são fatores que vêm provocando uma enorme mudança na força de trabalho coletiva. Segundo pesquisa feita por Korn Ferry, em 2030 haverá uma carência mundial de talentos de cerca de 85 milhões de pessoas, o que se traduz em US$ 8,5 trilhões em receitas anuais não realizadas (Korn Ferry, 2018). O ManpowerGroup entrevistou 40 mil empregadores em todo o mundo, e 45% deles relataram dificuldades em preencher certas funções hoje (Manpower, 2018). A pesquisa do CEO da PwC, já mencionada, constatou que, em 2019, uma das dez principais ameaças para as organizações era a pouca disponibilidade de certas habilidades fundamentais. Era o número três da lista, somente um ponto percentual abaixo da incerteza política e do excesso de regulamentação (PwC, 2019).

Existem várias razões que justificam esses acontecimentos. Para começar, as taxas de fertilidade estão declinando no mundo todo. Nos Estados Unidos, por exemplo, o número de nascimentos está abaixo da taxa requerida para a reposição da população, o que significa que a população pode realmente começar a diminuir, pois há mais gente morrendo, e não estão nascendo bebês suficientes para manter a população estável. Sem dúvida, a Europa Ocidental tem a menor taxa de fertilidade, seguida por Reino Unido, Sudeste Asiático e Oceania, Europa Central e Oriental, Ásia Central e América do Norte. Isso se traduz em um número menor de pessoas empregáveis.

Em segundo lugar, vemos que a população está envelhecendo. De acordo com o Census Bureau dos Estados Unidos, até 2030, 1 em cada 5 residentes estarão em idade de se aposentar. Em 2035, haverá mais pessoas nos Estados Unidos com mais de 65 anos do que com menos de 18 (U.S. Census Bureau, 2018). Essa é uma tendência observada em muitas partes do mundo, como Reino Unido, Austrália, Japão e China. Embora também seja verdade que a expectativa de vida está aumentando, tornando possível trabalharmos por mais tempo, organizações do mundo inteiro não estão fazendo praticamente nada para manter os funcionários mais velhos no emprego. Na realidade, muitas estão "encorajando" os funcionários mais velhos a se aposentar, para que empregados mais jovens e mais baratos possam ser contratados, o que é um grande erro. Em filmes antigos, todos recorriam a anciãos respeitados em busca de conselho e orientação, mas dentro das organizações é sempre das pessoas mais velhas que queremos nos livrar primeiro.

Para empresas inteligentes, há uma tremenda oportunidade de aproveitar esse talento mais antigo. Sendo eles os funcionários mais experientes e testados de nossas organizações, os mais sábios e os melhores conselheiros, por que deveríamos querer que deixem o emprego? Criemos, em vez disso, programas que lhes permitam continuar como assessores, instrutores e mentores da nova geração de talentos que entram na organização.

Em seguida, vemos desafios em torno das habilidades. O otimismo dos líderes que entrevistei repousa na suposição de que trabalhadores humanos serão uma presença natural nas muitas tecnologias emergentes e nas habilidades relacionadas a elas, cuja demanda está aumentando, como análise de dados, cibersegurança, realidade aumentada e realidade virtual, *blockchain*, inteligência artificial, robótica e similares. No momento não é isso que acontece.

Esse frenesi por competência não existe apenas em tarefas de escritório, mas também em campos práticos como manufatura, soldagem, maquinaria e outros. Quando entrevistei Barbara Humpton, CEO da Siemens nos Estados Unidos, que emprega mais de 50 mil pessoas, ela mencionou que há pouco tempo tivera mais de 1.500 vagas abertas e que, embora tivessem recebido mais de 10 mil candidatos para preencher os cargos, não tinham conseguido encontrar um número suficiente de pessoas com as habilidades requeridas para assumir aquelas funções, todas em áreas práticas.

André Calantzopoulos é CEO da Philip Morris International, importante empresa internacional de tabaco, com mais de 77 mil funcionários, que está transformando seu negócio para criar um futuro livre do fumo, tendo substituído os cigarros por melhores alternativas para fumantes adultos. Segundo André:

> Estamos passando de uma era de emprego vitalício para uma situação de empregabilidade vitalícia. Se o seu pessoal não sentir que está aprendendo e progredindo, ele vai abandoná-lo, o que é muito justo! Por que haveriam de querer fazer parte de uma organização que os torna ultrapassados? Como líder, é seu trabalho garantir que isso não ocorra. Temos de admitir que não estamos lidando com o mesmo cenário de talentos que tínhamos nos últimos vinte ou mesmo nos últimos dez anos, quando presumíamos que as pessoas ficariam no emprego para sempre.

Necessidade de requalificar e reciclar

Para que a sociedade tenha incrementos, e não substituições com a tecnologia, é preciso haver, em todo o mundo, uma enorme requalificação e reciclagem de pessoas. A Siemens vem superando esse desafio ao trazer de volta os "períodos de treinamento". Segundo a *Enciclopédia Británica*, os períodos de treinamento começaram no século XVIII a.C. (milhares de anos atrás) e foram comentados no Código de Hamurábi da Babilônia, onde se requeria que os artesãos ensinassem seus ofícios à próxima geração.

Um de meus exemplos favoritos de como uma organização está requalificando os funcionários vem da PwC. Eles lançaram para os empregados o aplicativo Digital Fitness, que avalia conhecimentos de alto nível em uma variedade de tópicos, como inteligência artificial, *blockchain* e análise de dados. Os funcionários são avaliados em quatro áreas: habilidades, *mindset*, comportamento e relacionamentos. Depois de receberem a avaliação, ganham acesso a um conteúdo que os ajudará a melhorar em todas essas áreas. Isso pode significar ler um artigo, ver um vídeo ou escutar um *podcast*. Trata-se de uma biblioteca interna que os funcionários têm à disposição para aprender todas as coisas de que precisam para ter êxito na PwC e receber incentivos para continuar aprendendo e se desenvolvendo, aprimorando assim sua aptidão digital.

Como parte disso, também criaram um programa de aceleradores digitais para milhares de funcionários em toda a empresa, com os quais tive a sorte de trabalhar. Esses funcionários são basicamente como um vírus do bem coletivo que circula e infecta o restante da força de trabalho. Espera-se que desafiem o *status quo*, que proponham ideias e perspectivas originais e que levem a empresa como um todo a pensar de modo diferente. Esses aceleradores digitais passam alguns dias sendo submetidos a um treinamento intensivo, de imersão, durante o qual frequentam *workshops* para ajudá-los e incentivá-los a pensar de modo diferente. As sessões incluíam tópicos como *design thinking* e inteligência emocional. Eram realizadas, ao longo do ano, com grupos de 400 a 500 empregados de cada vez. Muitas organizações estão tentando descobrir qual será sua estratégia para o futuro. Os executivos da PwC se colocavam diante dos novos "recrutas" e diziam: "Vocês são nossa estratégia para o futuro". Para uma equipe profissional de serviços como a da PwC, o tempo faturável é de onde vem grande parte da receita, e em geral 90% do tempo de um empregado deve ser faturável. Para os quase 2 mil aceleradores digitais, o tempo faturável caiu para cerca de 60%. Esses empregados foram encorajados a passar os 30% restantes aprendendo, explorando e tentando pensar em novas ideias e meios de fazer as coisas. É um tremendo dispêndio de receita para a PwC no curto prazo, mas uma estratégia bastante inteligente no longo prazo. Uma das coisas que mais me impressionaram acerca desse programa foi que, durante os eventos ao vivo, os executivos da PwC subiam no palco e diziam: "Se vocês voltarem ao trabalho após este evento e descobrirem que, enquanto estão tentando desafiar o *status quo*, o gerente de vocês ou membros da equipe os estão fazendo recuar, telefonem ou enviem um *e-mail* para nós, que vamos resolver pessoalmente o problema". É raro ouvirmos falar de executivos que estejam tão dispostos, que se mostrem tão disponíveis e acessíveis para ajudar seu pessoal. É assim que ocorre a verdadeira mudança – quando os líderes se mobilizam e se comprometem a fazer as coisas acontecerem e a dar apoio às pessoas que conduzem a mudança.

Os desafios em torno das habilidades não fogem do que costumaríamos classificar como *hard skills*. Empatia, consciência, habilidade de comunicação e outras *soft skills* também estão em falta no local de trabalho e são bastante procuradas. Quando o LinkedIn pesquisou 2 mil líderes da área de negócios, 57% deles disseram que as *soft skills* são na verdade mais importantes do que as *hard skills*.

Diversidade e inclusão como questões cruciais

Diversidade e inclusão também são componentes cruciais em como o cenário de talentos está mudando e se tornando prioridade para líderes seniores em todo o mundo, e por um bom motivo. Em uma recente pesquisa do LinkedIn entre 9 mil líderes de talento, 78% disseram que a diversidade é muito importante. De acordo com o relatório: "a diversidade costumava ser uma caixa que as empresas mantinham fechada. Hoje, no entanto, a diversidade está diretamente ligada à cultura e ao desempenho financeiro da empresa. Nossos dados mostram que 78% das empresas priorizam a diversidade para melhorar a cultura e 62% o fazem para impulsionar seu desempenho financeiro". A mais recente pesquisa *millennial* da Deloitte também constatou que as gerações *millennials* e Y e Z que trabalham para empregadores tinham a percepção da diversidade na força de trabalho, sendo mais provável que suas equipes de administração sênior se mantivessem na companhia por cinco anos ou mais.

Uma pesquisa feita por Alison Reynolds, da Ashridge Business School do Reino Unido, e David Lewis, do Programa Executivo Sênior da London Business School, constatou que não apenas recrutamos com base na própria imagem (raça, gênero etc.), mas também tendemos a recrutar pessoas que pensam e se comportam como nós. Em consequência disso, acabamos com um monte de equipes com ideias semelhantes, o que significa baixa diversidade cognitiva (Reynolds, 2017). Isso é um problema porque, como demonstramos anteriormente, o ritmo da mudança é uma das principais tendências a guiar o futuro da liderança (e do trabalho), o que significa que há, de forma contínua, um elevado grau de incerteza. Nesse ambiente, equipes com baixa diversidade cognitiva não são capazes de abordar assuntos de modos diferentes (por exemplo, análise *versus* experimento) nem de vê-los de determinada perspectiva, ou mesmo de criar novas opções.

A diversidade se refere às semelhanças ou diferenças que nós, como indivíduos, possuímos e incluem temas como idade, gênero, raça, religião, moradia e educação. A inclusão, por outro lado, é o que é feito para de fato empoderar esses diferentes grupos de pessoas dentro da organização. Em outras palavras, não é suficiente ter uma força de trabalho diversificada se não formos capazes de desbloquear o potencial dessa força e fazê-la sentir sua participação. Como líderes, nosso trabalho é esse.

Jeff Dailey é CEO da Farmers Insurance, que emprega cerca de 20 mil pessoas e tem mais de 45 mil agentes exclusivos e independentes. Aprecio muito o que ele me disse: "No final, o objetivo de todo líder deve ser permitir que todos contribuam com o melhor de seu possível potencial e, se não formos inclusivos, torna-se impossível fazer isso".

Na verdade, a Califórnia se tornou o primeiro estado a exigir que todas as empresas de capital aberto com sede no estado tivessem, no final de 2019, pelo menos uma mulher no conselho de administração.

Segundo um relatório da McKinsey chamado "Delivering Through Diversity" [Produzindo na Diversidade]: "Empresas no quartil superior para diversidade de gênero em suas equipes executivas eram 21% mais propensas a ter lucratividade acima da média que empresas no quarto quartil. Para diversidade étnica/cultural, as empresas do quartil superior tiveram 33% mais probabilidade de alcançar melhores resultados em lucratividade" (McKinsey, 2018).

A Mastercard tem cerca de 14 mil funcionários em todo o mundo, e diversidade e inclusão estão incorporadas na própria base de como fazem negócios. O CEO Ajay Banga explicou:

> A Mastercard acredita ser uma força para o bem. Acreditamos que criar oportunidades inclusivas para todos é o melhor modo de fazer negócios. Acreditamos que isso é fundamental para o sucesso da empresa. Incorporamos esses valores em tudo o que fazemos; eles não são apenas palavras de um cartaz. Acreditamos que, quando as organizações – públicas e privadas – determinam que é do interesse delas fazer o bem e funcionar de forma decente e inclusiva, podemos avançar para uma economia saudável, global, na qual todos possam melhorar de vida; o tipo de economia que pode produzir um mundo melhor, com mais transparência, mais sustentabilidade e uma trilha legítima

para a prosperidade de todas as pessoas. Temos uma cultura construída com base em um propósito, segundo o qual conseguimos realizar coisas, adotar a diversidade como guia para a inovação e adotar a inovação como algo fundamental à nossa sobrevivência.

A Dow é uma organização de ciência dos materiais (antes parte da Dow Chemical), com 40 mil funcionários em todo o mundo. Eles estão tomando medidas para garantir que tenham os líderes certos nas devidas funções, gente que promova diversidade e inclusão, um objetivo fundamental da Dow. Esses líderes são responsabilizados não só pela manutenção das métricas financeiras tradicionais, mas também pelas métricas de diversidade e inclusão (D&I) que fazem parte do quadro corporativo de pontuações; são um componente da avaliação deles como líderes. Quando Jim Fitterling, CEO da Dow Chemical, faz suas reuniões gerais trimestrais e fala sobre resultados financeiros, ele também discute diversidade, inclusão e participação de funcionários em grupos de recursos por toda a organização (Bloomberg, 2019).

O Google é uma das poucas organizações que chegam a publicar um relatório anual de diversidade e inclusão baseado na própria força de trabalho. Não só perante os funcionários, mas também perante o mundo em geral, o Google se apresenta como uma organização responsável. De fato, quando se trata de esforços de inclusão, o Google tem hoje mais de 20 grupos de recursos de funcionários com mais de 250 seções, abrangendo 99 núcleos e 46 países. Esses grupos são liderados por mais de 500 funcionários voluntários (funcionários que podem ou costumam prestar serviços à comunidade como voluntários, mas com apoio da empresa), reunindo mais de 20 mil empregados, o que representa cerca de 20% de sua força de trabalho. Por meio de programas de treinamento e educação, quase 80% dos empregados do Google desenvolveram ações para entender seus preconceitos inconscientes, e mais de 2 mil funcionários participaram do Núcleo de Diversidade, um programa que permite aos *googlers* gastarem 20% do tempo sugerindo meios de tornar a empresa mais diversificada e inclusiva. Talvez a estatística mais importante seja a de que não existem diferenças salariais significativas entre *googlers* (Google, s.d.). Eles estão francamente comprometidos não só em construir uma força de trabalho diversificada, mas também em capacitar essa força de trabalho a dar o melhor de si, fazendo-a ao mesmo

O Líder do Futuro

tempo se sentir parte integrante do Google. O Google não é perfeito, mas vem se empenhando mais nesses esforços do que a maioria das outras organizações mundiais.

O cenário de talentos está mudando e, como líder responsável por atrair e reter os melhores talentos, o trabalho de George Corona é adaptar a organização de modo adequado. Ele é presidente e CEO da Kelly Services, empresa de gerenciamento de força de trabalho e serviços de pessoal com cerca de 8 mil funcionários. George acredita que, embora o talento já se mostre crucial agora, ele vai criar ou quebrar empresas no futuro:

> As organizações que vão ter sucesso o terão porque possuem os melhores talentos e as melhores pessoas. Acho que compreender como identificar esse talento, como recrutá-lo e como motivá-lo vai ser mais importante no futuro do que é agora.

Implicações para líderes

- Invista em programas de reciclagem e requalificação.
- Procure se esforçar para desenvolver equipes diversificadas e questionar o que está fazendo, para que essas equipes diferenciadas sintam-se parte da empresa.
- Crie programas que permitam aos funcionários mais velhos continuarem fazendo parte da organização; deixe-os, por exemplo, permanecer como *coaches* ou assessores.
- Ajude os funcionários a entender como a carreira e o emprego deles estão mudando e que qualificações eles podem adquirir para continuar sendo membros importantes e valiosos da empresa.
- Crie perfis de talentos e trabalhe para identificar o potencial de empregos e oportunidades que a empresa terá no futuro. Olhe para além dos talentos atuais. Vincule diversidade, inclusão, treinamento e esforços de requalificação a programas de salários e incentivos.

8
Moralidade, Ética e Transparência

Em 2 de janeiro de 2012, a *Forbes* publicou uma história com o título "Por que a Best Buy está fechando as portas... pouco a pouco" (Downes, 2012). O artigo tem quase 4 milhões de visualizações *on-line*. Mas sem a menor dúvida a *Forbes* subestimou o novo CEO da Best Buy.

Hubert Joly é diretor-executivo e ex-CEO (aposentou-se em 2019) da Best Buy, uma varejista de eletrônicos de uso pessoal com mais de 125 mil funcionários em todo o mundo. Ele ingressou na empresa em 2012, quando a Best Buy enfrentava dificuldades e muitos achavam que a empresa seria apenas mais uma varejista a sumir do mapa. Alguns anos depois, a Best Buy não apenas sobreviveu, mas na verdade deslanchou, obtendo maiores receitas, aumento no preço das ações (mais de 271% durante os últimos cinco anos até o momento em que escrevo) e um agressivo plano de crescimento para o futuro. Outros varejistas, como Radio Shack e Circuit City, fracassaram onde a Best Buy conseguiu ter sucesso. Entre as várias coisas que Hubert e sua equipe fizeram, uma delas foi voltar a investir nos funcionários proporcionando-lhes novo treinamento, programas de desenvolvimento e aumento de salário. Hubert ajudou a tornar outras pessoas mais bem-sucedidas para que elas, por sua vez, pudessem ajudar a companhia a ser mais bem-sucedida. E sem dúvida Hubert fez isso enquanto a companhia enfrentava conflitos, algo que exigiu uma tremenda coragem. Se outros líderes cortariam salários e programas de treinamento em tempos difíceis, Hubert fez o contrário.

Quando falei com Hubert, tive a sensação de estar conversando com alguém que em parte é líder empresarial, em parte filósofo e em parte monge. Embora nossa conversa fosse sobre o futuro da liderança, ele fez comentários envolvendo história, religião, negócios e a própria vida. Talvez mais importante, ele me passou a impressão de ser alguém que possuía um verdadeiro norte, fortemente moral e ético. Não foi nenhuma surpresa ver a Best Buy classificada entre as empresas mais éticas do mundo pelo Ethisphere Institute. Nas palavras do próprio Hubert:

> Se você acredita que seu papel como líder é ser a pessoa mais inteligente na sala e certificar-se de que todos saibam o quanto é brilhante, você está errado. Se acredita que seu papel como líder é criar um ambiente em que outras pessoas possam ter sucesso, então está no caminho certo. Você precisa ser um líder movido por valores. Integridade neste mundo de transparência é mais importante do que nunca. Não se trata apenas do cumprimento de regras. Trata-se de fazer o que é certo.

Ética *versus* moral

De modo geral, a ética se refere ao certo e ao errado, mas no contexto de uma fonte externa, como políticas ou códigos de conduta para a organização. A ética costuma se aplicar a todos. A moral, por outro lado, são princípios orientadores internos, muito mais subjetivos e que se aplicam especificamente a nós. No contexto da liderança, sua moral terá impacto na ética da organização. Veja o colapso da Enron, um dos maiores casos de fraude, de armadilha corporativa no mundo empresarial moderno. É óbvio que o que os líderes da Enron fizeram não foi ético; eles violaram inúmeras regras e códigos de conduta. Se esses líderes tivessem fortes bússolas morais para lhes apontar o rumo correto, não teriam guiado a organização e todos os investidores a um caminho de traição e comportamento antiético.

Wolf-Henning Scheider (que conhecemos no início do livro), CEO da ZF Friedrichshafen, nos dá uma boa orientação a esse respeito:

> Os líderes do futuro devem praticar sempre a reflexão e a transparência, não só com relação a si mesmos, mas com suas equipes. Quando faço reuniões, qualquer um pode questionar uma prática, uma política ou um comportamento na empresa. E tem também permissão para me questionar como líder. Não deveria haver espaço para os líderes se esconderem nas organizações.

Segundo a Association for Talent Development ou Associação para Desenvolvimento de Talentos, organizações que têm forte base ética se saem melhor em termos financeiros, retêm por mais tempo os funcionários, têm mais recomendações e números mais altos de satisfação por parte dos clientes (Smith, 2017). Esses resultados não deveriam espantar. Organizações éticas são criadas por líderes éticos e morais. Outra pesquisa da Universidade Bentley constatou que 86% dos *millennials*, que vão representar mais de 75% da força de trabalho em 2030, consideram prioridade número um fazer parte de uma organização que se comporta de modo ético e responsável (Bentley, 2018). Infelizmente, segundo um estudo da Deloitte, menos da metade dos *millennials* acreditam de fato que as empresas se comportam de forma ética e que os líderes empresariais estão trabalhando para melhorar a sociedade como um todo (Deloitte, 2019). Como líderes, se não transformarmos em foco essa questão da ética, não teremos possibilidade de atrair a maioria dos talentos mundiais. Outro estudo, publicado pela *Harvard Business Review*, constatou que, tomando por base uma pesquisa de 195 líderes em 15 países e que abrangeu mais de 30 organizações globais, ter "elevada ética e padrões morais" foi classificado como o máximo de habilidade de liderança (Giles, 2016).

O impacto de um líder ético

Ser um líder ético também possui um impacto significativo na tomada de decisões do resto da organização. O relatório "Global Benchmark on Workplace Ethics" [*Benchmark*[2] Global sobre Ética no Local de Trabalho] de 2018 constatou que, em culturas corporativas de 18 países identificadas como "fracas", quando se tratava de ética, os empregados se mostravam muito menos propensos a buscar orientação ao se sentirem inseguros quanto à atitude ética que deviam tomar. O contrário também é verdadeiro. Em organizações com forte cultura ética, mais de 70% dos empregados declararam que buscam orientação quando estão em dúvida (Ethics, 2018). Isso tem implicações profundas porque significa que, se queremos que os empregados sejam éticos, tudo tem de começar com os líderes. Mark Feldman é CEO da GSN, sede da GSN Games e também da Game Show Network. Ele consegue êxito dando o exemplo.

---

2 *Benchmark* (referência) é uma análise estratégica das melhores práticas usadas por empresas de um mesmo setor. (N. do T.)

"A pergunta que todos os dias faço a mim mesmo é: 'Será que todas as pessoas nesta organização entendem que eu moldo no meu comportamento o que espero delas?'" Em outras palavras: "Espero que não haja ninguém aqui achando que lhe pedi que fizesse algo, ou que tenha sido afetada por algo, que não exijo nem espero de mim mesmo".

Hoje, empregados, clientes e todos os investidores querem ser parte de uma organização ética, que tenha líderes de forte moral, e essa tendência só vai aumentar. O estudo "Cone Communications Millennial Employee Engagement" [Engajamento de Funcionários da Cone Communications Millennial] constatou que 75% dos *millennials* aceitariam uma redução de salário para trabalhar em uma empresa que é socialmente responsável, e 64% não aceitariam o emprego se o empregador não tivesse uma política de fortes práticas de responsabilidade corporativa (Dailey, 2016). Por mais de uma década, a Ethisphere tem publicado a lista das empresas mais éticas do mundo. Todo ano eles constatam que as empresas de capital aberto que entram de forma consistente na lista superam os mercados. Um estudo da LRN constatou que 94% dos funcionários dizem que é "crítico" ou "importante" que a empresa para a qual trabalham seja ética (LRN, 2007). Um estudo da Accenture descobriu que os valores éticos e a autenticidade de uma empresa influenciam a consideração de compra de 62% dos consumidores. Outros 74% querem mais transparência no modo como as empresas abordam questões como prospecção de produtos e garantia de condições de trabalho seguras (Barton, 2018).

Bill Rogers é presidente e CEO do SunTrust Banks, Inc. (com cerca de 23 mil funcionários), que há pouco tempo anunciou uma fusão com o BB&T (37 mil funcionários) para formar a Truist Financial Corporation, o sexto maior banco dos Estados Unidos. Segundo Bill: "a liderança será, muito mais que no passado, uma iniciativa pública. Vai exigir maior consciência das questões sociais e reconhecimento de que os clientes querem fazer negócios com empresas que contribuem para um bem social maior".

Embora ser um líder ético seja crucial, seus princípios costumam ser o verdadeiro guia das decisões que você toma. Alguns anos atrás, passou a vigorar uma lei em Indiana que, na prática, permitia que as empresas se recusassem a prestar serviços a *gays*, lésbicas ou pessoas transgênero. Isso era ético; na realidade, tão ético que se tornou uma lei para que todos que a seguissem pudessem dizer que agiam com ética.

Mas havia moralidade nisso? Marc Benioff, CEO da Salesforce, achava que não. Como resultado, ofereceu um pacote de mudança de domicílio para qualquer funcionário que quisesse deixar o estado e disse que cancelaria todos os programas que exigissem que empregados ou clientes viajassem para Indiana, o que teria dramáticas implicações financeiras para o estado. Por fim, a lei foi alterada, passando a proibir esse tipo de discriminação. Marc não foi o único CEO ou figura pública a se opor a essa lei, mas sem a menor dúvida liderou a reação. Não fez isso devido à ética; fez porque seus princípios o orientavam sobre o certo e o errado.

Em uma entrevista, ele disse: "Sou totalmente a favor de uma mente saudável e de um corpo saudável, mas também quero ter um planeta saudável, um país saudável e cuidar de pessoas que têm menos que nós. Esse é meu conceito de espiritualidade". Em outras palavras, essa é sua bússola moral.

Infelizmente, não temos muitos líderes assim. No estudo "The State of Moral Leadership in Business" [A Situação da Liderança Moral nos Negócios], realizado pela LRN em 2018, só 17% dos que responderam afirmaram que seus líderes costumavam dizer a verdade. E só 23% dos empregados disseram que seus gerentes eram líderes de forte moralidade (LRN, 2018). Segundo um estudo conduzido por Jim Lemoine na Universidade de Bufalo, que fez uma meta-análise de mais de trezentas fontes, "líderes que valorizam a moralidade se saem melhor que os antiéticos, independentemente da indústria, do tamanho da companhia ou da função" (Biddle, 2018). Outro estudo realizado por pesquisadores da Universitdade de Sussex, Universidade de Greenwich, da IPA e da CIPD constatou que, quando os líderes exibem um comportamento assertivo, como demonstrar fortes princípios morais, os funcionários se mostram menos propensos a se demitir, ficam mais satisfeitos e trabalham melhor (Bailey, 2018).

A questão é que a moralidade é subjetiva, o que significa que nem todos concordarão com os mesmos princípios, sendo provável, portanto, que você também não concorde com os princípios alheios. Tudo bem. O problema surge quando sua equipe não sabe qual é seu direcionamento moral nem o que você defende como líder, razão pela qual é tão importante sermos honestos e claros sobre essas questões.

Diane Hoskins é a co-CEO da Gensler, empresa global de arquitetura, *design* e planejamento que emprega mais de 6 mil pessoas pelo mundo afora. Realmente gosto de como ela expôs isso:

> As organizações mais bem-sucedidas expressam valores claros. Isso é fundamental. Como líderes organizacionais, também precisamos defender algo, pois somos pessoas como as outras. Nossos talentos e clientes querem saber com o que a empresa está comprometida e com o que nossos líderes estão comprometidos como parte da vida profissional e pessoal.

Líderes têm de ser transparentes

Como líder, se deseja construir confiança, você tem de se concentrar na transparência, que nada mais é que ser sincero e franco sobre o que está acontecendo agora na empresa e o que vai acontecer no futuro. Segundo o *site* de empregos Glassdoor, 90% dos que procuram uma colocação dizem que é importante trabalhar para uma empresa que adote a transparência como conduta (Glassdoor, 2018). Isso, é claro, não é algo que apenas os funcionários desejam; os clientes também esperam isso. Um estudo da Label Insight constatou que 94% dos consumidores se mostram propensos a serem leais a uma marca que oferece completa transparência, e 73% dos consumidores estariam realmente dispostos a pagar mais por um produto que oferecesse completa transparência em todos os atributos (Label Insight, 2016).

"Você não pode ser dissimulado. Tem de ser transparente. Tem de ser sincero. Tem de ser confiável." Foi isso que ouvi de Steve Smith, CEO da Amsted Industries. Ele lidera uma equipe com mais de 18 mil funcionários, e a empresa detém 100% da carteira de ações dos funcionários.

Os líderes não podem mais se esconder atrás da burocracia ou da hierarquia. Todos nós já vimos uma quantidade respeitável de escândalos e mentiras, seja de organizações como a Enron ou da Volkswagen, com seu escândalo de emissões de poluentes, que continua prejudicando drasticamente a empresa vários anos após ter sido descoberto. Todos os que interagem com sua organização esperam que, como líder, você crie uma empresa ética e transparente, e que seus princípios sejam a bússola para fazer isso acontecer.

Andree Simon é presidente e CEO da FINCA Impact Finance, que emprega mais de 10 mil pessoas. Ela me passou uma imagem fantástica de qual é a sensação de se tornar um líder transparente, autêntico e até vulnerável. Em outras palavras, qual é a sensação de sermos nós mesmos, com aqueles ao redor compreendendo quem somos, o que representamos e no que acreditamos.

Por muito tempo, achei que os líderes tinham de parecer e se comportar de certa maneira, e tinham de agir com autoridade absoluta, jamais revelando sinais de fraqueza. Tive a oportunidade de trabalhar com uma notável instrutora. A certa altura, ela comentou comigo: "Você sabe, é como se estivesse usando, na maior parte do tempo, um traje de gorila. Você está fechada a zíper dentro desse traje quente, que a deixa suando. Claro que não dá para agir com naturalidade". Foi mesmo algo libertador ouvir aquilo. Tirei o traje de gorila e me tornei fiel a mim mesma em termos do que acredito como pessoa e de como me comunico com os outros. E me permiti ser realmente confiante.

Implicações para líderes

- Compreenda sua própria bússola moral. O que você defende e no que acredita?
- Expresse com insistência a importância de fazer o que é certo e agir com ética e moralidade.
- Ofereça orientação e apoio a outros líderes e funcionários que estejam lutando com ética e moralidade.
- Seja o mais transparente possível em todas as áreas que puder.
- Assuma uma posição. Tornou-se um tanto inconveniente flutuar em território neutro.

9
Globalização

Define-se globalização de várias maneiras. Gosto de pensar nela como algo que está tornando o mundo um lugar menor, no qual a língua que falamos, a moeda com que fazemos transações, o local onde estamos e a cultura que endossamos já não são barreiras para os negócios. O mundo está se tornando uma grande cidade e hoje toda empresa pode ser global.

Houve uma época em que as coisas que criávamos, as ideias que tínhamos, a moeda que usávamos e a cultura que endossávamos vinham de determinada parte do mundo ou nela permaneciam. Com o tempo, isso se expandiu. Comerciantes e exploradores viajaram para diferentes terras, trazendo novas culturas, ideias, moedas e objetos. Migrantes começaram a se deslocar, e logo nossa pequena aldeia ficou conectada a muitas outras. Acelerando para hoje, vemos que nossos bens e serviços, mercados financeiros e tecnologias estão globalmente entrelaçados a muitos países. Você pode morar nos Estados Unidos e ter um carro importado do Japão, comer em um restaurante local alemão, comprar carne importada da Nova Zelândia, usar roupas feitas na Tailândia, empregar tecnologias manufaturadas na China – já percebemos onde isso vai dar.

Pessoas, ideias, tecnologia, informação e quase qualquer outra coisa que possamos imaginar tornaram-se dinâmicas, como um rio interminável fluindo ou como violentas corredeiras. Nada fica no lugar e, com o avanço contínuo da tecnologia, todas essas coisas estão viajando mais rápido, de modo mais barato e com mais eficiência para todos os cantos do planeta. Um estudo feito pela Association of Talent Development descobriu que só 18% das empresas multinacionais julgam ter um forte canal de liderança para atender aos desafios de futuros negócios (Wellins, 2016).

Diversidade e curiosidade são essenciais

Tudo isso significa que hoje, e mais ainda no futuro, os líderes terão de ser cidadãos globais. Compreender diferentes culturas e maneiras de se comunicar e colaborar, atrair e reter talentos em diferentes partes do mundo, trabalhar com equipes remotas e diversificadas, e reunir uma força de trabalho global em torno de objetivos comuns – é com essas exigências que o líder do futuro terá de se deparar. Globalização significa que, como líder, você precisa se tornar um explorador, alguém fascinado, curioso, interessado por pessoas que sejam diferentes e por ideias e culturas que não sejam familiares.

Infelizmente, os atuais programas de desenvolvimento de liderança não são projetados para esse novo tipo de líder do futuro – algo de que trataremos mais adiante.

Pierre-André de Chalendar, CEO da Saint Gobain, que emprega mais de 180 mil pessoas pelo mundo, expõe isso muito bem:

> O mundo está se tornando simultaneamente mais global, devido às tecnologias e infraestruturas digitais, e mais local, com forte retorno de especificidades regionais, em que um bom conhecimento da cultura local é condição decisiva para o êxito. Em decorrência, líderes de empresas têm agora de lidar com essas duas tendências opostas.

Implicações para líderes

- Procure ter experiências de liderança em diferentes partes do mundo ao longo da carreira.
- Encare ideias, culturas e pessoas estrangeiras como oportunidades de aprendizado, não como coisas a serem temidas.
- Compreenda o panorama geral do negócio, em vez de meramente se concentrar em determinado segmento.
- Preste atenção às macrotendências globais.

10
Estamos Prontos
para as Novas Tendências?

Os seis capítulos anteriores apresentaram as principais tendências que CEOs do mundo inteiro identificaram como as mais capazes de impactar o futuro da liderança. Mas será que hoje estamos mesmo fazendo algo a respeito dessas tendências, e, se estamos, com que proveito? Uma pesquisa com quase 14 mil membros do LinkedIn perguntou às pessoas se elas, seus gerentes e executivos seniores tinham consciência dessas tendências e se estavam tomando medidas a fim de preparar a empresa para lidar com elas. Os entrevistados foram autorizados a optar entre quatro respostas:

Não

Um pouco

Sim, sem a menor dúvida

Não aplicável – não tenho nenhum gerente

As respostas foram então separadas em função da hierarquia na empresa, incluindo colaboradores individuais, gerentes e executivos seniores. Os resultados foram surpreendentes, como visto na Figura 10.1 (alguns responderam com "não aplicável", que não foi incluído na figura).

Essas respostas bastam para mostrar que, em termos coletivos, os funcionários não confiam na capacidade dos gerentes ou executivos seniores de preparar a organização para as tendências que estão moldando o futuro da liderança. É também interessante ver que os funcionários estão mais confiantes em suas ações que nas ações de quem está em uma posição de liderança. Como as pessoas podem trabalhar para uma organização se não têm confiança nas aptidões de seus líderes?

Ações em relação às tendências de liderança

	Você está consciente das novas tendências e agindo para lidar com elas?	Seu gerente está consciente das novas tendências e agindo para lidar com elas?	Os executivos seniores de onde você trabalha estão conscientes das novas tendências e agindo para lidar com elas?
Não	6%	16%	16%
Um pouco	35%	59%	51%
Sim, sem a menor dúvida	56%	20%	28%

JACOB MORGAN

© thefutureorganization.com

Figura 10.1 Ações em relação às tendências de liderança.

Os dados se tornam muito mais interessantes quando comparamos as respostas de colaboradores individuais com as dos que estão em posições de liderança, que foram classificados como gerentes ou executivos seniores. Na Figura 10.2 veremos que, quanto mais experiente o indivíduo em termos profissionais, mais ele acreditava estar tomando as medidas corretas para se preparar.

Quando se perguntou aos líderes (gerentes e executivos seniores) se estavam agindo para se preparar, 61% deles responderam que "sim, sem a menor dúvida". No entanto, quando colaboradores individuais foram questionados sobre essa mesma questão acerca de seus líderes, só 21% responderam com "sim, sem a menor dúvida". Isso significa que há uma enorme lacuna de 40% entre como os líderes encaram suas ações com relação a essas tendências e como os funcionários as veem.

Estamos Prontos para as Novas Tendências?

Você está agindo no sentido de se preparar para as tendências que estão moldando o futuro da liderança?

	Todos os entrevistados	Colaboradores individuais	Gerentes	Executivos seniores
Não	6%	9%	4%	2%
Um pouco	35%	36%	36%	29%
Sim, sem a menor dúvida	56%	50%	58%	68%
Não tenho certeza	3%	4%	2%	1%

JACOB MORGAN

© *thefutureorganization.com*

Figura 10.2 Você está agindo no sentido de se preparar para as tendências que estão moldando o futuro da liderança?

Só 20% de todos os funcionários acreditam que os gerentes estão, sem a menor dúvida, conscientes das novas tendências e tomando as devidas providências, e só 28% dos funcionários acreditam que os executivos seniores estão, sem a menor dúvida, conscientes dessas tendências e prontos para lidar com elas. Contudo, 50% dos colaboradores individuais disseram que estão agindo nesse sentido, bem como 58% dos gerentes e 68% dos executivos seniores (58% dos que são autônomos também disseram que estavam tomando as devidas medidas). Quando comparamos as respostas de colaboradores individuais com as dos líderes (gerentes e executivos seniores) que disseram "sim, sem a menor dúvida", há uma lacuna de 41% entre como os empregados veem as ações do líder *versus* como os líderes encaram as próprias ações (Figura 10.3).

Por fim, vamos comparar as respostas de gerentes com as de executivos seniores (Figura 10.4).

Mesmo nesse caso podemos ver que existem grandes lacunas entre gerentes e executivos seniores. Nesse ponto há uma lacuna que parece atravessar a organização. Por exemplo, 20% dos colaboradores individuais não acham que os gerentes estejam se preparando devidamente, enquanto só 4% dos gerentes admitiram não estar desenvolvendo as devidas ações. Isso resulta na brecha de 16% vista na primeira linha da tabela, "Não" (Figura 10.5).

Quando levamos em conta todos os dados da pesquisa e o *feedback* dos CEOs que entrevistei, as descobertas são preocupantes. Mas elas também mostram que há diversas oportunidades para líderes e organizações em todo o mundo. Pude aprender algumas coisas.

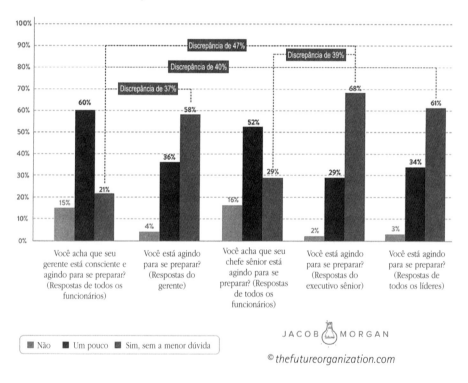

Figura 10.3 Discrepância entre funcionários e líderes.

Estamos Prontos para as Novas Tendências?

Ação sobre tendências da liderança:
Discrepância entre gerentes e executivos seniores

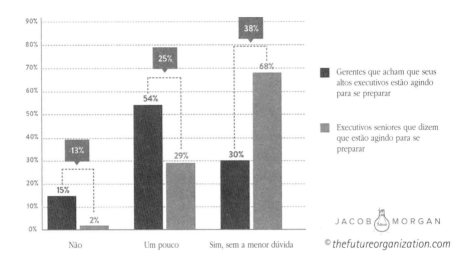

Figura 10.4 Discrepância entre gerentes e executivos seniores.

Discrepância nas ações sobre tendências da liderança

	Discrepância entre colaboradores individuais e gerentes	Discrepância entre colaboradores individuais e executivos	Discrepância entre gerentes e executivos seniores	Discrepância entre todos os empregados e todos os líderes (gerentes e executivos seniores)
Não	16%	17%	13%	13%
Um pouco	22%	22%	25%	25%
Sim, sem a menor dúvida	37%	40%	38%	33%

© thefutureorganization.com

Figura 10.5 Discrepâncias nas ações de medidas sobre tendências da liderança.

Precisamos de menos conversa e mais ação

CEOs em mais de 140 organizações pelo mundo todo identificaram essas tendências específicas como cruciais para o futuro da liderança, mas não parece que suas ações correspondam às suas palavras, por mais que os CEOs que entrevistei não parassem de me afirmar que estavam fazendo algo acerca dessas tendências. E me atrevo a dizer que vários líderes pelo mundo afora estão apenas querendo nos enganar.

Minha suposição era que, se um CEO identificasse uma tendência como crucial, sem dúvida a organização estaria tomando as devidas medidas para lidar com ela. Claro que identificar tendências não é o mesmo que fazer algo a respeito delas. CEOs e líderes mundiais precisam se esforçar para garantir que eles e seu pessoal estejam cientes dessas tendências e agindo de forma concreta para lidar com elas. Neste momento, as palavras estão falando mais alto que as ações, embora precisemos que as ações falem mais alto que as palavras. Isso se aplica a toda a organização, incluindo gerentes de nível médio, executivos seniores e CEOs – todos em posições de liderança precisam dar um passo à frente: acolher discussões francas sobre essas tendências, destinar recursos para investigá-las, fazer que se tornem parte das conversas regulares, executar os próprios projetos de pesquisa interna com base nos funcionários e certificar-se de que todas as equipes executivas e de liderança estejam fazendo o mesmo.

Há uma pane organizacional

Sem a menor dúvida há uma pane entre funcionários de todos os níveis nas organizações no que diz respeito à consciência dessas tendências e ao modo como estão sendo tratadas. A maioria dos líderes acreditam que têm controle sobre essas tendências, mas só uma minoria, ainda que significativa, dos funcionários que trabalham para eles acha que isso é mesmo verdade (uma lacuna de 41% ao responder "sim, sem a menor dúvida"). Talvez isso se deva a inúmeras causas, como uma hierarquia rígida em organizações com muita burocracia, falta de comunicação e colaboração, medo por parte dos líderes, o que os obriga a se concentrarem na autopreservação ou em uma variedade de outros fatores. O fato de que, quanto mais experiente o líder, maior a lacuna entre ele e os funcionários mostra que talvez esses líderes estejam afastados dos aspectos do dia a dia da organização e precisem dedicar mais tempo procurando entender o que está acontecendo no chão de fábrica.

O fundamental é que os líderes têm de se esforçar um pouco mais para aprender sobre essas tendências e se posicionar, mostrando às equipes que estão realmente cientes delas e fazendo algo a respeito. Como líder, você pode achar que está bastante confortável com a forma como as coisas estão mudando, mas seus funcionários precisam saber disso, caso contrário não terão a segurança nem a confiança necessárias para que sua liderança seja efetiva. Não podemos liderar se nossos funcionários não acreditam em nós, e nossos empregados não acreditarão em nós a não ser que lhes expressemos nossa compreensão dessas tendências, que demonstremos de forma clara o que estamos fazendo para nos prepararmos e mostrarmos que também estamos ajudando outros a se prepararem. Lembre-se de que os funcionários costumam imitar os líderes; sendo, então, mais francos e comunicativos sobre o que fazemos, estamos ajudando os funcionários a serem mais bem-sucedidos. Pergunte a seus funcionários sobre essas tendências e o que pensam sobre elas. Descubra a que tendências eles dão mais atenção e por quê. Apresente um plano compartilhado por você e sua equipe, e fique mais atento a essas tendências e a propostas de ação.

Os funcionários confiam mais em si mesmos que naqueles que os cercam

Funcionários de todos os níveis acreditam que têm mais consciência das novas tendências e estão agindo mais para se preparar que aqueles ao seu redor, o que significa que têm mais confiança em si mesmos do que naqueles com quem trabalham. Em psicologia, há um conceito conhecido como superioridade ilusória ou efeito acima da média, um viés cognitivo em que os indivíduos superestimam suas qualidades e habilidades. De fato, vemos isso em várias áreas. As pessoas tendem a crer que são melhores motoristas e ouvintes do que de fato são, e que são mais conscientes do que imaginam. É possível, é claro, que isso explique por que as pessoas acreditam que estão fazendo um trabalho melhor ao se prepararem para tendências futuras que os demais à sua volta. Outra explicação pode ser que, em termos coletivos, estejamos de fato legitimamente prontos para as mudanças que vêm em nossa direção. No entanto, minha percepção geral de todo o trabalho que tenho realizado ao longo de minha carreira me diz que não é esse o caso. Incentivo organizações a criar e a desenvolver ferramentas e análises que, de forma contínua, permitam aos funcionários avaliarem sua preparação para o futuro da liderança. Isso vai nos dar uma ótima ideia de quanto nós e a organização em que trabalhamos estamos preparados, e pode ser feito por meio de atividades divertidas e envolventes; encontraremos, mais adiante neste livro, um exemplo de como a PwC faz algo similar. Também incluí as respostas de autônomos, e os dados nos mostram que eles estão próximos à categoria dos gerentes.

A pesquisa é clara: líderes podem e devem fazer mais. Os funcionários desejam ver que você está pensando no futuro – no futuro deles. Eles devem confiar que você será capaz de guiá-los, de comandá--los. Existe uma tremenda oportunidade aqui. Permita que isso lhe sirva como um grito de guerra para avançar. E então: o que você vai fazer?

11
Desafios

Os líderes sempre se defrontaram com desafios e isso não vai mudar. Mas quais são os desafios mais cruciais que os líderes do futuro terão de saber como superar na próxima década e depois dela? Segundo os mais de 140 CEOs que entrevistei, os maiores desafios que os líderes do futuro enfrentarão são os seguintes:

- Pensamento de curto prazo *versus* pensamento de longo prazo.
- Liderança de equipes diversificadas.
- Adaptação a avanços e mudanças da tecnologia.
- Reciclagem e requalificação de funcionários.
- Acompanhamento do ritmo geral da mudança.
- Atração e conservação de talentos.
- Pensar além dos negócios para focar em fazer o bem.
- Aderir ao que funcionou no passado.
- Garantir que a organização permaneça "humana".

Eu perguntava aos CEOs: "Em termos das principais organizações nos próximos dez anos, quais serão os maiores desafios para o líder do futuro?". Ouvia as respostas e as classificava em diferentes categorias; as que estão acima foram as mais recorrentes. Essas respostas foram depois adicionadas à pesquisa de membros do LinkedIn, e os entrevistados tiveram a oportunidade de selecionar as três que mais lhe agradavam. Podemos ver como a prioridade dos desafios difere dependendo do nível de hierarquia. Na verdade, porém, uma vez que as respostas dos CEOs eram abertas, eles podem ter se esquecido de mencionar algum desafio em particular ou talvez presumido que estes já faziam parte dos desafios futuros mais comuns. Contudo, incluí suas respostas para comparação. A Figura 11.1 mostra as três primeiras devolutivas para colaboradores individuais (CIs), gerentes, executivos seniores e CEOs. A Figura 11.2 traz a lista completa de desafios e como cada grupo os priorizava.

Os CIs, gerentes e executivos seniores se alinharam quase com perfeição nos três principais desafios para líderes futuros e, na verdade, em todos os desafios discutidos anteriormente. No entanto, ao comparar as prioridades dos CEOs, o alinhamento nem sempre é semelhante. Para começo de conversa, reciclar e requalificar empregados era uma alta prioridade de todo o conselho de administração, mas era difícil os CEOs mencionarem isso como desafio durante as entrevistas (em uma proporção em torno de 40% *versus* 11%). Atrair e conservar talentos foi outro desafio que acabou ocupando o primeiro lugar para todos os grupos, mas não chegou a entrar nos três primeiros lugares para CEOs. Garantir que a organização permaneça humana foi quase sempre o último desafio para CEOs, embora tenha ficado em uma posição intermediária em todos os outros grupos. Mais uma vez, essa discrepância pode ter ocorrido pelas mais diversas razões, já que os CEOs tinham respostas abertas enquanto os outros grupos tiveram de escolher entre aquelas com que os CEOs tinham se identificado.

Todos esses desafios se enquadram em duas categorias, que chamo de *futurar* e *humanizar* (Figura 11.3). Os desafios do futuro estão se deslocando do pensamento de curto prazo para o pensamento de longo prazo, adaptando-se a avanços e mudanças de tecnologia, acompanhando o ritmo geral das mudanças e afastando-se do que funcionava no passado. Os desafios da humanização vêm orientando diferentes equipes, propondo reciclar e requalificar, atrair e reter talentos, concentrar-se em fazer o bem e em tornar a organização mais humana.

Futurar

"Futurar" significa exatamente o que parece: conduzir as organizações rumo ao futuro. Isso se aplica a todos os aspectos do negócio, da tecnologia à liderança e a tudo que há entre elas. Os líderes não podem esperar seguir em frente se estiverem sempre grudados no assento, olhando pelo retrovisor.

Desafios

Os três maiores desafios para os líderes do futuro

Colaboradores individuais	Gerentes	Executivos seniores	CEOs
Atração e retenção de talentos	Atração e retenção de talentos	Atração e retenção de talentos	Acompanhamento do ritmo geral da mudança
Adaptação a avanços e mudanças de tecnologia	Adaptação a avanços e mudanças de tecnologia	Adaptação a avanços e mudanças de tecnologia	Liderança de equipes diversificadas
Reciclagem e requalificação de empregados	Reciclagem e requalificação de empregados	Acompanhamento do ritmo geral da mudança	Adaptação a avanços e mudanças de tecnologia

JACOB MORGAN
© thefutureorganization.com

Figura 11.1 Os três maiores desafios para os líderes do futuro.

Os maiores desafios para os líderes do futuro

	Colaboradores individuais	Gerentes	Executivos seniores	CEOs
Pensamento de curto prazo *versus* pensamento de longo prazo	27%	26%	29%	10%
Liderança de equipes diversificadas	31%	38%	36%	38%
Adaptação aos avanços e às mudanças de tecnologia	42%	45%	45%	25%
Reciclagem e requalificação de funcionários	40%	40%	39%	10%
Acompanhamento do ritmo geral da mudança	35%	36%	41%	55%
Atração e retenção de talentos	47%	46%	46%	16%
Pensar além do negócio para focar em fazer o bem	22%	20%	20%	10%
Adesão ao que funcionou no passado	7%	5%	5%	4%
Garantir que a organização permaneça "humana"	32%	29%	27%	10%

JACOB MORGAN
© thefutureorganization.com

Figura 11.2 Os maiores desafios para os líderes do futuro.

Figura 11.3 Futurar e humanizar desafios.

Do pensamento de curto prazo ao de longo prazo

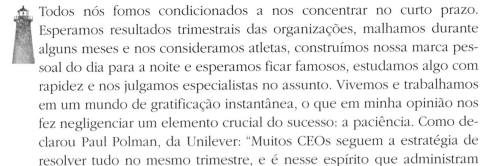

Todos nós fomos condicionados a nos concentrar no curto prazo. Esperamos resultados trimestrais das organizações, malhamos durante alguns meses e nos consideramos atletas, construímos nossa marca pessoal do dia para a noite e esperamos ficar famosos, estudamos algo com rapidez e nos julgamos especialistas no assunto. Vivemos e trabalhamos em um mundo de gratificação instantânea, o que em minha opinião nos fez negligenciar um elemento crucial do sucesso: a paciência. Como declarou Paul Polman, da Unilever: "Muitos CEOs seguem a estratégia de resolver tudo no mesmo trimestre, e é nesse espírito que administram os negócios. Mas grande parte dos desafios do mundo não podem ser tratados com uma abordagem trimestral".

Na realidade, um estudo publicado pela *Harvard Business Review* descobriu que o hábito de curto prazo de uma empresa mantém uma correlação negativa com a capacidade de inovação (Knott, 2017).

Como um líder do futuro, você deverá ser capaz de fazer a transição de uma perspectiva puramente focada no curto prazo para uma visão que se concentre no sucesso de longo prazo da organização e das pessoas que trabalham nela.

Passado *versus* futuro

Como líderes, somos tentados com frequência a aceitar algo que funcionou no passado e aplicá-lo a situações do presente, o que logo nos faz perceber que o resultado que se atinge não é mais o mesmo. O fato de algo ter funcionado no passado não significa que funcionará no presente ou, pela mesma razão, no futuro. No universo do xadrez, durante muitas décadas, os grandes mestres usavam certos movimentos de abertura porque eles costumavam ser aceitos como os melhores. Mas, com o passar do tempo, e depois que ganhamos acesso aos computadores e a um aprimoramento do conhecimento teórico desse jogo, os movimentos evoluíram. Hoje, se jogasse uma partida seguindo os movimentos de abertura de algumas décadas atrás, mesmo um grande mestre seria aniquilado. O mesmo se aplica ao mundo dos negócios.

Gosto muito de como Barbara Humpton, da Siemens, fala sobre isso: "Até que ponto estou disposta a chutar meu castelo de areia e começar a construir algo novo? Com a mudança acontecendo por toda parte à nossa volta, somos ágeis o bastante para reconhecer quando chegou a hora de avançar? Acho que essa vai ser a decisão mais difícil para os líderes".

Os líderes do futuro devem aprender com o passado, mas também se adaptar e conceber novas abordagens para o futuro se quiserem ter sucesso. Siga um conselho simples de Nigel Travis, ex-CEO da Papa John's Pizza e da Dunkin' Brands:

> Uma das maiores lições que aprendi em minha carreira foi a importância da previsão. Sempre olhava para a frente, mas planejava em retrospecto. O que significa que eu sempre olhava para um novo horizonte, e o fazia logo no começo. Estava sempre sendo colocado em posições em que não podia usar abordagens ou métodos do passado, e tinha de criar novidades. Uma das coisas que faz um grande líder é sua capacidade de aprender com o velho, mas sempre criando o novo.

Acompanhando a tecnologia e adaptando-se a ela

Um dos maiores desafios que os líderes do futuro enfrentarão, ainda mais do que agora, é tentar acompanhar o ritmo das mudanças e adaptar-se aos avanços tecnológicos que estão a caminho. Quando achamos que estamos prestes a entender o que ocorre à nossa volta, a paisagem muda e nos sentimos no que parece ser um ambiente desconhecido. Como acompanhar esse ritmo? Na verdade, não que não tenhamos um plano sobre o que fazer, mas, junto à intenção de "acompanhar", está a ideia de que o futuro é incerto, e essa é a parte complicada.

Michael Neidorff é CEO da Centene, empresa de cuidados com a saúde com cerca de 50 mil funcionários pelo mundo afora, com sede em St. Louis. Neidorff é CEO há mais de vinte anos e tem feito um trabalho magistral. Ele afirma: "O desafio da incerteza é o maior desafio que uma pessoa pode enfrentar, mas adotar inovação e mudança tecnológica é a chave para continuarmos a evoluir no ambiente de hoje. Em vez de ver isso como um obstáculo, veja como uma janela para o futuro".

Para dar início ao processo, os líderes têm de adotar a ideia de que a mudança não é algo contra o qual devemos lutar ou nos rebelar. Essa é uma das certezas em um mundo de incertezas. Muita gente teme a mudança, o que é uma reação natural, uma vez que não sabemos o que vai estar do outro lado. Mas, se encararmos a mudança não como algo que tem um ponto de partida e um ponto final, e sim como algo em processo contínuo, perceberemos que há muito menos a temer. Transforme a maneira de pensar sobre a mudança.

Jim Whitehurst é presidente e CEO da Red Hat, empresa de *software* livre com cerca de 13 mil funcionários pelo mundo, e que foi adquirida por US$ 34 bilhões pela IBM. Ele colocou muito bem essa ideia: "Como o mundo está se tornando menos previsível, o papel dos líderes nas organizações é promover a aptidão das equipes para prosperar em um mundo sem clareza. O truque é deixar-se levar pela incerteza, e não tentar dominá-la".

O grande mestre do xadrez não pode aprender todos os movimentos possíveis em uma partida; como mencionei antes, trata-se de um jogo de possibilidades quase ilimitadas. Então, como os jogadores treinam e se aprimoram? Joguei xadrez durante a maior parte de minha vida e há pouco tempo comecei a ter aulas com um grande mestre. Uma das coisas em que os melhores jogadores prestam mais atenção são os padrões. Eles podem estar jogando contra um oponente e reconhecer posições ou estruturas semelhantes que disparam de imediato o "sentido aranha". Os líderes devem ser peritos na compreensão de padrões.

Os líderes também devem praticar os "Poderes de Dez". Quando entrevistei o CEO da IDEO, Tim Brown (que há pouco tempo deixou o cargo após dezenove anos de serviço), ele me falou de um curta-metragem lançado na década de 1970 chamado *Powers of Ten* (Os Poderes de Dez) (está disponível gratuitamente no YouTube e tem cerca de nove minutos de duração). O curta começa mostrando um casal em um piquenique na grama; então o *zoom* recua dez vezes, revelando o parque maior, depois mais dez vezes, para mostrar que eles fazem um piquenique perto de um espelho d'água com barcos, de alguns edifícios e ruas por onde passam carros. A cena continua a abrir o *zoom* até os espectadores ficarem a 100 milhões de anos-luz do casal na grama. Então o filme volta a fechar o *zoom* até chegar a 0,000001 angstroms, muito além do nível celular, em nível atômico.

Os líderes precisam pensar em potências de dez, o que significa serem capazes não só de ter uma visão muito ampla, mas também de compreender os detalhes do que uma imagem representa e como ela foi montada. Em termos de tecnologia, por exemplo, um líder deve entender as implicações potenciais dessa tecnologia na empresa, na indústria, e até mesmo no mundo, mas também deve ser capaz de compreender como essa tecnologia específica pode afetar um mero funcionário ou uma tarefa dentro da organização. Os líderes devem abrir o *zoom* e também ser capazes de fechá-lo. Isso permitirá colocarmos as coisas em perspectiva, para não nos vermos correndo atrás do próximo brinquedo brilhante que aparecer no caminho. Ser capaz de praticar potências de dez nos ajudará a entender para onde nosso tempo e nossos recursos devem ir.

Humanizar

Em nosso mundo, uma empresa pode existir sem tecnologia, mas nenhuma pode existir sem pessoas. CEOs do mundo inteiro reconhecem que, no futuro previsível, as pessoas são e continuarão a ser o ativo mais valioso de qualquer organização. O desafio de humanizar se resume a várias coisas: liderar equipes diversificadas, reciclar e requalificar funcionários, atrair e conservar os melhores talentos, sempre com foco em fazer o bem e tornar a organização mais humana.

Antonio Huertas é CEO da MAPFRE, seguradora global sediada na Espanha com cerca de 40 mil funcionários ao redor do mundo. Huertas acredita muito em tornar as organizações humanas. Como ele me disse durante nossa entrevista:

O caminho a seguir é ser autêntico, agindo com os investidores do jeito que você é, orientando as equipes da maneira como você é, sem deixar de estar nas mídias sociais do modo como você é e do jeito como realmente se comporta. Não podemos esperar que os outros sejam autênticos e transparentes se nós, como líderes, não estivermos preparados para sermos também assim. Neste mundo hiperconectado, temos de nos inclinar para o humanismo, colocando as pessoas no centro das coisas.

Liderança de equipes diversificadas

Em algum momento da carreira, todos nós fizemos parte de uma equipe em que todos pareciam iguais, acreditavam nas mesmas coisas, tinham formação semelhante e realizavam o mesmo tipo de trabalho. Muitos dos que estão lendo este livro podem fazer parte de uma equipe desse tipo. Já convivi bastante com várias dessas equipes. Com frequência, ao ser conduzido a uma sala para falar com executivos em organizações globais, percebo de imediato que estou em um lugar repleto de sujeitos brancos mais velhos vestindo terno. O engraçado é que, depois desses encontros, as pessoas se aproximam discretamente de mim e zombam do fato de suas equipes serem tão homogêneas. Está na hora de parar de zombar de nossas equipes e começar a transformá-las.

Uma equipe diversificada não é composta apenas de pessoas que não são parecidas. Equipes diversificadas podem significar pessoas de diferentes gerações, formações, culturas, religiões, orientações sexuais, localizações físicas e assim por diante. Liderar uma equipe homogênea é fácil; é uma situação em que você acaba com vários homens ou mulheres que sempre abanam a cabeça. O desafio da diversificação é duplo: ter coragem, como líder, de garantir que sejam criadas de fato equipes diversificadas e, depois, adaptar a postura e as habilidades delas para ser capaz de liderá-las de modo eficiente.

Em seu livro *Teams of Teams: New Rules of Engagement for a Complex World*, o general Stanley McChrystal fala sobre alguns dos desafios que enfrentou durante a Guerra do Iraque. Ele era o líder de um variado grupo de equipes, entre elas, os Seals da Marinha, as Forças Especiais do Exército e outras. Embora todas essas equipes fossem individualmente aptas, era um desafio colaborarem umas com as outras e conciliar suas habilidades. Em virtude disso, McChrystal diversificou as equipes (McChrystal, 2015). Um comando, por exemplo, passaria alguns meses trabalhando em uma unidade de análise e um analista passaria alguns meses trabalhando com os comandos. Como resultado da criação dessas equipes diversificadas, as barreiras desmoronaram e a equipe maior tornou-se mais poderosa que suas partes isoladas.

George Oliver é CEO da Johnson Controls, um conglomerado multinacional com mais de 120 mil funcionários em todo o mundo. Segundo ele:

> O que se traduz em sucesso é ter uma equipe diversificada que seja comprovadamente mais inovadora que um grupo que não se alterou e que se apoia no passado. O que estamos construindo na Johnson Controls é uma cultura diversificada que se baseia no trabalho em equipe, em incentivos de equipe e onde, por fim, todos estão concentrados no mesmo objetivo de triunfar com turmas reconhecidas pelo seu êxito.

Como atrair e reter os melhores talentos

Em um futuro previsível, o maior ativo que qualquer organização tem no mundo é seu pessoal. São as pessoas que projetam serviços e produtos, constroem relacionamentos com clientes, imaginam e criam o futuro, e lideram outras. São as pessoas que vão determinar o sucesso vindouro de uma organização.

Isso sempre foi um desafio para os líderes de negócios de todo globo, e cada ano que passa as organizações têm mais dificuldade para atrair e reter os talentos que sejam de fato os melhores. As organizações vêm investindo mais ativamente em coisas como experiência do funcionário ou criação de locais mais agradáveis de trabalho, e os pré-requisitos exigidos dos funcionários estão evoluindo. Vários líderes, no entanto, vêm tendo dificuldades até mesmo para preencher funções existentes, e os colaboradores nunca tiveram uma voz tão poderosa ao compartilhar seus interesses, o que valorizam e o que esperam ver nas organizações. Não se trata mais de pessoas tentando convencer as organizações das razões por que deveriam ser contratadas; trata-se agora de organizações convencendo as pessoas de como seria bom trabalhar para elas. É uma reversão completa no mundo dos talentos.

Um estudo recente do McKinsey Global Institute estima que os empregadores da Europa e da América do Norte vão precisar em 2020 de 16 a 18 milhões a mais de trabalhadores com ensino superior do que estará disponível. As empresas vão ter bastante dificuldade em preencher uma em cada dez funções, sem falar na possibilidade de preencher essas funções com os melhores talentos (Keller, 2017).

Barri Rafferty é CEO da Ketchum, consultoria global de comunicações com mais de 2 mil empregados. Ela tinha o seguinte a dizer sobre talentos:

> Se quiser atrair e manter os melhores talentos, você não pode deixar de investir na experiência deles. Os empregados têm agora mais poder, e isso só vai continuar a aumentar. Temos de construir organizações com o nosso pessoal. Os líderes precisam compreender que eles e suas organizações não são nada sem as pessoas que trabalham nelas.

Reciclagem e requalificação de funcionários

Novas tecnologias estão emergindo de modo recorrente e, em geral, o ritmo em que a tecnologia vem avançando é atordoante. Essas novas tecnologias possibilitam novas formas de trabalho, modelos de negócios até então nunca vistos, e renovados desafios e oportunidades. O desafio para os líderes do futuro não é só garantir que novos funcionários estejam equipados com as habilidades certas para se adaptarem, mas também garantir que os funcionários que já existem possam ser deslocados para preencher novas funções. Sempre presumimos que o que aprendemos nas instituições educacionais e nas organizações nos acompanhariam durante a maior parte da carreira. Se a maioria das organizações não tiver ideia de quais empregos, carreiras, habilidades ou atitudes terão de requisitar de uma força de trabalho futura, como poderão treiná-la e contratá-la?

> Qual será sua resposta como líder quando um grande percentual de sua força de trabalho estiver legitimamente preocupada em ser deixada para trás devido à tecnologia? Um verdadeiro teste de liderança é a capacidade de investirmos de forma contínua na equipe. Investimos de maneira distinta nos colegas de equipe da linha de frente para dar-lhes a oportunidade de ascender na carreira. Mas o desenvolvimento profissional requer, ainda, um investimento em consciência pessoal e na postura de atenção. Encorajar colegas de equipe de forma holística incita a motivação e a resiliência quando emergem novas tecnologias.

Isso veio de Kent Thiry, CEO e presidente executivo do conselho de administração da DaVita Inc., empresa de cuidados com saúde com quase 80 mil funcionários.

Gostaria que mais líderes adquirissem essa atitude mental, em que a reciclagem e requalificação da força de trabalho não é apenas algo que deve ser feito porque faz sentido para os negócios, mas porque mostra exatamente que tipo de líder você é e como está disposto a cuidar de seu pessoal.

A Amazon, por exemplo, anunciou há pouco tempo algo chamado "Upskilling 2025" ["Requalificação 2025"], na qual estão investindo mais de US$ 700 milhões para treinar 100 mil funcionários (um terço de sua força de trabalho) em tarefas de maior especialização até 2025. Os programas de treinamento serão disponibilizados para funcionários em toda a organização. Isso significa que os empregados também terão mais mobilidade interna na empresa se decidirem ir atrás de outra função. Por exemplo, um trabalhador na manufatura seria capaz de adquirir as habilidades necessárias para fazer a transição para algo mais técnico, como aprender a operar uma máquina. Alguns exemplos desses programas são: Associate2Tech, Amazon Technical Academy, Machine Learning University. Não é de admirar que a Amazon esteja se concentrando nisso; no momento em que escrevo, a empresa tem mais de 20 mil cargos que ainda não conseguiu preencher. A Amazon tem também uma visão que se estende além da organização, oferecendo certificações que podem ser usadas em outras empresas (Matsakis, 2019).

Organizações como Accenture, AT&T, JPMorgan Chase & Co. e outras também têm desenvolvido planos de reciclagem de longo prazo, e vêm investindo centenas de milhões de dólares no futuro do mercado de trabalho.

Fazendo o bem

Como indivíduos, preocupamo-nos em fazer parte de ou em negociar com uma organização que não se preocupe apenas em ganhar dinheiro. Queremos fazer parte de uma empresa que se concentre em criar um impacto positivo na sociedade, na comunidade e no mundo em geral. É um pouco desanimador ver que isso pode chegar a ser um grande desafio, mas, com nossa permanente obsessão com lucros trimestrais e em ganhar dinheiro, o aspecto humano tende a ser deixado de lado. É um desafio porque os líderes precisam não só fazer essa mudança, mas também guiar e ensinar outras pessoas a fazer o mesmo, entre elas, todos os seus investidores.

Lynn Jurich é CEO da Sunrun, empresa norte-americana líder em serviços de instalação e manutenção de energia solar em residências, com mais de 4 mil funcionários espalhados por todo o país. Lynn tem muita paixão por essas ideias:

> Deve haver uma consciência mais ampla entre os líderes sobre como estamos operando em outras esferas além do mercado de capitais. Os líderes devem entender como as organizações funcionam dentro de nosso sistema político, do sistema social, junto a comunidades desfavorecidas e assim por diante. Líderes de todas as instituições precisam perguntar a si mesmos como vêm contribuindo para o bem maior e como isso está afetando as pessoas.

Os líderes do futuro devem ser capazes de ressaltar e demonstrar como o trabalho que a organização realiza ajuda a tornar o mundo um lugar melhor. Não será suficiente alardear apenas um excelente desempenho e grandes retornos financeiros.

Smile Brands é uma organização de serviços odontológicos nos Estados Unidos com uma equipe de mais de 5 mil membros. Além de ter uma classificação cinco-estrelas quase perfeita no Glassdoor, o CEO, Steve Bilt, tem um índice de 98% de aprovação dos funcionários, uma combinação que quase nenhuma outra organização possui. A cultura da empresa foi construída em torno de uma missão simples, resumida em apenas três palavras: *Smiles for Everyone®* [Sorrisos para Todos]. Embora isso possa soar como linguagem de marketing, trata-se, para a Smile Brands, de um mantra poderoso que orienta as interações com pacientes, provedores, empregados, fornecedores e até mesmo parceiros da comunidade. Depois de uma mudança no controle acionário em 2013, os dois fundadores da empresa, Steve Bilt e Brad Schmidt, se afastaram do comando. Os novos proprietários tentaram colocar sua marca na organização e fizeram isso mudando a missão e divulgando sua nova versão em todas as clínicas filiadas à empresa. A nova missão: "dar aos provedores e suas equipes odontológicas a liberdade de colocar os pacientes em primeiro lugar, para que pudessem se tornar o consultório dentário preferido da comunidade", falava muito sobre negócios e não conseguiu se conectar com o coração e a mente dos funcionários. Faltava não só a simplicidade da missão anterior, mas, ainda mais importante, havia uma grande desconexão entre as ações de gestão e a nova missão anunciada. Em 2016, quando Bilt e Schmidt retornaram, funcionários de longa data praticamente imploraram para que o lema "Sorrisos para Todos" retornasse – e essa continua sendo a missão atual da empresa. Segundo Bilt: "nosso negócio diz e sempre dirá respeito às pessoas, o que começa com nosso pessoal e nossa cultura. Quando entendemos a ideia de forma correta, ela se estende com naturalidade ao paciente e às comunidades mais amplas. Em última análise, ao conseguir conexão com nosso pessoal, nosso propósito é o 'como' implícito em nosso 'por que' oferecemos Sorrisos para Todos".

Tornando a organização mais humana

Pense no que fazem a maioria das organizações quando enfrentam um trimestre ruim: logo cortam as pessoas, como se elas fossem engrenagens descartáveis. De fato, a palavra engrenagem em inglês, *cog*, também é usada para designar o empregado subalterno, o "peão", e é exatamente assim que há décadas o temos tratado.

Tornar a organização mais humana significa sabermos, como líderes, ver os que trabalham conosco e para nós como mais que apenas empregados – vê-los como indivíduos que têm famílias e amigos, medos e momentos de estresse, esperanças e sonhos, coração e mente, metas e aspirações, ou seja, vê-los como seres humanos, assim como nós. Em um mundo guiado pela tecnologia, muitas vezes perdemos de vista nossa humanidade, mas não esqueça que você é o farol que vai sempre guiar seu pessoal rumo ao futuro e à segurança, e não às rochas.

Mike McDerment é CEO da FreshBooks, uma empresa de trezentas pessoas que fornece *software* de contabilidade a profissionais autônomos. Gosto muito de uma citação de Mike: "Mesmo com o ritmo da inovação tecnológica, há algo que não muda: as pessoas ainda procuram uma experiência humana. Todos nós procuramos". Na FreshBooks, para manter a organização mais humana, os funcionários podem se oferecer para participar de encontros com desconhecidos. Mas não se trata de encontros românticos; são encontros profissionais entre pessoas de diferentes equipes que raramente teriam oportunidade de interagir umas com as outras. Elas podem se encontrar para tomar um café ou almoçar. O que importa é que os funcionários passem a se conhecer como seres humanos, não apenas como trabalhadores. Os líderes podem passar a conhecer melhor seu pessoal, ficar cientes do que está acontecendo no chão de fábrica e em toda a organização, aprender com diferentes departamentos e funcionários, com diferentes tempos de casa, e compartilhar suas ideias. É divertido e humano.

Na Barry-Wehmiller, uma empresa manufatureira com 12 mil funcionários, são medidas a rotatividade e a conservação de funcionários, como faria qualquer outra companhia. Eles, no entanto, não se referem a esse procedimento como "contagem das cabeças", mas como "contagem de corações", para se lembrarem de que as pessoas que trabalham lá são seres humanos, e não engrenagens descartáveis e substituíveis. Pense em cada funcionário de sua organização como um coração e uma alma, em vez de apenas uma cabeça ou um par de mãos.

Bobby Chacko é CEO e presidente da Ocean Spray, uma cooperativa agrícola com mais de 2 mil funcionários. Ele entende da seguinte maneira a importância de conhecer os empregados: "À medida que as organizações ficam mais complexas e que os líderes começam a lançar mão de mais tecnologia, com frequência se perde o elemento humano. Na realidade, os líderes deviam estar pensando sempre em como usar a tecnologia para se conectarem com o lado humano do trabalho e jamais perdê-lo de vista, não importando a quantidade de tecnologia que passem a empregar".

Não estamos prontos para os desafios

Uma das perguntas feitas pela pesquisa do LinkedIn foi até que ponto os entrevistados estavam preparados para enfrentar os desafios. Essa questão foi também subdividida conforme o nível de importância na empresa (Figura 11.4). Os dados mostram com clareza que, no conselho de administração, não há muita confiança de que gerentes e executivos seniores estejam prontos para lidar com esses desafios.

Falta de preparação para os desafios que esperam os líderes do futuro

	Até que ponto seu gerente está preparado para enfrentar desafios? (Colaboradores individuais)	Até que ponto você está preparado para enfrentar desafios? (Gerentes)	Brecha entre colaboradores individuais e gerentes	Até que ponto seus executivos seniores estão preparados para enfrentar desafios? (Colaboradores individuais)	Até que ponto você está preparado para enfrentar desafios? (Executivos seniores)	Brecha entre colaboradores individuais e executivos seniores	Até que ponto seus executivos seniores estão preparados para enfrentar desafios? (Gerentes)	Brecha entre gerentes e executivos seniores
Muito mal preparados	23%	4%	19%	23%	3%	20%	21%	18%
Pouco preparados	40%	33%	13%	39%	28%	11%	40%	12%
Razoavelmente bem preparados	28%	47%	19%	27%	47%	20%	30%	17%
Muito bem preparados	8%	15%	7%	9%	22%	13%	8%	12%

JACOB MORGAN
© *thefutureorganization.com*

Figura 11.4 Falta de preparação para os desafios que esperam os líderes do futuro.

Dos colaboradores individuais, 63% disseram que seus gerentes estão pouco ou nada preparados para enfrentar os desafios que esperam os líderes do futuro, o que se coloca em forte oposição com os 62% dos gerentes que afirmaram estar nas categorias "razoavelmente bem" ou "muito bem". Esses números também foram bastante similares aos dos executivos seniores. Colaboradores individuais classificaram 62% dos executivos seniores nessas duas categorias inferiores, enquanto 69% dos executivos seniores se colocaram nas duas categorias superiores. Os gerentes também classificaram 61% dos executivos seniores nas duas categorias inferiores em termos de preparação para os desafios.

Observando os dados, podemos ver a enorme oportunidade de que líderes e organizações do mundo inteiro podem se aproveitar, presumindo que entrem de fato em ação.

São esses os principais desafios que os líderes do futuro têm de ser capazes de superar. Na verdade, já estamos vendo esses desafios hoje, mas não na escala em que estarão daqui a dez anos.

O que isso significa para o modo como você, líder do futuro, pode se adaptar às tendências já descritas e o que pode fazer para superar os desafios anteriormente mencionados? Você pode começar se armando com um novo e atualizado arsenal de atitudes mentais e habilidades que chamo de as "Nove Notáveis".

Aproprie-se das Nove Notáveis

Em toda a pesquisa feita para este livro, quatro mentalidades (*mindset*), aliadas a cinco habilidades, continuaram se mostrando essenciais para o líder do fuuro: as Nove Notáveis (Figura 11.5). As quatro mentalidades são: de explorador, de *chef*, de servidor e de cidadão global. Elas serão abordadas em detalhe na Parte 3. As cinco habilidades são: do *coach*, do futurista, do adolescente da tecnologia, do tradutor e do Yoda. Elas serão abordadas em detalhe na Parte 4.

As nove notáveis: *mindsets* e habilidades

Figura 11.5 As nove notáveis: *mindsets* e habilidades.

Dominar e usar as Nove Notáveis, além de garantir que outros ao redor façam o mesmo, fará de você um grande líder pronto para o futuro, submeterá sua carreira à prova desse futuro e aumentará em dez vezes seu valor profissional em qualquer organização.

PARTE 3

AS QUATRO MENTALIDADES DAS NOVE NOTÁVEIS

12
O Explorador

O Explorador

Antes de explorarmos as especificidades de cada um dos quatro tipos de mentalidades (*mindsets*), preciso explicar o que chamo de mentalidade. Ela indica um modo de pensar, o que, por sua vez, influencia e molda seu modo de agir.

Tomemos por exemplo um líder que acredita em uma hierarquia severa, em que é responsabilidade dele dizer a todos o que fazer, em que todas as decisões são tomadas por ele, que acredita que nunca deve ser questionado devido a seu *status* dentro da empresa. Esse tipo de líder estará muito mais preocupado com as perspectivas e ideias que vêm de fora, não mostrará nenhum tipo de empatia ou sabedoria, e acabará criando uma cultura perniciosa. Pensemos agora em outro líder, alguém que acredita ser útil aos que estão à sua volta, que questiona suposições e desafia o *status quo*, compreendendo que trabalho e vida se entrecruzam. Esse tipo de líder construirá uma equipe muito mais humana, baseada na confiança e na segurança psicológica, na qual os funcionários são valorizados e tratados com justiça.

Aquilo em que você acredita como líder influenciará o tipo de organização de que faz parte e que ajuda a criar. Muitos têm um estilo e uma abordagem de liderança que não funcionam mais e que deixaram de ser relevantes, mas foi o que aprenderam, e é difícil mudar. Com relação à mentalidade, não é possível fingir, o que significa que não podemos acreditar secretamente em comando e controle enquanto construímos uma fachada de receptividade e transparência; nosso pessoal vai descobrir e ficaremos desacreditados como líderes.

Quatro mentalidades para o líder do futuro

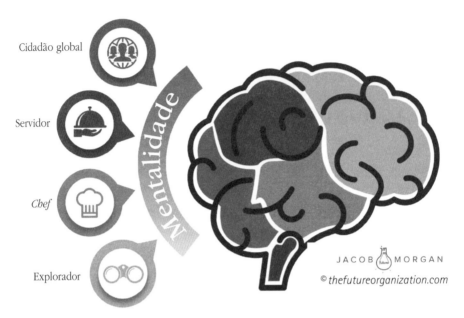

Figura 12.1 Quatro mentalidades para o líder do futuro.

Durante minhas entrevistas, os CEOs identificaram pouco mais de uma dezena de mentalidades essenciais para os líderes do futuro. Como várias delas tinham relação entre si, classifiquei-as como uma só (ver Figura 12.1). Por exemplo, curiosidade e aprendizagem eram duas mentalidades separadas, mas, como uma não pode existir sem a outra, elas se tornaram a mentalidade de explorador. As outras descritas nesta seção foram definidas por CEOs do mundo inteiro como as mais cruciais para os líderes do futuro até 2030 e além desse ano. Como líder atual ou do futuro, você deve compreender e praticar todas elas. De hoje em diante, é assim que devemos pensar como líderes.

Visão geral do explorador

A história está repleta de narrativas de exploradores que descobriram novas terras, pessoas, objetos e ideias. Exploradores são buscadores que são atraídos pelo desconhecido, embora nem todos sejam líderes. Sir Ernest Henry Shackleton era ambos, mas a maioria das pessoas não o conhece. Ele nasceu na Irlanda, mas viveu na Grã-Bretanha. Em 1914, fez parte de uma expedição para explorar a Antártica, com o objetivo de cruzá-la de um mar a outro, abrangendo um total de quase 3 mil quilômetros. A missão nunca foi completada, porém o que aconteceu trouxe uma das maiores lições de liderança até hoje contadas.

Para encontrar uma tripulação, Shackleton publicou um anúncio em um jornal, um tanto rude, mas honesto: "Procuram-se homens para uma jornada perigosa. Salários baixos, frio intenso, longos meses de escuridão completa, perigo constante, retorno em segurança duvidoso. Honra e reconhecimento em caso de sucesso". Imagine se sua empresa fosse assim tão brutalmente honesta sobre como é trabalhar nela. Será que as pessoas iriam procurá-la? Para a maioria das organizações, as descrições de trabalho não soariam assim tão diferentes da de Shackleton, embora no caso de sucesso a maioria dos funcionários *não* consiga honra e reconhecimento!

Algumas dezenas de homens se candidataram, e a jornada começou. Não demorou muito para o desastre ocorrer. Quando navegavam pelo mar de Weddell, perto da costa da Antártica, o navio deles, *Endurance*, ficou preso por dez meses no gelo. Por fim, o navio foi esmagado pelo gelo, afundou e até hoje não foi recuperado. Antes, no entanto, de o navio afundar, a tripulação reuniu todos os suprimentos, além de três botes salva-vidas, e transformou uma banquisa em casa pelos cinco meses seguintes. Não sabiam por quanto tempo seriam capazes de sobreviver.

Por fim, o gelo começou a ficar mais fino e a derreter, forçando a tripulação a entrar nos botes salva-vidas. Shackleton decidiu ir para a ilha Elefante, uma jornada de cinco dias lutando contra ventos e ondas. Quando chegaram, já havia se passado mais de um ano desde a última vez em que tinham pisado em terra firme. A ilha Elefante era desabitada, inabitável, e Shackleton sabia que, se ficassem lá, todos com certeza iam morrer. Então ele pegou o bote menos danificado e partiu com uma tripulação de cinco homens para a ilha Geórgia do Sul, a 1.300 quilômetros de distância, para pedir ajuda. Viajando na direção do sol, que só apareceu durante alguns dias por entre céus encobertos e tempestades, conseguiram enfim chegar à ilha após dezesseis dias. Mas a jornada não terminou aí. Ao chegar, ainda precisavam fazer contato com uma estação baleeira do outro lado da ilha. Enquanto o restante dos homens permaneceria junto ao bote salva-vidas, Shackleton e dois membros da tripulação fariam a jornada para a estação baleeira. Depois de pegar parafusos no barco, que colocaram no solado dos sapatos para ganhar tração na neve, começaram a caminhar quase dois dias seguidos por entre geleiras e campos de neve.

Exaustos, famintos e já sem forças, conseguiram por fim estabelecer contato com a estação baleeira. Puderam então resgatar os poucos homens que tinham deixado no bote salva-vidas, embora só depois de três tentativas e de mais três meses conseguissem resgatar as quase duas dúzias de homens que tinham ficado na ilha Elefante. Todos os 28 membros da tripulação sobreviveram. Vários anos mais tarde, Shackleton deu início a outra expedição à Antártica, mas logo no início morreu de ataque cardíaco, aos 47 anos de idade. Foi enterrado na ilha Geórgia do Sul.

O que torna essa história tão espantosa não é apenas o fato de todos terem sobrevivido: é como sobreviveram. Mesmo quando estavam na banquisa, Shackleton tentou entreter a tripulação para que ninguém pensasse em como a situação era crítica. Encorajava os homens a contar histórias e a brindar a seus entes queridos. Chegaram a jogar hóquei e a cantar em coro. A mensagem constante de Shackleton era de que a união faz a força. Aos olhos de seus homens, Shackleton nunca fraquejou, como deixam evidentes os diários recuperados da tripulação, que documentaram o otimismo, a disposição de ajudar, o respeito e a admiração que ele tinha por aqueles que o acompanhavam na jornada. Shackleton colocou as necessidades de todos acima das suas.

Lionel Greenstreet, primeiro oficial da tripulação, descreveu aquele que chamavam de "chefe": "O primeiro pensamento de Shackleton era para os homens comandados por ele. Não se importava de ir sem uma camisa cobrindo-lhe as costas desde que os homens que liderava tivessem roupas suficientes" (Dartmouth, s.d.).

Ao ler as muitas histórias escritas sobre Shackleton, fiquei me perguntando quantos líderes empresariais de hoje se comportariam da mesma maneira se tivessem se encontrado no lugar de Shackleton. Todos sabemos a resposta: não muitos. Os líderes de hoje se concentram nos lucros, mas imagine como seria liderar quando seu foco não está no dinheiro, mas nas próprias vidas das pessoas com quem você trabalha, incluindo a sua.

A narrativa dessa história real de Sir Ernest Henry Shackleton é fascinante e há muitos livros e vários filmes a respeito. Ele não foi apenas um grande explorador, mas também um grande líder, razão pela qual encarna a verdadeira mentalidade de explorador que os líderes do futuro devem possuir. O que significa sermos curiosos, perpétuos aprendizes, termos uma mentalidade madura, a mente aberta, sermos ágeis e decididos.

Curiosidade

Quando pediram que Michael Dell indicasse um atributo que os CEOS terão de possuir para serem bem-sucedidos no futuro, sua resposta foi "curiosidade". Isso também foi sugerido por ninguém menos que Walt Disney, que disse a famosa frase: "Por aqui, no entanto, não ficamos muito tempo olhando para trás. Continuamos avançando, abrindo novas portas e fazendo coisas novas porque somos curiosos [...] e a curiosidade continua nos levando a novos caminhos". Mesmo o grande Albert Einstein admitiu: "Não tenho nenhum talento especial. Sou apenas apaixonadamente curioso".

Quando crianças, todos nós crescemos com certo senso de curiosidade e espanto, desejando entender como as coisas funcionam e quais são nossos limites. Mas, à medida que avançamos no sistema educacional e somos depois contratados por empresas de todo o globo, nossa capacidade de expressar curiosidade diminui. Na escola somos instruídos a ter sempre as respostas certas para passar nas provas e, nos negócios, devemos ganhar dinheiro, escapar do fracasso e sermos eficientes. Mas a curiosidade vai contra esses princípios; inerente a ser curioso é aproveitar as chances, errar e desafiar o *status quo*. Como Pablo Picasso disse certa vez: "Todas as crianças são artistas. O problema é como continuar como artista depois que se cresce".

O que é bastante visível no mundo corporativo é que os funcionários, mesmo que curiosos, não são capazes de expressar ou procurar satisfazer essa curiosidade. As crianças não têm problema em desafiar a autoridade e questionar o *status quo*. Na maioria das organizações, porém, alguém que age assim é visto como um funcionário problema. É por isso que muitos funcionários ainda fazem perguntas, mas fazem-nas em suas próprias mentes; todos nós temos ideias que queremos explorar, coisas que queremos tentar e melhorias que gostaríamos de sugerir, mas infelizmente guardamos essas coisas para nós mesmos. Há uma grande diferença entre ser curioso e ser capaz de expressar essa curiosidade e agir de acordo com ela.

À medida que o mundo continua a mudar, nossas organizações têm de se adaptar e são os líderes curiosos que vão estar no leme dessas organizações. É essa a mentalidade que nos fará correr atrás de novas ideias, novos produtos, novos serviços e novos métodos de fazer coisas.

Bradley Jacobs é o CEO da XPO Logistics, que tem mais de 100 mil funcionários ao nível global. Antes disso ele fundou a United Rentals, a maior empresa de aluguel de equipamentos do norte da Califórnia e, durante sua carreira, liderou mais de 500 aquisições e tem sido classificado entre os melhores CEOs do mundo em lugares como o magazine *Barron* e o *site Glassdoor*. Bradley é movido pela curiosidade; ele me disse: "A curiosidade é como a fonte da juventude quando se trata de liderança eficaz".

Líderes mais experientes também costumam acreditar que estão no jogo há muito tempo e, em virtude disso, podem se dar ao luxo de continuar remando tranquilos, fazendo as coisas como sempre fizeram. A SOS International é a maior empresa de serviços médicos e seguros de viagem do mundo, com mais de 11 mil funcionários. No leme dessa organização está Arnaud Vaissié, que ajudou a fundar a companhia há quase quarenta anos. Vaissié passou décadas como líder, mais tempo que quase todos os outros CEOs que tive oportunidade de entrevistar. É fácil presumir que ele viu e fez tudo que havia para fazer. Como me disse Arnaud: "Pelo fato de ter estado tanto tempo na liderança, preciso manter uma margem de curiosidade para não parecer entediado. Porque em algum ponto você diz 'já vi tudo' e, para falar com franqueza, com as mudanças que estão acontecendo, não há ninguém que já tenha visto tudo".

Gosto da seguinte definição de curiosidade apresentada na análise de uma pesquisa (Kashdan *et al.*, 2017): "A curiosidade pode ser comumente definida como o reconhecimento, busca e desejo de explorar eventos novos, incertos, complexos e ambíguos". As perguntas são essencialmente "e se?", "por quê?" e "como"?

Mark Smucker é o presidente e CEO da J. M. Smucker Company, que emprega mais de 7 mil pessoas. Mark me disse: "Acho que agora as organizações estão mais ávidas que nunca para compreender por quê, por que estamos mudando, por que estamos fazendo 'isto', por que nosso negócio está sendo desafiado. O que podemos fazer de diferente? Mas o porquê é muito importante".

Nos últimos anos, o dr. Todd Kashdan tem liderado uma equipe para estudar a curiosidade. Ele se juntou à Merck KGaA para criar o State of Curiosity Report" [Relato do Estado de Curiosidade], publicado em 2016 e novamente em 2018; a versão de 2018 estava baseada em dados coletados nas respostas de mais de 3 mil participantes da pesquisa (Kashdan, 2018). A pesquisa descobriu que indivíduos extremamente

O Explorador

curiosos, com maior potencial para inovar dentro das organizações, possuem quatro características distintas:

Exploração descontraída

É onde adquirimos grande prazer em reconhecer e partir em busca de novos conhecimentos e informações, extraindo alegria do aprendizado e do amadurecimento. Segundo Todd, é onde a maioria das pessoas param quando se trata de curiosidade; presumem que a curiosidade seja apenas mexer em coisas novas e explorá-las do modo como fazem as crianças.

Sentimento de ausência

Ocorre quando os indivíduos reconhecem que há uma brecha entre o que sabem e o que querem saber, e tentam fechar essa brecha. Por exemplo, depois de identificar que a curiosidade era um dos principais *mindsets* para o futuro da liderança, precisei aprender o máximo possível sobre esse tópico para fechar minha brecha de conhecimento. Consultei livros, examinei estudos e falei com peritos, como Todd. A experiência pode ser frenética e estressante, como escrever este livro! Todd ressaltou que também pode ser uma área em que os líderes se confundem porque não se parece com nossa noção tradicional de curiosidade (exploração descontraída).

Receptividade para as ideias das pessoas

Cultivar a curiosidade requer estar aberto a diversificadas perspectivas e ideias vindas dos outros e também buscar, de modo intencional, novas maneiras de fazer as coisas. Líderes precisam sentir que não há problema quando dizem "não sei" e valorizar as perspectivas e ideias de outras pessoas, não simplesmente presumir que, por serem líderes, são por natureza mais inteligentes, tomam decisões melhores e são mais valiosos para a organização. Quase 20% dos CEOs que entrevistei destacaram especificamente que "ter a mente aberta" era crucial para líderes do futuro.

Cândido Botelho Bracher foi presidente do Itaú Unibanco, o maior conglomerado financeiro do hemisfério sul, com receitas superiores a US$ 42 bilhões, ativos acima de US$ 400 bilhões e uma base de funcionários com mais de 100 mil pessoas ao redor do mundo. Durante nossa entrevista, ele não deixou um instante de enfatizar a ideia de que ter a mente aberta era essencial para líderes do futuro e atuais.

À medida que as alterações nos negócios se tornam muito mais frequentes e necessárias, o líder do futuro tem sempre de estar disposto a questionar as ideias e suposições daqueles que se reportam a ele ou de terceiros. Nessas circunstâncias, não se pode esperar que o líder tenha sempre todo o conhecimento, toda a informação e todas as respostas. Cada vez mais os líderes terão de contar com seu pessoal, gente de diferentes origens e perspectivas, para tomar as melhores decisões. Isso significa que, para ter uma empresa bem-sucedida, os líderes devem manter a mente aberta a ideias que não são as suas.

Tolerância ao estresse

Essa última característica não é necessariamente aquela em que pensamos quando se trata de curiosidade. Afinal, a curiosidade deve ser apenas divertida, relaxante, autônoma e exploratória, certo? Deve ser de fato uma exploração descontraída. Na realidade, como mencionei antes e como Todd e sua equipe identificaram, a curiosidade pode ser estressante porque exploramos algo novo, não familiar e incerto. Como líderes, não precisamos apenas saber administrar isto ou aquilo, mas também precisamos ajudar nossa equipe a compreender como lidar com a situação.

Precisamos ser mais curiosos

Olhando para essas quatro características, é muito fácil ver por que não temos mais curiosidade no local de trabalho. A maioria de nós não tem tempo para buscar novos conhecimentos no trabalho; para começar, lutamos para não nos afogar na carga de trabalho atual. Segundo o "2018 Workplace Learning Report" [Relatório de Aprendizagem no Local de Trabalho de 2018] do LinkedIn, que pesquisou 4 mil funcionários ao redor do mundo, 94% dos trabalhadores permaneceriam mais tempo na empresa se elas investissem no desenvolvimento da carreira deles, pois a razão número um que leva os funcionários a dizer que se sentem distantes do trabalho é não terem tempo para adquirir as habilidades de que precisam para continuar sendo relevantes e bem-sucedidos em seus empregos (LinkedIn, 2018).

Qualquer tipo de vulnerabilidade costuma ser malvisto, e as ferramentas e programas de aprendizado que muitas organizações têm a seu dispor estão ultrapassados por várias décadas, portanto os funcionários não se interessarão em usá-los. Escolas e organizações nos ensinam a nos concentrarmos em sermos corretos, reunindo a maior soma de dinheiro possível, continuando com o máximo de eficiência e minimizando os riscos. Além disso, as equipes muitas vezes compreendem indivíduos que têm a mesma aparência, agem da mesma forma, acreditam nas mesmas coisas, trabalham na mesma localização geográfica e até mesmo trabalham em projetos semelhantes, o que significa que há falta de diversidade cognitiva.

Elena Donio é a CEO da Axiom, uma prestadora de serviços jurídicos com mais de 2 mil funcionários em todo o mundo. Segundo Elena: "É muito importante ser curioso, estar atento, ouvir os outros, acompanhar as ideias que surgem em todos os pontos da empresa, ser capaz de se mostrar vulnerável e admitir que as melhores respostas com muita frequência não vêm dos altos executivos, mas de um grupo de indivíduos que estão mais próximos do cliente, mais próximos dos problemas e oportunidades que vamos encontrando no terreno; é muito importante sermos realmente ativos na criação, na aplicação e nas recompensas merecidas por esse tipo de diálogo".

Melissa Smith é a CEO da Wex Inc., que emprega cerca de 4 mil pessoas ao redor do mundo. Quando falamos sobre isso, ela disse: "Adoro a diversidade de pensamento; ela cria vantagens competitivas para as empresas, que ficarão naturalmente conectadas de diferentes maneiras com base na necessidade de abrir espaço para diferentes tipos de liderança".

Parte da razão pela qual a curiosidade parece sofrer dentro das organizações se deve à nossa obsessão em colocar o foco no curto prazo e em nos sentirmos confortáveis com o que é familiar. A própria hierarquia é uma das estruturas mais resilientes já criadas e está projetada para afastar qualquer coisa nova e não familiar, o que torna difícil realizar qualquer tipo de mudança. A curiosidade é vista quase como um problema na maioria das organizações porque interrompe a máquina. Os líderes precisam encarar o novo e o desconhecido não como ameaças, mas como oportunidades. Na série *Jornada nas Estrelas: A Nova Geração*, o comandante Jean-Luc Picard faz uma narração quando a série começa:

> Espaço: a fronteira final. Estas são as viagens da Nave Estelar *Enterprise*. Sua missão continua: explorar mundos novos e estranhos. Buscar uma nova vida e novas civilizações. Ir corajosamente até onde ninguém jamais foi!

Se a maioria dos líderes de hoje criassem a própria narração, é provável que ela soasse mais ou menos assim:

Espaço: é uma nova fronteira, mas por que se preocupar? Estas são as viagens da Nave Estelar *Enterprise*. Sua missão continua: garantir que manteremos o *status quo*. Conservar a cabeça baixa e evitar mudanças. Ir aos mesmos lugares onde já estivemos!

Seria uma ótima série, não?

Como mencionei antes, os tipos de filtros que possuímos para a liderança refletirão os tipos de pessoas que se tornam líderes. Os que se concentram unicamente em resultados no curto prazo descobrirão que suas equipes vão lutar contra a curiosidade, enquanto aqueles que se concentram em horizontes de tempo mais longo enfrentarão um impacto oposto. Relembre a história de Hubert Joly e Best Buy; seus esforços de recuperação levaram vários anos para dar resultado. Se Hubert tivesse se concentrado apenas em dados financeiros trimestrais, é provável que a Best Buy já não existisse.

Quando a curiosidade não tem apoio dentro da organização, funcionários de todos os níveis perdem massa muscular e, por fim, acabam ganhando dentes de engrenagem. Como, em um ambiente desse tipo, seria possível cultivar algum naco de curiosidade? Seria impossível.

A 3M emprega 100 mil pessoas em todo o mundo e está envolvida em criar produtos e serviços para uma série de indústrias, entre elas, de manufatura, saúde, bens de consumo e até mesmo segurança no trabalho. Eles têm uma cultura única em que os funcionários podem gastar 15% do tempo atrás de ideias que os entusiasmem e pelas quais estejam de fato interessados. Claro, os funcionários ainda precisam garantir que são capazes de cumprir suas responsabilidades, mas ganham esse tempo para serem curiosos. Como resultado, a 3M viu muitas inovações surgirem da curiosidade dos funcionários, incluindo filme ótico multicamadas, abrasivos Cubitron (usados em ferramentas como lixas em forma de disco para reparo e fabricação automotiva), blocos de notas *post-it* e purificadores de ar híbridos. Mas esse tempo de 15% não tem de ser usado para fabricar um produto ou criar um serviço; também pode ser usado para tentar melhorar um processo ou criar um grupo especial dos funcionários. A Intuit tem instalado algo semelhante, em que os funcionários podem gastar 10% do tempo buscando coisas em que estejam interessados.

O Explorador

Nem todas as organizações adotam essa abordagem de alocar determinada quantidade de tempo para experimentação. Algumas se limitam a dar aos funcionários espaço ou criam programas pelos quais os funcionários podem optar e onde lhes são dados tempo e recursos para explorar suas ideias. A Microsoft tem a Garage, onde os funcionários são incentivados e apoiados a alterar programas e fazer coisas novas. Na Capital One, funcionários de todos os níveis são encorajados a sugerir novas ideias, a fazer perguntas e desafiar o *status quo*, independentemente do cargo ou função que ocupem na empresa. Eles se concentram nos méritos das ideias, o que supera qualquer hierarquia.

A Bain, empresa de consultoria de gestão, tem um programa de estágios em que os funcionários podem trabalhar por períodos de seis meses em diferentes empresas ou em organizações sem fins lucrativos do mundo inteiro. Ao fazê-lo, os funcionários são constantemente expostos a novas ideias, culturas e perspectivas. Isso ajuda a promover a curiosidade.

Imagine por um momento que você ocupa o papel de "diretor de curiosidade" na sua empresa. Que tipo de programas ou ideias colocaria em prática para ajudar a criar e encorajar essa mentalidade? Por que essa função ainda não existe?

Tive o privilégio de conversar com Francesco Starace, CEO da Enel, empresa italiana de energia que emprega quase 70 mil pessoas. A Enel é a maior empresa de serviços públicos da Europa em capitalização de mercado, tendo mais de 73 milhões de clientes globais. Francesco é um dos muitos CEOs que destacaram a importância da curiosidade para os líderes. "Eles precisam ter uma curiosidade inata que os mantenha associados e conectados com o que muda ou acontece à sua volta; não podem perder contato com isso."

"Não perder contato." Acho ótimo que Francesco tenha dito isso, porque perder contato é exatamente o que acontece quando deixamos de ser curiosos: ficamos desconectados da equipe, dos clientes, das organizações e de quem está à nossa volta.

Funcionários e líderes que fazem parte de uma organização que já está prosperando podem ser mais hesitantes em mostrar curiosidade. Afinal, não há dúvida de que algo está funcionando, caso contrário a empresa não estaria indo bem, certo? Há uma tendência em só desafiar o *status quo* e exibir curiosidade quando as coisas não vão bem. Quanto pior a empresa está indo, mais curiosos podemos nos tornar. Isso é típico em círculos de inovação. Em geral as organizações colocam a inovação como prioridade quando as coisas não estão indo bem e elas precisam pensar em alguma coisa nova para interromper seu declínio. Normalmente, o CEO vai fazer algum tipo de reunião geral e dizer: "Temos passado por alguns momentos difíceis e preciso realmente de algumas ideias novas que nos ajudem a melhorar". É de longe mais fácil explorar novas ideias e abordagens em torno de um assunto quando as coisas estão indo bem do que tentar forçar a curiosidade quando o barco está afundando.

Mesmo organizações bem-sucedidas precisam de líderes e funcionários curiosos. A Pixar Animation Studios tem sido uma empresa extremamente bem-sucedida, com um histórico de filmes de sucesso como *Divertida Mente, Toy Story – um Mundo de Aventuras, Carros, Procurando Nemo, Monstros S.A.* e muitos outros. Funcionários novos ingressando na companhia se mostram com frequência hesitantes em questionar os modos já bem-sucedidos de como a empresa faz as coisas. Para combater isso, Ed Catmull, cofundador e presidente, faz questão de levantar o assunto sempre que a Pixar faz escolhas erradas. Ed encoraja, desde o primeiro dia, os novos funcionários a serem curiosos e a desafiar o modo como as coisas são feitas.

Quando se trata de líderes, Ed está absolutamente correto ao dizer que os líderes não devem se esquivar de riscos; ao contrário, supõe-se que tenham adquirido a capacidade de se recuperarem quando inevitavelmente ocorrem as falhas. Shellye Archambeau é ex-CEO da MetricStream, empresa de *software* para computador com mais de 1.500 empregados. É também diretora dos conselhos da Verizon e da Nordstrom. Quando lhe perguntei sobre os riscos, ela disse: "Aqueles que aprendem e são capazes de correr os maiores riscos trarão o melhor desempenho. Com todas essas coisas mudando ao redor, se não passarmos a aceitar os riscos, não seremos capazes de capitalizar as oportunidades que existem lá fora".

De acordo com a pesquisa em que Todd e sua equipe têm trabalhado, os três mais importantes estimuladores da curiosidade são a autonomia (independência para realizar tarefas); a responsabilidade (prestação pessoal de contas sobre os projetos) e a liberdade (ganhar o tempo necessário para explorar novas ideias). Será que você e seus funcionários têm essas coisas?

Um estudo com 3 mil funcionários realizado por Francesca Gino na Harvard Business School descobriu que "apenas cerca de 24% relataram que se sentem curiosos em seu emprego com regularidade, e cerca de 70% disseram que enfrentam barreiras para fazer mais perguntas no trabalho" (Gino, 2018). O estudo também descobriu que, quando a curiosidade dispara, cometemos menos erros nas tomadas de decisão, a inovação aumenta, o conflito de grupo se reduz e ocorre uma comunicação mais franca, o que leva a melhor desempenho da equipe. Segundo Francesca: "Cultivar a curiosidade em todos os níveis ajuda os líderes e seus funcionários a se adaptarem a condições incertas de mercado e a pressões externas. Quando nossa curiosidade é acionada, pensamos de modo mais profundo e racional sobre as decisões e chegamos a soluções mais criativas. Além disso, a curiosidade permite que os líderes ganhem mais respeito de seus seguidores e inspira os funcionários a desenvolver relacionamentos de maior confiança e de maior colaboração com os colegas".

Francesca também descobriu duas barreiras comuns à curiosidade, em especial quando se trata de liderança. A primeira é que os líderes acreditam que encorajar funcionários a serem curiosos tornará mais difícil administrar a empresa, já que eles estarão autorizados a explorar as próprias áreas de interesse. Os líderes também acreditam que a curiosidade levaria a desacordos, e a aptidão para fazer que as decisões fossem executadas seria afetada, custando dinheiro à empresa. A segunda barreira à curiosidade é a busca pela eficiência à custa da exploração. Isso significa que ficamos obcecados com a entrega de nossos projetos atuais e não perdemos tempo fazendo perguntas ou desafiando modos convencionais de trabalhar ou pensar. Observe que as barreiras à curiosidade se resumem a dinheiro. Quando os líderes priorizam o dinheiro sobre tudo o mais, é disso que eles e seu pessoal vão atrás, à custa de qualquer outra coisa.

Na década de 1990, Reed Hastings alugou *Apollo 13*, estrelado por Tom Hanks, em videocassete. Era um filme terrível sobre a sétima missão tripulada que pretendia pousar na Lua; isso, é claro, nunca aconteceu. Infelizmente (ou talvez neste caso por um golpe de sorte!), Reed perdeu a fita cassete e acabou tendo de pagar uma taxa de atraso de 40 dólares. Também me lembro dos cassetes VHS que alugava nos anos 1980 e nunca consegui entender como uma taxa de aluguel podia ser maior que o custo de comprar o cassete! E meus pais nunca acharam divertido ter de pagar por um erro meu.

Enquanto dirigia para casa, irritado por ter de contar à esposa sobre o atraso de seus altos honorários, um pensamento saltou na cabeça de Reed. E se um negócio de aluguel de vídeos fosse administrado como uma academia? Em uma academia você paga uma mensalidade e vai lá quantas vezes quiser. Por que não poderia existir algo similar para os aluguéis de vídeos? Assim foi criada a Netflix. A companhia está revolucionando a indústria do entretenimento e eles não param de se perguntar "e se?", "por que" e "como?" Não admira que agora a curiosidade seja um dos nove valores da companhia. Hoje a Netflix tem mais de 7 mil funcionários e está avaliada em mais de US$ 152 bilhões.

Líderes curiosos são aqueles que desafiarão o *status quo* e mudarão o mundo.

Aprendizagem realmente perpétua

Marissa Mayer, ex-CEO do Yahoo!, está no conselho de administração do Walmart. Quando nos conhecemos, ela estava narrando a história de uma reunião de funcionários com o CEO global do Walmart e o chefe do Walmart nos Estados Unidos. Durante a reunião, alguém levantou a mão e perguntou: "Como vocês passam o tempo em que estão juntos?". Os CEOs olharam um para o outro e responderam que passavam cerca de três quartos do tempo em que estavam juntos aprendendo alguma coisa.

Exploradores como Sir Ernest Henry Shackleton são perpétuos aprendizes. Qualquer membro de sua tripulação podia ir falar com ele a qualquer momento. Era o tipo de política de "portas abertas", que hoje se comenta com frequência no mundo dos negócios. Shackleton também reuniu uma tripulação diversificada de indivíduos, entre eles, um biólogo, um artista, um fotógrafo, um físico e um meteorologista. Essas pessoas vieram de diferentes partes do mundo, entre elas, Estados Unidos, Escócia, Grã-Bretanha, Alemanha, Austrália e Índia. Ele havia encorajado membros da tripulação a trocar conhecimentos, ultrapassando seus respectivos campos e aprendendo sobre os diferentes aspectos do navio e da expedição. O próprio Shackleton passara algum tempo com baleeiros na Antártica para se instruir sobre o mar de Weddell antes de zarpar com a expedição. Quando era mais jovem, Shackleton fora um leitor voraz, o que acabou despertando sua paixão pela aventura. Com 16 anos de idade, ele concluiu o ensino médio e, como a família não tinha muito dinheiro, não conseguiu ingressar na marinha de guerra nem

O Explorador

na marinha mercante. Teve, no entanto, aprendizado como marinheiro em um veleiro, com o qual viajou pelo mundo, construiu relacionamentos e aprendeu a viver, comunicar-se e colaborar com pessoas das mais diferentes áreas. Por fim conseguiu avançar na hierarquia marítima até o qualificarem para comandar o próprio navio (PBS, 2002).

Onde você se encontra hoje em termos profissionais, seja como líder ou colaborador individual, não é onde estará no futuro. Onde sua organização está hoje também não é onde ela estará no futuro. Quando você aprende alguma coisa como líder, acontece o mesmo com os funcionários que trabalham ao seu lado.

Durante décadas, presumimos que tudo que precisávamos saber para sermos bem-sucedidos em termos profissionais e pessoais nos seria ensinado por instituições educacionais ou pelas organizações que nos davam emprego e treinamento. Durante algum tempo essa suposição foi correta, mas hoje já se provou um meio desatualizado de pensar que, nos anos vindouros, será erradicado por completo. Numa época em que a maioria das pessoas se forma em cursos universitários de quatro anos, ao término desse período a maior parte do que aprenderam já se mostra obsoleta.

Jo Ann Jenkins é CEO da AARP, a maior organização sem fins lucrativos do mundo, dedicada a capacitar pessoas que têm 50 anos ou mais. A organização tem mais de 38 milhões de membros e 2.300 empregados. Jo Ann acredita que a aprendizagem é um ativo de valor inestimável:

> Líderes do futuro têm de introduzir uma cultura de aprendizagem em suas organizações. Organizações que não estão continuamente aprendendo e se adaptando perderão a vantagem competitiva e acabarão não sobrevivendo. Já vimos várias vezes isso acontecer e veremos ocorrer com mais frequência e de forma mais rápida no futuro. Além disso, organizações que não desenvolvem uma cultura de aprendizado não serão capazes de contratar e conservar os tipos de talento de que precisam para ter sucesso. As pessoas irão simplesmente para outro lugar. Para líderes do futuro, esse tipo de aprendizado perpétuo é tão essencial quanto o ar e a água.

Um aprendizado realmente perpétuo tem alguns componentes. O primeiro, bastante óbvio, é aprender coisas novas de forma contínua.

Contudo, aprender coisas novas também faz parte da vida. Este ano conhecemos e vivenciamos coisas que não conhecíamos nem vivenciamos no ano anterior ou no ano retrasado. Mas a aprendizagem perpétua não é apenas esperar, ocioso e sentado, que coisas novas cheguem até você; é buscar ativamente novas coisas, pessoas e ideias, eis a diferença crucial. O segundo componente da aprendizagem perpétua é aplicar o que você aprendeu com regularidade a novas situações e cenários – no contexto deste livro, um ambiente de trabalho. O último componente da aprendizagem perpétua é compreender os resultados ou o *feedback* da aplicação das coisas que você aprendeu.

Normalmente, o aprendizado acontece de determinados modos. O primeiro é o aprendizado formal, que é basicamente o que aprendemos de forma estruturada, como em uma instituição educacional. O segundo é o aprendizado não formal, que tem uma natureza mais autodirigida, mas ainda pode ter alguma estrutura. Por exemplo, o aplicativo PwC Digital Fitness seria parte da aprendizagem não formal, como ouvir um *podcast* ou uma *TED talk* com o objetivo de aprender algo novo. O terceiro é o aprendizado experiencial ou informal, que é o que você pode aprender de um modo um pouco mais natural. Pense em como as crianças aprendem a brincar de pique. Não há currículo estruturado ou diploma para pique, mas as crianças aprendem fazendo e experimentando. No local de trabalho, o aprendizado informal pode resultar de uma conversa com um colega de trabalho ou da obtenção de alguns conhecimentos por meio da plataforma de colaboração de sua empresa. Este tipo de aprendizagem também pode ser intencional.

A aprendizagem formal é algo que nós, como indivíduos, não costumamos controlar, o que significa que para os líderes do futuro os componentes de aprendizado informal e experiencial serão essenciais. Isto também significa que precisamos ter mais transparência e responsabilidade sobre nosso próprio aprendizado. Pesquise as coisas em um tempo reservado para elas, assista às *TED talks* para aprender um novo conceito ou ideia, confira um *podcast* para saber o que dizem outros líderes de negócios e reserve um tempo para tomar um café com colegas de trabalho. Em seu livro *Informal Learning*, Jay Cross escreve: "Os trabalhadores aprendem mais tomando café no bar do que na sala de aula. Descobrem como fazer seu trabalho por meio da aprendizagem informal: conversando com outros, pelo método de tentativa e erro ou simplesmente trabalhando com pessoas que sabem fazer. A aprendizagem formal é a fonte de apenas 10 a 20% do que os funcionários aprendem no trabalho" (Cross, 2011).

Uma das razões pelas quais comecei meu *podcast, The Future of Work with Jacob Morgan* [O Futuro do Trabalho, com Jacob Morgan], é aprender. Tenho a oportunidade de entrevistar os principais líderes de negócios do mundo, bem como, com regularidade, escritores e futurologistas, a quem faço perguntas sobre coisas que me deixam verdadeiramente curioso. Até agora entrevistei mais de trezentos líderes em meu programa e acho que tão cedo não vou parar de fazer isso. Os líderes precisam se colocar em posições de aprendizado, o que significa não permanecerem encerrados em um cubículo ou em uma bela sala de esquina.

O segundo componente de ser um aprendiz realmente perpétuo é aplicar o que aprendemos. Afinal, é ótimo aprender algo, mas no ambiente de negócios o que se aprende não é assim tão útil a não ser que possamos de fato aplicá-lo. Isso pode assumir muitas formas. Talvez tenhamos assistido a um vídeo ou feito alguns cursos no tempo livre sobre automação do fluxo de trabalho, mas seremos capazes de aplicar isso em um ambiente onde temos de continuar dependendo de informações que copiamos e colamos em diferentes formulários ou documentos? Se andamos pesquisando sobre empatia ou autoconsciência, estaremos realmente aplicando esses conceitos ao lidar com clientes ou durante momentos de tensão com funcionários?

O componente final de ser um aprendiz realmente perpétuo é estar ciente do *feedback* que você recebe e, em seguida, reaplicar o que aprendeu do *feedback*. Estão aqueles ao seu redor percebendo algumas mudanças baseados em como você está aplicando as coisas novas que aprendeu? E você está obtendo algum *feedback* sobre isso? Está percebendo mudanças ao seu redor? Talvez os funcionários estejam confiando mais em você como líder e estejam mais engajados no trabalho depois que você passou a praticar empatia e autoconsciência. Talvez um colega de trabalho o tenha elogiado por sua capacidade de resolver uma situação difícil vivenciada com um cliente. Preste atenção nessas coisas e faça os ajustes que se fizerem necessários.

Organizações ao redor do mundo estão transformando o aprendizado realmente perpétuo em uma parte mais explícita de sua cultura e de seu modo de fazer coisas. A AT&T tem mais de 270 mil empregados ao redor do mundo e há pouco tempo fez uma descoberta surpreendente sobre sua força de trabalho. Metade das pessoas que trabalhavam lá não tinham as habilidades necessárias numa variedade de áreas requeridas pela companhia e 100 mil de seus funcionários estavam em funções que exigiam que trabalhassem com um *hardware* que provavelmente não existiria nos próximos dez anos. Isso levou a empresa a lançar uma iniciativa maciça conhecida como Future Ready [Preparado para o Futuro], com um custo etiquetado em US$ 1 bilhão. No cerne desse esforço, está a parceria com instituições como Coursera e Udacity para dar aos funcionários fácil acesso *on-line* a uma variedade de cursos e programas que podem ser usados como requalificação. Eles são mencionados com frequência como MicroDegrees porque são altamente especializados, focados, e não impõem o compromisso financeiro e de tempo de um curso universitário de quatro anos. Na verdade, muitos desses programas podem ser concluídos em alguns dias ou semanas. A parte mais fascinante do Future Ready é uma plataforma que eles criaram chamada Career Intelligence [Inteligência de Carreira].

Se já investiu no mercado de ações, a plataforma que você usa permite ver projeções, tendências, desempenho e outros dados relevantes de que podemos precisar para tomar decisões financeiras adequadas. Isso é o que a AT&T projetou para ser a Inteligência de Carreira, mas visando habilidades e empregos. É um portal *on-line* em que os funcionários têm informações sobre os cargos disponíveis dentro da companhia, as habilidades que determinado cargo requer, a faixa salarial e se a área está projetada para aumentar ou encolher nos próximos anos. Imagine se todos os funcionários tivessem acesso a esse tipo de mapa de habilidades e cargos que alinham os funcionários com a futura direção da empresa.

Até o momento, os funcionários completaram mais de 3 milhões de cursos de requalificação *on-line* e ganharam mais de 200 mil certificações.

O CEO da AT&T também se colocou diante de seus funcionários e basicamente lhes disse que se não estavam dispostos a serem perpétuos aprendizes, deviam deixar a companhia. Isso significa que, embora a empresa vá fornecer as ferramentas, recursos e suporte necessários para os funcionários serem perpétuos aprendizes, às vezes eles poderiam ter de gastar o próprio tempo e recursos para aprender alguma coisa. É assim o novo mundo em que vivemos, onde nós, como indivíduos, temos de aceitar mais responsabilidades e obrigações para aprender o que nos fará ser bem-sucedidos no trabalho e na vida.

Na empresa WD-40, que produz lubrificantes e produtos de limpeza, todos os funcionários são obrigados a firmar o "Compromisso Fanático":

> Sou responsável por agir, fazer perguntas, obter respostas e tomar decisões. Não vou esperar que alguém me diga o que deve ser feito. Se precisar saber de alguma coisa, é minha a responsabilidade de perguntar. Não tenho o direito de ficar ofendido por não "ter entendido isso antes". Se estou fazendo algo que outras pessoas deveriam saber, sou responsável por lhes contar.

Isso coloca a responsabilidade do aprendizado nas mãos de todos que trabalham lá. Ouviremos isso diretamente, um pouco mais adiante, do CEO Garry Ridge.

Segundo um estudo feito pela Udemy, 42% da geração Y nos Estados Unidos diz que aprendizado e desenvolvimento são os benefícios mais importantes quando decidimos onde trabalhar, perdendo apenas para o seguro-saúde (Udemy, 2018). Outro estudo feito pela empresa Robert Half de RH e recrutamento de pessoal revelou que, no Reino Unido, menos de metade das organizações executam programas de treinamento e desenvolvimento para ajudar a qualificar funcionários e dar apoio ao desenvolvimento de carreiras (Robert Half, 2018).

Como líder do futuro, você deve aceitar o fato de que, quando se trata de aprender coisas novas, o trabalho nunca chega ao fim. Edwin Paxton Hood, autor do século XIX, já sabia disso há muitos anos:

> Toda a nossa vida é uma Educação – estamos "sempre aprendendo", a cada momento do tempo, em todos os lugares, em todas as circunstâncias algo está sendo acrescentado ao estoque de nossas realizações anteriores. A mente está sempre em ação depois que suas operações começam. Todos os homens são aprendizes, seja qual for sua ocupação, estejam no palácio, na choupana, no parque ou no campo. São estas as leis carimbadas sobre a humanidade.

Família de aprendizes realmente perpétuos

Quando penso em ser um aprendiz realmente perpétuo, penso na minha família.

O Líder do Futuro

Venho de uma família de imigrantes. Meus pais (e as respectivas famílias de origem), que não se conheciam apesar de morarem perto um do outro, fugiram da República da Geórgia no final dos anos 1970. Deixaram para trás o regime comunista e a perseguição por serem judeus. Na época, minha mãe morava em um pequeno apartamento de dois quartos com cinco membros da família. Meu avô materno, Alex, era professor de música, fazia parte da Orquestra Georgiana de Câmara, e ocupava uma posição de destaque no violoncelo no Teatro Georgiano de Ópera. Como era impossível sobreviver com o salário de um único emprego, ele tinha três. Minha avó materna, Genya, dava aulas de russo e de História.

Meu pai também morava em um pequeno apartamento com os pais dele, um irmão e uma irmã. Minha avó paterna tirava sempre notas máximas na escola e foi uma mulher brilhante, que desistiu de uma carreira promissora para criar os filhos. Não cheguei a conhecê-la. Meu avô paterno era vendedor em uma loja de roupas. Só o encontrei uma vez, quando ele veio em visita a Los Angeles para se certificar de que o filho (meu pai) fora capaz de construir uma boa vida para ele próprio e a família: meu avô faleceu logo depois da visita que nos fez.

Há alguns anos, visitei a República da Geórgia, onde pedi minha esposa em casamento. Fiquei chocado e triste ao ver onde e como eles tinham vivido. Lembro-me que a escada que levava ao apartamento era precária, que o chão era de pequenas lajotas, o que sem dúvida eram condições de vida do Terceiro Mundo – muito distante da vida da nova classe média que eles trabalharam de modo incansável para alcançar em Los Angeles, onde, além de uma piscina, há muitas outras coisas que parecem um sonho bem distante das ruas esburacadas de Tiblissi, onde passaram grande parte de suas vidas.

Quando fugiram da Geórgia, minha mãe e sua família só foram autorizados a levar 200 dólares por pessoa, e tiveram de abandonar os passaportes e quaisquer outros documentos, como certidões de nascimento, identidades e diplomas. Conseguiram, no entanto, esconder uma pequena relíquia de família, um diamante, no cabo de uma faca. Meu pai fugiu da Geórgia sozinho, deixando o restante da família para trás, dando-se conta de que talvez jamais tornasse a vê-los. De fato, jamais tornou a ver a mãe ou o irmão, e só voltou a ver o pai uma vez, quando ele fez aquela visita a Los Angeles. A irmã acabou se mudando para Los Angeles.

122

Da Geórgia, tanto meu pai quanto minha mãe e a família dela foram para Viena, onde passaram algumas semanas antes de se dirigirem à Itália, permanecendo lá por dez meses. Foi na Itália que meus pais de fato se conheceram. Para ganhar dinheiro, vendiam equipamentos fotográficos, roupa de cama e bonecas russas em uma feira local. Depois da Itália, meu pai foi para Nova Jersey e minha mãe foi com o lado materno de nossa família para a Austrália. Minha mãe se matriculou em uma universidade enquanto meus avós tentavam desesperadamente encontrar trabalho. Alex e Genya, meus avós, tiveram vários empregos. Ambos trabalharam como faxineiros em uma fábrica de chocolate, e Alex também trabalhou como motorista de táxi e músico (ele tocou violoncelo durante a maior parte da vida). Minha avó trabalhou mais tarde como garçonete e vendedora em uma *delicatessen*. Por fim, tornou-se professora de Russo e História para políticos e líderes militares da Austrália.

Nesse meio-tempo, meu pai tinha pegado o vírus do "sonho americano" e se mudado para os Estados Unidos. Fora na frente para se instalar enquanto minha mãe, na Austrália, esperou por mais de dois anos uma carta com notícias dele (eu ainda não existia). Embora o sonho de meu pai fosse morar em Los Angeles, ele acabou ficando em Nova Jersey, onde começou a procurar trabalho como engenheiro formado. O grande problema era que não falava a língua, nem sabia nada sobre a cultura ou a sociedade norte-americanas.

Em Nova Jersey, meu pai morou num bairro de pessoas de baixa renda, mas escolhera, de forma intencional, uma área onde não havia falantes de russo. Queria sair de sua zona de conforto e ser forçado a aprender o novo idioma para sobreviver. Assistiu durante meses os programas de Johnny Carson e Merv Griffin com um dicionário inglês-russo para poder entender e praticar as palavras. Sendo engenheiro, tentaria ler alguns livros técnicos, novamente com a ajuda do dicionário. Passava mais de oito horas por dia praticando e se olhando no espelho para trabalhar os movimentos que fazia com a boca para pronunciar os fonemas. Afinal, não é suficiente apenas conhecer as palavras; também precisamos dizê-las da forma correta e sem um forte sotaque russo. Ele também reservava algum tempo para aprender sobre as celebridades da TV, pois queria entender melhor a cultura e a sociedade norte-americanas. Também não abriu mão de dedicar todos os dias algum tempo para trabalhar em sua caligrafia, já que os computadores ainda não tinham se difundido. Trabalhou arduamente para se integrar na vida e na cultura americana, assim como fazia minha mãe, que estudava filosofia na Universidade de Melbourne e aprendia inglês memorizando e cantando canções populares norte-americanas. Sua irmã caçula – minha tia Irena – também teve de começar a frequentar a escola sem falar uma palavra de inglês. Sofreu *bullying* até que, enfim, pôde começar a se comunicar com as crianças que falavam inglês.

Tudo isso aconteceu antes da internet e de todas as maravilhosas ferramentas e recursos que temos agora à nossa disposição. Meu pai é um aprendiz realmente perpétuo da velha guarda. Ele me contou uma história de como poupou dinheiro para um voo até Los Angeles para uma entrevista; ao chegar à empresa, a secretária lhe disse que o gerente que devia entrevistá-lo estava de férias no lago Tahoe. Meu pai teve várias experiências que o deixaram meio desorientado. Por fim, conseguiu uma entrevista em outra organização e, com seu inglês capenga, respondeu o melhor que pôde às perguntas que lhe fizeram. Após a entrevista, o cara sentado na sua frente disse: "Obrigado pelo seu tempo, vou lhe dar um retorno". A essa altura meu pai, que já estava cansado de ser empurrado de um lado para o outro, de gente o mandando esperar, disse alguma coisa mais ou menos como: "Não. Diga-me agora. Você me entrevistou e conversou comigo, sabe se vai me contratar ou não". O entrevistador fez uma pausa de um minuto, depois estendeu a mão: "Parabéns, o trabalho é seu", disse ele. O fato é que o cara era o presidente e dono da empresa e gostou da sinceridade, da determinação e da vontade que meu pai manifestara em fazer parte da companhia. Nessa época, seu sobrenome era Mamisashvili, mas ninguém conseguia pronunciá-lo quando queriam incluí-lo no sistema PA. Então meu pai decidiu que queria um nome que soasse mais americano e que começasse com a letra M. E assim nosso nome de família foi alterado para Morgan.

Mesmo hoje, minha mãe e meu pai se esforçam sempre para aprender. Seus valores pessoais incluem levar uma vida de aprimoramento, crescimento e aprendizado constantes. Ambos me inspiram quando penso em ser um aprendiz realmente perpétuo. Meu pai ainda conserva aquele dicionário no trabalho para lembrá-lo de continuar aprendendo coisas novas e crescendo. Vez por outra, ele o utiliza para procurar uma nova palavra inglesa. Minha mãe está sempre lendo novos livros, indo a seminários e viajando por todo o mundo, ávida em busca de novas experiências e conhecimento. Ela voltou à faculdade alguns anos atrás para se tornar uma terapeuta especializada em casamento e família após passar a maior parte da vida como programadora de computador. Andava angustiada e concluiu que estava na hora de uma mudança. Eles nunca deixaram de estar famintos por mais, e eu também sou assim.

Mindset de crescimento

Quando foi a última vez que você falhou em alguma coisa? Pode ter sido num teste, num projeto, numa competição de algum tipo ou talvez apenas em algo pessoal. Depois que falhou, você achou que poderia melhorar ou ficou desanimado e decidiu que não conseguiria progredir?

Carol S. Dweck, professora da Universidade de Stanford, vem estudando há décadas o poder do *mindset*. Em seu *best-seller Mindset: The New Psychology of Success*, ela compartilhou suas descobertas; vale a pena ler. Ao estudar como os alunos abordam o fracasso, Dweck percebeu que alguns são capazes de se recuperar e se destacar enquanto outros não. O que separava esses dois grupos era o *mindset* deles. Segundo Carol, nós possuímos dois tipos de *mindset*: fixo e de crescimento (Dweck, 2016). Aqueles com um *mindset* fixo acreditam que coisas como criatividade, inteligência ou personalidade são do modo como são e que não há nada que possa ser feito a esse respeito. Esses indivíduos também procuram evitar desafios, desistem facilmente quando enfrentam obstáculos, encaram muitas vezes o esforço como um exercício infrutífero, não acreditam em *feedback* negativo que possa ser construtivo e se sentem ameaçados pelo sucesso dos outros (Mindset Works, s.d.).

Por outro lado, os que têm um *mindset* de crescimento acreditam que coisas como criatividade, inteligência e personalidade podem ser desenvolvidas e que há sempre espaço para crescimento e melhoria. Esses indivíduos enfrentam desafios, superam os obstáculos com que se defrontam, acreditam no esforço como um caminho para a mestria, veem o *feedback* negativo construtivo como algo que pode nos ensinar muita coisa, são inspirados pelo sucesso dos outros e tentam aprender com eles. Satya Nadella, da Microsoft, realmente construiu a cultura da empresa em torno desse *mindset*.

Aqueles com um *mindset* fixo estão continuamente em busca de aprovação, mas os que têm um *mindset* de crescimento estão sempre procurando aprender e crescer. Lendo as descrições acima, que tipo de *mindset* você acha que possui: de crescimento ou fixo? Bem, acontece que você tem os dois – todos nós temos. O tipo de *mindset* pode mudar dependendo do ambiente ou da situação com que somos confrontados. Carol usa o exemplo de alguém que pode muitas vezes ter um *mindset* de crescimento, mas, ao conhecer alguém que é mais bem-sucedido ou melhor em alguma coisa, o *mindset* muda para fixo. O importante é identificar o que engatilha seu *mindset* para a mudança e o que realmente acontece com você. Talvez você fique ansioso ou nervoso, sua linguagem corporal pode mudar ou talvez se altere seu tom de voz; no meu caso eu me vejo ficando com raiva ou frustrado. Depois de identificar seus gatilhos e suas respostas, você pode descobrir como impedir que seu *mindset* passe de crescimento para fixo e também como alterar seu *mindset* de fixo para de crescimento.

Graybar é uma das quinhentas empresas da *Fortune*, que se especializou no fornecimento de serviços terceirizados para cadeias de gestão. Tem quase 10 mil funcionários e é liderada pela CEO Kathy Mazzarelli, que faz parte da empresa há mais tempo do que estou vivo. É uma das meras duas dúzias de mulheres CEOs que são indicadas na *Fortune 500*. Kathy começou como representante de vendas e serviços ao cliente e, além de vendas, trabalhou em marketing, atendimento ao cliente, recursos humanos, contabilidade corporativa, planejamento estratégico, operações e gerência de produto, entre outras áreas. Conhece o negócio por dentro e por fora, e uma das razões que a colocou como CEO é ser uma aprendiz realmente perpétua. Nas próprias palavras dela: "Os líderes devem possuir uma postura de crescimento, na qual estão sempre aprendendo, inovando e explorando novas ideias. Devem aprender a fazer diferentes perguntas e analisar problemas de maneira crítica, em vez de confiar em experiências anteriores e velhos pressupostos na hora de tomar decisões".

Os exploradores são mestres nisso. Shackleton viu seus obstáculos não como impedimentos, mas como coisas que tinha de superar, desafios que tinha de vencer. Se tivesse apenas um *mindset* fixo, sem dúvida ele e o restante da população teriam morrido durante a expedição. Devemos crer que temos sempre o potencial para crescer, aprender e melhorar. Se acreditamos nisso e revelamos isso, os que estão à nossa volta farão o mesmo.

Adaptabilidade e agilidade

Na parte de trás de todo xampu podemos encontrar instruções muito claras: lave, enxágue e repita. Foi essa a abordagem que os líderes sempre foram encorajados a usar. O que aprenderam nas escolas e em seus programas de MBA seria aplicado em uma empresa e depois reciclado por todas as outras equipes ou todas as outras companhias em que ingressassem. Era um modelo de liderança. No entanto, como os CEOs do mundo inteiro identificaram, o ritmo da mudança é uma das mais fortes tendências que moldam o futuro da liderança e do trabalho. Isso significa que os líderes não podem mais seguir a antiga abordagem. O que funcionou no passado não funcionará no futuro.

Encontrei-me com Gary Goldberg, CEO da Newmont Mining, que lidera uma equipe de mais de 13 mil funcionários. Ele é um dos muitos CEOs que enfatizou a importância da adaptabilidade: "Os líderes do futuro devem ser adaptáveis para compreender as tendências que afetam cada vez mais o modo como as pessoas resolvem investir seu tempo. Isso inclui tudo, da robótica à mudança climática".

Ernest Shackleton teve de ser rápido e ágil para salvar a vida de toda a sua tripulação. Seu objetivo teve de abandonar a ideia de explorar a Antártica e se concentrar em salvar a vida de seus homens. A maioria dos líderes tem muita dificuldade em mudar de curso em um curto horizonte de tempo. No caso de Shackleton, novos obstáculos eram lançados diariamente em seu caminho, fosse perder o navio e ter de viver em um bloco de gelo, encontrar meios de manter o moral dos homens ou descobrir como aumentar a tração dos sapatos para poder caminhar na neve e alcançar a estação baleeira. Líderes podem planejar, ler e analisar o quanto quiserem, mas se não se afastam de sua zona de conforto e não conseguem se adaptar às mudanças que ocorrem ao seu redor, sem dúvida não serão capazes liderar com sucesso.

John Pettigrew é CEO da National Grid, empresa multinacional britânica de eletricidade e gás com quase 23 mil funcionários em nível global. Ele resumiu bem esse conceito em nossa entrevista: "Mudança e ruptura estão se tornando um lugar-comum. Portanto, os líderes vão precisar lidar com a rapidez ao fazer as coisas e também com alterações regulares, o que significa que terão de ser ágeis".

Há, portanto, uma diferença entre só ser ágil para lidar com a mudança e ser de fato capaz de se adaptar e prosperar diante dela. Enfrentar significa apenas que estamos mantendo nossa cabeça fora d'água, mas temos de fazer mais que isso. Para sermos adaptáveis e ágeis, devemos ter humildade e admitir nossa vulnerabilidade, reconhecer que não somos a pessoa mais inteligente da sala, que precisaremos pedir ajuda, e reconhecer que às vezes não sabemos fazer algo e que precisaremos ser capazes de nos cercar de pessoas que sejam mais inteligentes que nós.

Sylvia Metayer é CEO da Worldwide Corporate Services Sodexo, empresa de gestão de facilidades e prestação de serviços de alimentação. No total, a empresa tem 460 mil funcionários em todo o mundo, e Sylvia é responsável por mais de 174 mil deles. Quando falamos, ela traçou uma ótima analogia entre yoga (algo que pratica bastante) e ter agilidade. Qualquer pessoa que já tenha experimentado a prática do yoga sabe que não podemos fazer todas as posturas no primeiro dia. Leva tempo, e temos de praticar antes de conseguirmos pôr o corpo nas diferentes posições que o yoga requer. O mesmo conceito se aplica aos líderes; você precisa estar disposto a trabalhar para conseguir sair de sua zona de conforto, adaptando habilidades e *mindsets* ao novo mundo do trabalho. Leva tempo e exige prática, mas você chega lá.

Como os líderes podem desenvolver a mentalidade de explorador

Sir Ernest Henry Shackleton disse certa vez: "O único fracasso verdadeiro seria abandonar qualquer exploração".

Ao longo da história, os exploradores arriscaram a vida e viajaram para os cantos mais remotos da Terra por uma variedade de razões. Entre elas, tudo se incluía, desde a difusão da religião até a busca de novas mercadorias, passando por reivindicações de novas terras, fama e riqueza. Mas a verdade é que a exploração faz parte da natureza humana, de nossa busca e nossa obsessão constante por fazer perguntas e receber respostas; temos feito isso desde que passamos a existir e continuaremos a fazê-lo. Organizações que tentam sufocar esse impulso estão literalmente indo contra um dos atributos humanos mais vitais.

Já temos em algum lugar dentro de nós essa mentalidade de explorador, mas alguns fazem um trabalho melhor ao deixá-la livre enquanto outros tentam mantê-la escondida e subjugada. E o fato é que não apenas é sua responsabilidade ser um explorador, como você também deve ajudar a criar uma empresa de exploradores. Mark Smucker, da J.

M. Smucker Company, faz isso compartilhando toda semana pelo menos um artigo com sua empresa sobre o que está acontecendo fora daquelas quatro paredes e que pode afetá-los. Segundo Mark, isto ajuda a manter a organização sintonizada com quaisquer forças externas que pudessem afetar o negócio. É uma ação simples, mas que Mark diz ser crucial.

Como líderes, uma das coisas mais impactantes que podemos fazer é questionar e desafiar o *status quo*. É provável que sua organização tenha certas políticas, procedimentos e meios de fazer coisas para clientes ou funcionários que já existem há décadas, tendo surgido muito antes de você ingressar na organização. Mas se, como identificaram os líderes das maiores empresas comerciais do mundo, o ritmo da mudança é uma das maiores tendências que moldam a liderança e o trabalho, está na hora de revermos como nosso trabalho é feito e como o lideramos.

Se você fizer perguntas e desafiar a convenção, os membros de sua equipe vão fazer o mesmo.

As palavras a seguir são de Peter Simpson, CEO da Anglian Water, empresa de serviços do Reino Unido com quase 5 mil funcionários:

> Como líderes, devemos nos sentir confortáveis com a criação de culturas inovadoras. Isso significa estarmos receptivos a elas, além de encorajarmos pessoas em cada nível e em cada setor do negócio a nos questionar e nos desafiar como líderes ao trazerem novas ideias e modos de pensar. Questionar e desafiar um líder e o *status quo* costumavam ser encarados como um problema; hoje isso é motivo de celebração.

A curiosidade, em especial, também requer tempo e espaço. Se estamos sempre nos sentindo sufocados com tarefas, projetos e reuniões, não seremos capazes de fazer as perguntas que ajudarão a impulsionar a mudança. Estamos obcecados em dizer continuamente às pessoas como estamos ocupados e nos orgulhamos de receber um número tão grande de *e-mails* por dia que nunca poderemos chegar ao que é agora conhecido como "caixa de entrada vazia". As pessoas que se mostram tão ocupadas são vistas como importantes, mas em vez disso devíamos encará-las como gente carente de competência para gerenciar seu tempo e tão maníaca por controle que não pode deixar que outros tomem as decisões. E se, em vez da obsessão por como andamos ocupados, ficarmos obcecados pela ideia de que poderíamos nos dar mais tempo para sermos curiosos?

Todos os dias, dê a si mesmo algum tempo para ficar sem tecnologia e sem reuniões, um tempo apenas para pensar e fazer perguntas. Não há cota de tempo definida para isto, mas se você puder reservar uma hora por dia já está ótimo; se não, pense em trinta minutos. Como líder, você também quer garantir que sua equipe tenha essa mesma oportunidade. Inerente a isso, está a importância de ser capaz de dizer não. Steve Jobs disse a famosa frase: "As pessoas pensam que foco significa dizer sim à coisa na qual temos de nos concentrar. Mas não é esse o significado, de jeito nenhum. Foco significa dizer não às centenas de outras boas ideias que existem. Você tem de escolher com cuidado. Na verdade, estou tão orgulhoso do que não fizemos quanto das coisas que fiz. A inovação está dizendo não a mil e uma coisas". É fácil dizer sim a tudo, mas a maior parte das pessoas fazem isso à custa de dizer não a si mesmas; essa é uma maneira terrível de viver e de liderar.

Durante muitos anos, eu dizia sim a tudo e a todos. Posso pedir um conselho? Claro! Tem umas perguntas que queria fazer? Perfeitamente, pode mandar! Quer apenas bater um papo para dizer olá? Com certeza, iria adorar. Quer que eu vá ao seu evento para conhecer alguém e ganhar "visibilidade"? Parece ótimo!

Depois de dizer sim o tempo todo, percebia que no final do dia não só me sentia exausto, mas não tinha de fato realizado nada. Assim que parei de dizer sim a tudo e a todos, e comecei a dizer sim para mim mesmo, meu negócio progrediu.

Como Todd Kashdan descobriu com sua pesquisa, a curiosidade também pode ser estressante e, quando isso acontece, os líderes podem interpretar a curiosidade como algo negativo. Com o ritmo veloz da mudança, estamos todos participando de experiências e é útil sermos capazes de perceber quando estamos estressados e ter mecanismos para enfrentar esse estresse. Pode ser algo como meditação, exercício físico, xadrez ou ouvir música, mas se certifique de ter ferramentas à sua disposição para ajudá-lo. É por isso que muitas organizações investem em diversos programas de saúde e bem-estar.

Mude seu foco para um horizonte de tempo mais longo. Shackleton e sua tripulação passaram mais de um ano sem pisar em terra firme, mas os líderes empresariais de hoje são obcecados por lucros trimestrais. Não podemos ser exploradores se estivermos sempre amarrados ao cais. Um foco concentrado apenas no curto prazo está em forte contraste com a mente exploradora, que abrange tudo acerca de experimentação, teste de novas ideias, crescimento e adaptabilidade. Muitas vezes isso não produzirá nenhum resultado no curto prazo e pode inclusive produzir resultados negativos. Os líderes têm de ser capazes de resistir às enormes pressões trimestrais com que se defrontam para se concentrar no horizonte de longo prazo.

Os exploradores também são aprendizes perpétuos radicais, mas, para segui-los, você deve dizer a si mesmo que esse é o tipo de líder que você é ou deseja ser; é uma decisão consciente. Depois de ter feito isso, você pode começar a se livrar da suposição de que o que aprendeu na escola ou na organização onde trabalha será tudo de que vai precisar para o sucesso pessoal e profissional. Não há mais "lave, enxágue, repita". Pensar assim é um suicídio para líderes. Em vez disso, procure aceitar que você é o maior responsável por seu aprendizado e desenvolvimento neste mundo em rápida mudança, acontecendo o mesmo com os funcionários com quem trabalha (embora, sem dúvida, você possa apoiá-los, dando-lhes acesso a ferramentas e recursos). O xadrez é um jogo de estratégias quase ilimitadas; o número de movimentos possíveis em uma partida supera o número de átomos do universo. A liderança também é um jogo ilimitado, o que significa que, embora você nunca venha a ser uma pessoa perfeita, pode sempre melhorar e isso só pode acontecer se você for um aprendiz realmente perpétuo.

A boa notícia é que podemos alavancar as muitas ferramentas e recursos à disposição para aprender coisas novas e relevantes. Sua organização pode providenciar alguns recursos aqui e, se ela o fizer, aproveite ao máximo. Caso contrário, acesse as palestras TED, YouTube, Udemy, Coursera ou os inúmeros programas gratuitos oferecidos por entidades como MIT, Stanford, Harvard e muitas outras (confira em www.edx.org).

Existem diferentes maneiras de aprender e uma das mais eficientes é por meio de relacionamentos. Converse com clientes, parceiros, fornecedores, funcionários e, quando possível, com os concorrentes. Você não pode aprender em isolamento e também não pode aprender quando está cercado apenas de pessoas que pensam, agem e se parecem com você.

Aplique as várias coisas que aprender, mesmo que o resultado final não for um sucesso. Podemos aprender com o erro e seguir em frente. Lembre-se do conceito de *mindset* de crescimento *versus mindset* fixo, e tome consciência dos gatilhos que o fazem se deslocar de um *mindset* a outro.

Como me disse Patrick Doyle, ex-CEO da Domino's Pizza: "Os líderes do futuro de sucesso serão aqueles que estejam dispostos a assumir riscos e a serem ousados. Esses líderes devem estar dispostos a cometer erros, mas terem depois a capacidade de se adaptar e seguir em frente. Não são os erros nem as falhas que importam; é como reagimos a eles".

No decorrer de sua carreira, é provável que você tenha de se reinventar algumas vezes e talvez até mude de profissão. Mas, apesar do que faça ou de para onde vá, posso lhe garantir que a mentalidade de explorador lhe servirá bem. Pense em si mesmo como o Ernest Shackleton da liderança e dê início à sua jornada.

13
O *Chef*

O *Chef*

Uma pessoa é a grande responsável por trazer a culinária francesa para o público norte-americano: Julia Child. Ela não apenas trouxe a cozinha *gourmet* para a América, mas removeu a mística e a percepção da culinária francesa como inacessíveis, estranhas e até exóticas demais. Quis que todos apreciassem essa excelente comida e os *chefs* de cozinha que tinham vindo da França. Julia nasceu em 1912, em Pasadena, Califórnia, não muito longe de Granada Hills, onde fui criado. Ela frequentou o Smith College, onde em 1934 se formou em História. Enquanto estava no Smith, teve sua primeira experiência com a culinária como presidente da comissão de comes e bebes para o baile de formatura e o baile do outono.

Julia passou uma curta temporada escrevendo textos publicitários para uma loja de móveis na cidade de Nova York, mas logo começou a Segunda Guerra Mundial, e ela queria fazer algo útil. Tentou ingressar no Women's Army Corps [Brigada Militar Feminina], mas, com 1,87 metro, foi considerada alta demais e acabou entrando no Office of Strategic Services [Divisão de Serviços Estratégicos]. Isso a levou a lugares como o Sri Lanka ou Kunming, na China. Sua primeira incursão na culinária veio quando lhe pediram que encontrasse uma maneira de impedir que os tubarões disparassem explosivos submarinos, que estavam sendo usados para destruir submarinos alemães. Ela testou diferentes ideias e, por fim, apresentou um repelente que, quando borrifado na água, espantaria os tubarões. Quando esteve na China, Julia conheceu Paul; eles se casaram e acabaram se mudando para Paris, onde Paul já havia morado.

Julia se apaixonou pela cozinha de Paris. Frequentou a famosa escola de culinária Le Cordon Bleu e trabalhou com muitos *chefs* de cozinha parisienses. Ganhou realmente fama se tornou coautora de um livro de 726 páginas, *Mastering the Art of French Cooking*, escrito em conjunto com Simone Beck e Louisette Bertholle. O livro foi sucesso de vendas e a levou a escrever vários artigos para revistas populares e, enfim, a ter o próprio programa de TV, *The French Chef* [O *Chef* Francês], que ficou no ar por mais de uma década e ajudou a pavimentar o caminho para os diversos programas e concursos de culinária a que hoje assistimos. Julia também criou, em 1981, o American Institute of Wine and Food e, em 1995, a Julia Child Foundation for Gastronomy and Culinary Arts. Julia não foi apenas amante da boa comida, mas também inspiração para muitos pelo mundo afora que queriam aprender mais sobre gastronomia e a se tornarem melhores cozinheiros. Julia faleceu em 2004, apenas dois dias antes de completar 92 anos. Sua última refeição foi uma sopa francesa de cebola.

Quando penso em Julia, penso em uma mestra do equilíbrio. Ela não só precisava equilibrar ingredientes para fazer pratos deliciosos, mas também tinha de equilibrar sabor com nutrição e culinária francesa com as expectativas e a cultura norte-americanas. Sua aptidão para o equilíbrio ajudou a torná-la bem-sucedida. Qualquer grande *chef* nos dirá que uma das coisas que deixa um prato com um sabor incrível é o equilíbrio dos ingredientes. O excesso de um ingrediente vai prejudicar por completo o sabor, e uma quantidade muito pequena poderá deixar o prato insosso. Criar o prato perfeito e equilibrar sabores e ingredientes é, ao mesmo tempo, uma arte e uma ciência. Os líderes do futuro devem ter a mente de um *chef.*

Precisamos de mais humanIT

No decorrer de minhas entrevistas, comecei a notar que os CEOs se referiam a todo momento ao equilíbrio que deve existir entre o lado humano e o lado tecnológico do trabalho. Em outras palavras, os líderes devem ser *chefs* de cozinha que equilibram dois ingredientes bastante cruciais em qualquer negócio. Chamo isso de *humanIT*. (Ver Figura 13.1.)

O Chef

HumanIT

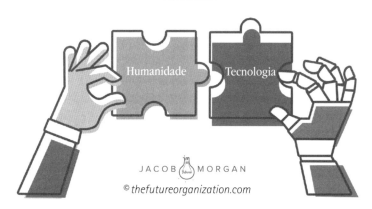

Figura 13.1 HumanIT.

Nancy Brown é CEO da American Heart Association, que é a maior e mais antiga organização voluntária de saúde do país, com mais de 3 mil funcionários. Sua missão é "ser uma força incansável em prol de um mundo com vidas mais longas e mais saudáveis". Nancy me disse:

> Coloca-se muito foco na tecnologia e em como ela vai alterar o fluxo de trabalho, o produto do trabalho e o modo como nos comunicamos com clientes e funcionários. É vital, contudo, não perder de vista que o mundo ainda gira em torno do relacionamento entre pessoas. Acho que os líderes atuais e do futuro precisam ser capazes de trabalhar tanto com pessoas quanto com tecnologia, o que exigirá mais colaboração e trabalho em equipe.

A humanidade ou lado humano do trabalho baseia-se primariamente em coisas como propósito e zelo pelos funcionários que trabalham conosco ou para nós. Pode incluir a construção de relacionamentos, a criação de laços de amizade no trabalho, a experiência do funcionário e segurança psicológica. É do lado humano do trabalho que surgem coisas como ideias, relacionamentos, clientes fiéis, líderes e impacto social. O lado humano do trabalho é, em última análise, a razão pela qual trabalhamos para as organizações das quais fazemos parte.

O lado IT, inanimado do trabalho, diz muito mais respeito à tecnologia em termos de ferramentas, *software*, *hardware*, aplicativos, dispositivos, inteligência artificial (IA) e automação que podemos usar para de fato realizar nossas tarefas. Esse lado IT do trabalho é aquele em que coisas como eficiência, produtividade, velocidade e, muitas vezes, custo e tomada de decisões se fazem presentes.

Kiran Mazumdar-Shaw é presidente, diretora administrativa e fundadora da Biocon, empresa de biotecnologia com cerca de 10 mil funcionários. Gosto bastante de como ela fala sobre isso:

> O líder do futuro terá que ser astuto o suficiente para equilibrar automação e humanidade. Ele tem de decidir que tipos de tarefa automatizar para que as pessoas possam passar mais tempo em atividades de alto valor agregado. E também precisa decidir que negócios continuarão a se beneficiar do discernimento humano.

Basear-se exclusivamente na tecnologia, eliminando quaisquer componentes humanos, criará uma organização onde as pessoas não vão querer trabalhar e onde, provavelmente, os clientes não vão querer fazer transações. Por outro lado, depender de forma exclusiva de humanos sem uma boa dose de tecnologia moderna criará uma organização de movimentos lentos, que toma decisões ruins e não é eficiente nem produtiva como poderia ser. Nenhum desses dois cenários é o ideal. Fica a cargo dos líderes descobrir qual é o equilíbrio entre ambos, o que é tanto uma arte quanto uma ciência. Os líderes devem lembrar que a tecnologia não passa de uma ferramenta e o que importa é saber como essa ferramenta é aplicada. É importante encarar a tecnologia como parceira dos seres humanos, não como algo que venha a substituí-los. Isso não é mais que uma opção. Se você, como líder, encara a tecnologia como algo destinado a substituir as pessoas e eliminá-las de sua organização, será exatamente esse o tipo de organização que vai criar. Se encarar, no entanto, a tecnologia como parceira humana, é basicamente essa parceria que veremos acontecer. A tecnologia não nos controla – nós a controlamos.

Como líderes, devemos adotar a tecnologia equilibrando o ser guiado por um propósito com uma real preocupação com aqueles que estão ao nosso redor e com as pessoas que temos o privilégio de atender. Pense como um *chef*: suas equipes e sua organização são o prato, e você quer que ele tenha uma ótima aparência e um ótimo sabor, o que significa que é preciso encontrar o equilíbrio certo de ingredientes.

Adoção de tecnologia

"Líderes que compreendem como usar a tecnologia e todas as coisas que vêm com ela, como dados e análises, vão ter uma real vantagem no futuro. Isso já é verdade hoje, mas será uma exigência absoluta nos próximos anos. Para ser um futuro líder, você tem de adotar a tecnologia, não fugir dela." Isso é o que Mike Capone me disse; ele é CEO da Qlik, empresa de inteligência de negócios e visualização de dados com mais de 2 mil funcionários ao redor do globo.

Os CEOs que entrevistei para este livro deixaram absolutamente claro que temer a tecnologia ou ser hesitante e cético a seu respeito não vai levá-los a parte alguma. A citação de Mike que mencionei antes é o que dezenas de outros CEOs me disseram. Contudo, os líderes muitas vezes tendem a confiar demais na tecnologia para diminuir os custos, melhorar a produtividade e aumentar a eficiência, mas à custa de tornar as organizações menos humanas. É bem interessante que ninguém ouça falar de líderes que tendem a tornar a organização mais humana à custa da tecnologia. Mas sem dúvida podemos e devemos usar a tecnologia para tornar uma organização ainda mais humana.

É importante enfatizar esse ponto, porque muitas organizações usam a tecnologia apenas pelo prazer de usá-la. Por exemplo, já discou o número 0800 e interagiu com uma "assistente virtual"? Quando cruzo com elas no telefone, começo a tocar nos botões de modo implacável até que o sistema fica confuso e me diz: "Sinto muito, não consigo entender. Vou transferi-lo para um agente de atendimento que poderá ajudá-lo". Por que não me colocaram logo de início em contato com um ser humano? E o que dizer daqueles *chats* virtuais que agora toda empresa parece estar usando? Será que alguém já conseguiu o auxílio de *chat* virtual? Nunca! A tecnologia não devia ser usada para colocar uma barreira adicional entre as pessoas; devia ser usada como meio de remover as barreiras para fazer as pessoas ficarem mais próximas.

Jim Loree é CEO da Stanley Black & Decker, fabricante de ferramentas industriais e eletrodomésticos que existe desde 1843. Hoje eles têm por volta de 60 mil funcionários. Jim acredita plenamente na possibilidade de tornar as organizações mais humanas: "O trabalho do líder será humanizar tudo. No final das contas os humanos precisam do toque humano para ficar inspirados. Não podem ficar inspirados interagindo com robôs e inteligência artificial".

Como líder, você deve compreender as aptidões e os limites tanto dos humanos quanto da tecnologia. O futuro não gira em torno de tecnologia *versus* humanos; gira em torno da tecnologia trabalhando com humanos para resolver um problema. Contudo, isso só funciona se entendermos o que humanos e tecnologia podem e não podem fazer. Já estamos começando a ver a integração de mais tecnologia em muitos aspectos de nossos empregos e nossas vidas, sejam robôs nas instalações da fábrica, assistentes virtuais em nossas casas e escritórios, ou sistemas que podem automatizar aspectos rotineiros do trabalho. Isso só aumentará de forma dramática na próxima década e, como é compreensível, pode provocar medo, tensão e mesmo ressentimento. O equilíbrio entre manter a organização humana e usar a tecnologia para ajudar os humanos tornando a organização mais eficiente e produtiva é o que se espera dos líderes.

A Ace Hardware Corporation é a maior cooperativa de varejo de *hardware* do mundo, com mais de 100 mil associados ao redor do globo e é invariavelmente avaliada como uma das melhores empresas em termos de atendimento ao cliente. O CEO John Venhuizen me disse: "Quando um ser humano interage com outro ser humano, de uma forma emocionalmente conectada, isso mexe com algo neles. Gera lealdade".

A maioria dos negócios do mundo, seja lidando com clientes ou funcionários, ainda operam, no fundamental, sobre a interação humana básica e o envolvimento. A diferença é que agora, com a tecnologia, podemos nos concentrar ainda mais nos aspectos humanos do trabalho, enquanto deixamos a tecnologia tratar dos aspectos mais mundanos de nossas tarefas.

Um artigo intitulado *Collaborative Intelligence: Humans and AI Are Joining Forces* [Inteligência Cooperativa: Humanos e IA estão Unindo Forças] aponta que, em sua pesquisa de 1.500 organizações, as que realizavam as mais significativas melhorias de *performance* eram aquelas em que humanos e tecnologia trabalhavam juntos (Wilson, 2018). Pense em como você pode construir uma equipe hoje. Em termos ideais, juntaríamos pessoas que complementam as energias umas das outras. O mesmo se aplica quando trabalhamos com tecnologia. Por exemplo, humanos vão se destacar em coisas como criatividade, tornando humanas conexões e liderança, mas a tecnologia dominará em áreas como análise de dados, velocidade e tomada de decisões. Como apontam os autores, ambas são necessárias e de existência obrigatória.

O *Chef*

A empresa de bens de consumo Unilever tem mais de 160 mil funcionários ao redor do mundo e implementou há pouco tecnologia na forma de IA para ajudar na contratação. Todos os anos, ela recruta mais de 30 mil pessoas e processa quase 2 milhões de pedidos de emprego. Isso costumava ser feito manualmente e, como podemos imaginar, exigia muito tempo e recursos. Agora, quando um potencial funcionário se inscreve para trabalhar na Unilever, ele é convidado a realizar uma série de jogos em seu telefone ou *desktop*. Esses jogos na verdade coletam muitos dados sobre as pessoas que os jogam, como lógica, perfis de risco, raciocínio racional e assim por diante. Todos esses dados são então analisados para ver se constituem um bom padrão para o trabalho ao qual a pessoa se candidata. Segundo Leena Nair, diretora de recursos humanos da Unilever, isso tem poupado mais de 70 mil horas de trabalho para os empregados. O segundo estágio do processo de entrevista envolve um vídeo de 30 minutos com uma entrevista, mas também aqui a tecnologia é usada não só para processar a linguagem natural e entender o que o potencial candidato está dizendo, mas também para observar a linguagem corporal. Mais uma vez, todos esses dados são usados para determinar quem pode ser uma boa escolha. Em última análise, são os humanos que decidem se um candidato é uma boa opção para o cargo.

Assim que começam a trabalhar na empresa, os funcionários ganham acesso ao Unabot, um *chat* virtual que atua como um colega de trabalho digital. Podemos perguntar ao Unabot sobre vagas de estacionamento, saber dos horários de ida e volta dos ônibus, obter informações sobre benefícios ou mesmo nos informarmos de quando vai ocorrer a próxima revisão salarial. Alguns têm argumentado que isso é confiar demais na tecnologia, o que sem dúvida é uma crítica justa. Há um delicado equilíbrio aqui, mas o objetivo final é sempre usar a tecnologia para ajudar as pessoas e permitir que a organização seja mais humana. Se a tecnologia não está fazendo isso, reavalie como está sendo usada.

Há, sem dúvida, outras áreas onde a tecnologia está claramente beneficiando seres humanos. A Unilever lançou uma coisa chamada FLEX Experiences, uma plataforma movida por IA que permite que os empregados encontrem, em tempo real, boas oportunidades de progressão de carreira na organização. As oportunidades sugeridas estão baseadas nos perfis dos funcionários, como seus pontos fortes, habilidades e experiências, e também levam em conta as aspirações e metas de suas carreiras. Isso é algo que as organizações costumavam fazer manualmente e não muito bem. Agora, graças à tecnologia, a Unilever vem colocando a possibilidade de avanço e desenvolvimento na carreira nas mãos dos funcionários.

David Meek é CEO da Ipsen, empresa farmacêutica com mais de 6 mil funcionários. Ele faz um ótimo trabalho ao contextualizar isso:

> As pessoas ficam dizendo: "Ah, tecnologia, tecnologia". Bem, nunca almocei com a tecnologia ou construí relacionamentos com ela, não é? Almocei e construí relacionamentos com pessoas. Você pode ter ótimos ativos e ótima tecnologia, mas, se não tiver ótimas pessoas, não vai maximizar essas coisas. É que o componente humano e emocional da inteligência é hoje crucial e será ainda mais no futuro. Vou contratar a qualquer momento uma pessoa emocionalmente inteligente, não uma peça de *software*... Combine os dois e esteja pronto para resultados revolucionários!

Adote, claro, a tecnologia, mas lembre-se de nunca colocar a tecnologia à frente do coração, da mente e da alma das pessoas que trabalham com você e para sua organização.

Guiado por um propósito e pela atenção às pessoas

Embora os CEOs identificassem especificamente a orientação para um propósito como um atributo crucial para líderes futuros, percebi, durante minhas inúmeras entrevistas, que eles não estavam falando somente de propósito da perspectiva de conectar o trabalho que os empregados fazem a resultados; também estavam falando do significado que os empregados obtêm. Como mencionei antes, a maioria de nós tende a colocar as palavras "propósito" e "significado" lado a lado, por isso é importante fazer esse esclarecimento aqui.

Paul Polman compartilhou isto comigo durante nossa entrevista: "Tenho sempre acreditado, de forma apaixonada, que o atributo mais importante de um líder é ser guiado por um senso mais profundo de propósito. Temos de nos conectar com as pessoas e o mundo ao nosso redor, temos de nos comprometer com uma causa maior que nosso próprio interesse e, de modo crucial, temos de nos colocar a serviço dos outros". Paul é ex-CEO da Unilever (deixou o cargo em 2019) e tem sido, durante grande parte da carreira, um ávido defensor de propósito e significado no local de trabalho. De fato, ele foi um dos pioneiros ao defender isso no mundo empresarial.

Nos anos 1970, Milton Friedman, o famoso economista vencedor do Prêmio em Memória de Alfred Nobel, disse: "Existe uma e apenas uma responsabilidade social nos negócios: usar os recursos e se envolver em atividades destinadas a aumentar os lucros, desde que se permaneça dentro das regras do jogo". Aliás, ele escreveu para o *New York Times Magazine* um artigo, hoje famoso, intitulado "The Social Responsibility of Business is to Increase Its Profits" [A Responsabilidade Social do Negócio é Aumentar os Lucros] (Friedman, 1970). Tem sido essa, há décadas, a doutrina básica para líderes do mundo inteiro. Felizmente, nem todos concordaram com Milton Friedman. Em 1979, Kenneth Mason, o então presidente da Quaker Oats, refutou essa noção ao dizer: "Ter lucro é tanto o propósito de uma empresa quanto ter o suficiente para comer é o propósito da vida. Ter o suficiente para comer é um requisito da vida; é de se esperar que o propósito da vida seja um pouco mais amplo e mais desafiador. O mesmo acontece com os negócios e o lucro".

Embora o propósito e o significado estejam entre as principais tendências que moldam o futuro da liderança, ser guiado para um propósito e ter atenção às pessoas é também um *mindset* que os líderes do futuro devem possuir. Mas ser guiado por um propósito e pela atenção às pessoas não está em conflito com a criação de uma organização de sucesso; na realidade, as duas coisas se complementam.

James Downing, doutor em Medicina, é CEO do St. Jude Children's Research Hospital, que conta com cerca de 5 mil funcionários. A organização se concentra, pelo mundo afora, na pesquisa e no tratamento do câncer pediátrico e outras doenças infantis com risco de morte. Há pouco tempo, tive a oportunidade de falar com sua equipe de liderança e conhecer suas instalações para ver o trabalho incrível que eles fazem. O dr. Downing me disse: "Você não está lá para progredir em sua carreira, você não está lá para receber elogios e se tornar um grande líder. Seu trabalho é cuidar da força de trabalho, atribuir tarefas e garantir que está fornecendo às pessoas o ambiente que lhes permite contribuir ao máximo".

Um líder guiado por um propósito e pela atenção às pessoas acredita que a organização deve ser lucrativa como meio de contribuir para a sociedade, enquanto muitos líderes de hoje procuram maneiras pelas quais a sociedade possa ajudá-los a tornar a organização mais rentável. É uma reversão completa no pensamento. Hamdi Ulukaya é CEO e fundador da Chobani, marca de um iogurte grego muito vendido nos Estados Unidos e operadora da maior fabricante de iogurte do mundo. Em sua recente palestra no TED, ele comentou: "Hoje o manual dos negócios diz: o negócio existe para maximizar o lucro para os acionistas. Acho que isso é a ideia mais idiota que já ouvi na minha vida. Na realidade, os negócios deviam primeiro cuidar de seus funcionários" (Ulukaya, 2019). Há pouco tempo, ele anunciou que daria ações da empresa a todos os mais de 2 mil funcionários que trabalham lá. Algumas pessoas acham que isso é um golpe de publicidade, mas Hamdi foi muito claro ao dizer que se tratava meramente de um presente para as pessoas que ajudaram a criar e desenvolver sua empresa, a quem ele queria agradecer cuidando delas. Não há dúvida de que Hamdi poderia ter usado as muitas ações que distribuiu para reservar mais dinheiro para si mesmo e a companhia, mas não o fez. Cuidou de seu pessoal, antes de se preocupar em aumentar os lucros. É isso que significa ser um líder guiado por um propósito e pela atenção às pessoas. É por isso que as pessoas trabalham na Chobani e é por isso que a empresa tem tido tanto sucesso. Hamdi não é um líder guiado por um propósito e pela atenção ao seu pessoal para ganhar mais dinheiro, mas sim porque agir dessa maneira permite que o negócio cresça – há uma grande diferença.

Mandy Ginsburg é CEO do Match Group, que emprega mais de 1.400 pessoas e possui vários *sites* de namoro populares, entre eles, Tinder, Match.com, OkCupid e outros. Durante nossa discussão, Mandy expressou essa mesma ideia:

> Minha filosofia é que você tem de amar e respeitar as pessoas com quem trabalha para ser um grande líder. Tem de querer ver as pessoas tendo realmente sucesso para liderá-las. Penso que as pessoas de uma organização, para construir laços de lealdade, precisam saber que alguém está cuidando delas e de sua carreira. Para mim, trata-se de encontrar pessoas que são ótimas e construir uma sólida relação de trabalho com elas para sabermos como mantê-las motivadas e inspiradas e para que elas, por sua vez, continuem a produzir resultados fenomenais para nós.

"Amor e respeito" – quantas vezes você já ouviu um líder mencionar essa expressão a respeito daqueles com quem trabalha? Quantas vezes você disse ou pensou nisso levando em conta as pessoas com quem trabalha?

Como os líderes podem desenvolver a mentalidade de *chef*

Na real base dessa mentalidade está o entendimento de que seu trabalho como líder não é apenas fazer mais dinheiro para a empresa. Você precisa olhar para além da organização a fim de observar como o trabalho que está fazendo afeta a sociedade, as comunidades locais e o mundo. Segue mais um trecho de minha entrevista com Paul Polman:

O mundo está seguramente mais caótico e imprevisível que em qualquer momento de nossa memória recente. Imensa desigualdade tem deixado bilhões de pessoas para trás, sem acesso a necessidades humanas básicas, como trabalho, educação, saúde e saneamento. Diferenças ideológicas estão pressionando a coesão nacional, o que tem alimentado a migração em massa e a crise dos refugiados. A quarta revolução industrial, definida por rápidos avanços tecnológicos, está transformando, de modo fundamental, as indústrias e o mundo do trabalho. E o que é mais alarmante, estamos enfrentando uma emergência climática que ameaça o futuro da humanidade. Essa combinação de volatilidade e mudança vem, compreensivelmente, gerando uma enorme insegurança e desilusão, levando a um mundo onde a confiança – em particular em líderes políticos e governos – é extremamente baixa. Há enormes desafios para os líderes do futuro, que devem encontrar um meio de se reconectarem com os cidadãos e restaurarem a confiança em um sistema econômico e social reformado, que seja mais inclusivo, equitativo e sustentável.

O fato é que precisamos dedicar atenção, real atenção, às outras pessoas. Mas essa é a parte difícil; como fazer os outros se importarem? Eu gostaria de saber a resposta e poder fazer que todos os líderes do mundo começassem a se importar mais com o lado humano do trabalho.

Limitar-se a dizer às pessoas que elas devem se importar com isso ou aquilo não significa que elas o farão. A partir do que tenho observado em líderes guiados por propósitos e pela atenção às pessoas, eles têm coisas em comum (ver Figura 13.2). Primeiro, a maior parte de seu tempo não é gasta no escritório. Eles estão sempre fora, conversando com clientes, comunidades e funcionários, e, quando digo funcionários, não me refiro apenas a outros executivos; refiro-me a todos, incluindo os funcionários de menor escalão. Em segundo lugar, esses líderes praticam uma boa dose de empatia e autoconsciência (ambas exploradas mais adiante neste livro). Em terceiro lugar, esses líderes têm uma causa ou uma razão pela qual eles lutam, algo que os preocupa profundamente. Pode ser a mudança climática, os refugiados, a diversidade e a igualdade, as crianças carentes ou quaisquer outras causas. Líderes têm de lutar por alguma coisa além dos negócios. Em quarto lugar, esses líderes veem seus funcionários como seres humanos, um tema que já mencionei várias vezes neste livro. Os funcionários não são apenas números em uma planilha, nem engrenagens, tampouco descrições de cargo – são pessoas, exatamente como você. Por fim, os líderes percebem que ser guiados por um propósito e estar atentos às pessoas é uma opção que só eles podem fazer.

Figura 13.2 Líderes guiados por um propósito e pela atenção às pessoas.

O *Chef*

Viktor E. Frankl, autor de um livro profundo, *Man's Search for Meaning*, escreveu: "Entre o estímulo e a resposta há um espaço. Nesse espaço está nosso poder de escolher nossa resposta. Em nossa resposta se encontra nosso crescimento e nossa liberdade" (Frankl, 1984). Líderes são responsáveis e têm de responder pelas escolhas que fazem; cabe a você fazer a opção correta.

Como os *chefs* equilibram os ingredientes que entram em um prato? Normalmente, eles fazem duas coisas. A primeira é provar com frequência. Se você assistir a um *chef* cozinhar, notará que ele está a todo momento provando o que estão fazendo para ver se está muito brando, picante, doce, ou se é preciso colocar um pouco mais de alguma coisa. Os *chefs* também prestam atenção ao que dizem sobre seus pratos. Qual é o *feedback* que os clientes fornecem? Eles esvaziam o prato que pediram? O prato é muito comentado? É um dos mais pedidos? Todas essas coisas são importantes.

Como líder, você deve entender que as pessoas vêm sempre na frente, sem exceções. A tecnologia vem sempre em segundo lugar – de novo, sem exceções.

As mesmas técnicas que os *chefs* usam podem ser aplicadas à liderança empresarial. Em primeiro lugar, prove com frequência. Isto significa estar sempre prestando atenção ao que está acontecendo em sua organização e estar sempre procurando meios de aumentar a eficiência de sua força de trabalho humana com tecnologia (não de substituí-la!). Se vemos os funcionários se debatendo numa área em que precisam continuamente fazer trabalho rotineiro sugador de almas, talvez possamos acrescentar um pouco mais do ingrediente tecnológico na mistura. Empresas de serviços profissionais são um ótimo exemplo. Na Deloitte, a tecnologia é usada, por exemplo, para processar declarações fiscais ou fornecer avaliações de risco. Em geral, quando vendia uma unidade de negócios, uma organização costumava contratar dezenas de pessoas por um período de seis meses para examinar documentos legais em busca de uma mudança de controle. Hoje, basta uma equipe de 6 a 8 pessoas para fazer o mesmo trabalho em menos de trinta dias. A tecnologia também é usada para percorrer milhões de linhas de contas a pagar e a receber durante fusões e aquisições, algo que costumava levar quatro meses e agora leva menos de uma semana. A Accenture automatizou mais de 17 mil empregos em contabilidade e finanças sem perder um só funcionário. O trabalho que esses funcionários faziam girava em torno do processamento de números, algo que a tecnologia pode sem dúvida fazer melhor, mais rápido e de forma mais precisa que um ser humano. Esses 17 mil funcionários foram requalificados para se concentrarem nos aspectos estratégicos de seus empregos, como ajudar clientes a compreender o que os números significam e fornecer conselhos e orientações sobre em que ações aplicar.

Se percebemos que uma área está abertamente focada em tecnologia e lhe falta alguns componentes humanos, podemos lhe acrescentar esses ingredientes. Elon Musk, CEO da Tesla, compartilhou recentemente que confiou demais em tecnologia e automação para suas instalações fabris, o que resultou no que ele chamou de "rede maluca e complexa de correias transportadoras". O controle de qualidade também caiu drasticamente e os clientes começaram a receber automóveis com partes danificadas. Como resultado, toda a sua abordagem do processo fabril foi descartada e depois recriada com uma ênfase maior nos humanos que são ajudados pela tecnologia.

Como líder, você só pode provar os pratos se estiver na cozinha, com o restante da equipe. Não pode se sentar num escritório longe de todos e depois comentar sobre a aparência ou o sabor de um prato. É preciso estar lá, com um avental e uma colher na mão.

A segunda parte disso é prestar atenção no *feedback* que você obtém dos que estão à sua volta. Eles podem ser clientes, empregados, sócios e assim por diante. Por exemplo, no caso de Elon, ele viu com clareza que seus clientes não se mostravam satisfeitos com os carros que estavam recebendo e fez uma mudança. De fato, Elon muitas vezes faz mudanças com base no que os clientes e funcionários lhe dizem. Há pouco tempo, ele lançou o "Dog Mode" [Modo Cachorro], sugestão de um cliente. O Dog Mode mantém a tranquilidade de animais de estimação que estejam sozinhos em um carro ao reproduzir, no painel do veículo, uma mensagem dizendo que o dono logo estará de volta. Também é mostrada a temperatura; desse modo, as pessoas que passarem pelo carro não ficarão preocupadas com os animais lá dentro.

Claro que só ouvir ou coletar dados não o levará muito longe. Como líder, o que você faz com o *feedback* que recebe é tão importante quanto o próprio *feedback*. De que serve a informação se não fizermos nada com ela? Se quiser praticar mentalidade de *chef,* não tenha dúvidas de que aqueles à sua volta vão encará-lo como responsável.

O Chef

Aceite plenamente a tecnologia e o potencial que ela pode ter em sua organização e deixe o medo lá fora. Contudo, ao fazer isso, concentre-se nos pontos fortes da equipe e veja como a tecnologia pode ser capaz de complementar e incrementar ainda mais esses pontos fortes. Procure entender como a tecnologia pode ajudar seus funcionários ou clientes e fazer que se sintam mais valorizados. A tecnologia tem um tremendo potencial para criar melhores experiências para funcionários e para clientes.

Agora, já para a cozinha!

14
O Servidor

A palavra "servidor" remonta ao século XIII e deriva da palavra anglo--francesa *servir*, que significa prestar serviço ou ser útil. Acho fascinante que, ao longo da história, os servos ou servidores tenham sido considerados indivíduos de classe baixa, normalmente sem um grande conjunto de habilidades e habilidades. Esses indivíduos trabalhavam para os que eram mais ricos, mais bem relacionados e considerados mais inteligentes e melhor do que eles. Ironicamente, séculos após o termo ser cunhado, a mentalidade de servidor está entre as mais valiosas para os líderes; é por isso que continuamos ouvindo falar do conceito de liderança servil.

Ser líder não significa poder se sentar no topo da pirâmide e dizer a todo mundo o que fazer. Significa estar na base da pirâmide e ajudar a escorar todo mundo. Isso está em contraste gritante com aquilo a que o mundo dos negócios está acostumado. Doug DeVos, presidente da Amway, que emprega cerca de 20 mil pessoas, faz uma colocação bastante simples e comovente: "Liderança é servir aqueles ao redor de modo a ajudá-los a ser o melhor que possam ser e, portanto, a atingir os resultados esperados de nossa organização ou equipe".

A orientação de um líder para prestar serviço se manifesta de quatro modos cruciais: no serviço aos seus líderes, no serviço à sua equipe, no serviço aos seus clientes e no serviço a si próprio. Na maior parte do tempo, quando ouvimos sobre uma orientação para prestar serviço ou ser um servidor isto se dá no contexto de como os líderes podem servir seus funcionários. Embora isto seja importante, é só uma pequena parte do quadro maior. Também não há muita discussão sobre o serviço recebido pelos próprios líderes, outra peça frequentemente perdida.

A orientação para prestar serviço é uma via de mão dupla e em nossa organização todos, idealmente, estarão servindo todos os outros, não importa a posição, título ou função. Quando esses quatro componentes se juntam, um verdadeir *mindset* orientado para a prestação de serviços se desenvolve não apenas entre os líderes, mas em toda a organização. Ela diz respeito a sermos humanos.

Prestação de serviço aos líderes

Neste contexto particular, estou me referindo a servir pessoas para quem, se for o caso, você trabalha. A maioria dos funcionários em uma organização trabalha para um líder ou com ele, mesmo que eles próprios sejam líderes. Prestar serviços a líderes significa ajudar a garantir que você tenha um bom relacionamento com eles e que esteja lá para apoiá-los e, quando possível, tornar a vida deles mais fácil. Por exemplo, se seu líder está prestes a entrar em uma reunião e você tem alguma informação útil que ele precisa saber, diga-lhe. Se seu líder está estressado, sobrecarregado com projetos, e você tem disponibilidade, ofereça ajuda. Uma das melhores maneiras de servir aos líderes é encontrar soluções para problemas. Se perceber que algo não está funcionando, não se limite a apontar; encontre uma solução para resolver o problema.

Um estudo recente publicado no *Washington Post* constatou que as pessoas que pensam no supervisor imediato antes como parceiro do que como um típico chefe são significativamente mais felizes no dia a dia e na vida em geral (Ingraham, 2018). Ter um bom relacionamento com seu líder não é só importante para a carreira, mas também para seu bem-estar. Pesquisadores suecos do Instituto de Pesquisa do Estresse, em Estocolmo, estudaram 3.100 homens durante um período de dez anos. Os homens que relataram ter líderes que não respeitavam tinham uma probabilidade 60% maior de sofrer um ataque cardíaco ou alguma outra condição cardíaca que oferecesse risco de morte (Nyberg, 2008).

Os líderes são humanos como você. Ficam exaustos, estressados, chateados, frustrados e felizes como todo mundo.

Prestação de serviço à equipe

Sempre que um atleta como LeBron James, Roger Federer ou Serena Williams é entrevistado, eles dizem a mesma coisa: "Eu não poderia ter feito isso sem minha equipe". Em geral, eles dão crédito à equipe quando ganham e também a protegem de críticas ou responsabilidade quando a equipe perde (ou quando eles perdem).

Como mencionei no início deste livro, isso começa com a adoção da crença simples de que, como líder, seu trabalho é comparecer todo dia ao trabalho para ajudar a tornar outras pessoas mais bem-sucedidas que você. Se você acredita nisso, as ações que realizar refletirão essa crença. O oposto, no entanto, também é verdadeiro: se você acredita que, como líder, todos têm o dever de servi-lo, então é isso que suas ações vão refletir.

A SMG é uma empresa de gerenciamento de *feedback* do cliente que conduziu há pouco tempo uma pesquisa com mais de 40 mil associados em restaurantes e varejo e perguntou o que eles mais valorizam em sua equipe de liderança. Uma das respostas mais frequentes foi alguém que apoia e ajuda.

Uma das responsabilidades cruciais de um líder é criar outros líderes. No mais recente *Global Leadership Forecast* [Prognóstico para a Liderança Global], publicado pela EY e DDI: "Desenvolver líderes da próxima geração" foi classificado como o desafio número um por mil CEOs do mundo inteiro. Luciano Snel é presidente da Icatu Seguros S/A, uma das maiores companhias de seguros do Brasil, que atende a mais de 6 milhões de pessoas. Luciano me disse que o objetivo central de um líder é criar outros líderes. Servir à sua equipe pode se manifestar de várias maneiras, como treinar e guiar funcionários, trabalhar lado a lado com eles para concluir um projeto, reconhecer e recompensar seu trabalho árduo, ou de uma série de outras formas, incluindo as que são um pouco mais sutis.

Garry Ridge é CEO da empresa WD-40, que está sediada na ensolarada San Diego e emprega cerca de quinhentas pessoas em todo o mundo. Garry tem uma prática de liderança um tanto singular, que é ao mesmo tempo fácil de implementar e marcante. Todas as manhãs, às quatro da madrugada, não importa em que parte do mundo ele esteja, Garry manda uma mensagem para toda a empresa via *e-mail*. Começa o *e-mail* dizendo "para hoje, de..." – e pode ser de San Diego, Sydney, Kuala Lumpur ou qualquer outro lugar por onde esteja viajando. Nesses *e-mails* diários, Garry envia uma citação inspiradora. Ela pode se basear em algo que viu ou sentiu na organização ou na comunidade, mas também pode ser qualquer outra coisa que queira enviar sem nenhuma explicação. Fazendo isso, Garry é capaz de se sentir conectado com sua "tribo", que sempre sabe onde Garry está, e também permite que a tribo saiba que pode sempre entrar em contato com ele. Como Garry me disse: "Isso me coloca todos os dias na presença deles, abrindo sempre uma nova linha de comunicação". Os funcionários também procuram Garry com frequência para conversar com ele, seja sobre as citações que ele manda ou qualquer outra coisa, mas usando a citação como início da conversa. Em outras palavras, essa ação ajuda a deixar os funcionários mais à vontade ao procurá-lo para falar de algum assunto.

Eis alguns exemplos das citações que Garry envia:

"Minha lista de tarefas para hoje: contar minhas bênçãos, deixar de lado o que não posso controlar, praticar a bondade, ouvir meu coração, ser produtivo e ao mesmo tempo calmo, apenas respirar."

"Ideias do Dalai Lama: medo constante, irritação constante e ódio realmente aniquilam nosso sistema imunológico. Uma mente calma, compassiva, aumenta os elementos físicos positivos."

"Você nunca será importante demais para não ser gentil com as pessoas."

Garry não é um líder comum. Ao falar com ele, tive realmente a impressão de que faria qualquer coisa por sua equipe, e isso é uma qualidade rara.

Como líder, servir à sua equipe também ultrapassa os problemas relacionados ao trabalho. Alexander Wynaendts é CEO da Aegon, uma organização de serviços financeiros com 30 mil funcionários em nível global. Conheci Alexander pessoalmente em Haia, na Holanda, para um evento do qual participaria, e ele me contou uma história comovente. Certo dia, caminhava de um lado para o outro em seu escritório e reparou que uma das funcionárias estava chorando. Alexandre descobriu que o marido dela acabara de saber que tinha um câncer terminal com uma chance de sobrevivência de 1 em 20. Alexandre abraçou-a e disse que conhecia um especialista que o marido deveria consultar, alguém a que a maioria das pessoas não tem acesso, mas ao qual Alexandre tinha. Após vários tratamentos, o marido dela ficou curado. Adorei essa história porque ela exemplifica bem como servir à equipe não é algo que simplesmente acaba quando a equipe deixa o escritório. Como líder, você está prestando serviço constante à sua equipe, tanto como funcionários quanto como indivíduos, graças à névoa entre trabalho e vida.

Talvez uma das maneiras mais eficazes e fáceis de os líderes poderem servir às suas equipes seja mostrar reconhecimento pelo trabalho realizado. Isso é algo de que todos precisam e que merecem. David Novak é ex-CEO da Yum! Brands. Quando ele ocupava o cargo, a empresa tinha por volta de 1,5 milhão de membros em todo o mundo, incluindo franqueados. Nunca vou esquecer a história que David compartilhou comigo quando falamos sobre um momento que teve o maior impacto em sua carreira. Anos atrás, David estava dirigindo as operações da Pepsi-Cola. Era novo na função e queria aprender o máximo que pudesse. Estava conduzindo uma mesa redonda em St. Louis com cerca de doze agentes comerciais. "Quem é realmente bom em *merchandising*?", David perguntou, e todos começaram a delirar sobre um cara chamado Bob, dizendo coisas como: "Bob é o melhor que existe", "Em um dia ele me ensinou mais do que aprendi nos primeiros três anos que passei aqui" e "Você devia ver como Bob trabalha os clientes". David olhou para Bob e viu que ele chorava. Isso foi realmente uma surpresa para David, que perguntou a Bob o que estava acontecendo. Bob explicou: "Estou na companhia há 47 anos e vou me aposentar daqui a duas semanas. Nunca imaginei que as pessoas tinham esses sentimentos a meu respeito". Isso atingiu David no estômago, como uma tonelada de pedras, e ele tomou a decisão consciente de que faria tudo ao seu alcance para não deixar de reconhecer o mérito de seu pessoal. Não queria ter mais "Bobs" trabalhando para ele daquela maneira, nunca mais.

David iniciou uma cruzada de reconhecimento e se divertiu muito pelo caminho. Quando foi presidente da KFC, passou a dar aos funcionários frangos de borracha. Numerava cada um, escrevia o que a pessoa tinha feito para conquistá-lo e como os resultados conseguidos pela empresa estavam sendo afetados por isso. Depois tirava uma foto com o funcionário e seu frango, punha em uma moldura e o mandava para ele dizendo: "Você pode fazer o que quiser com o quadro, mas vou colocar seu retrato na minha sala porque você é a pessoa que está fazendo as coisas acontecerem. É o que você faz que torna nosso negócio grande". David também lhe daria 100 dólares porque, como ele me disse, "não se pode comer um frango de borracha".

O Líder do Futuro

Quando se tornou presidente da Pizza Hut, David usou a mesma abordagem com os Green Bay Packers Cheeseheads[3]. Mais tarde, quando se tornou CEO da Yum! Brands, entregava as *wind-up teeth*[4] e (você adivinhou) escrevia nelas, numerando-as, bem como tirava fotos com os funcionários. Essa prática se espalhou por toda a companhia e suas várias marcas. O presidente da Taco Bell começou a fazer o mesmo com embalagens de molhos, e outros líderes usariam, por exemplo, luvas de boxe pela "ação de nocaute". Todos começaram a inventar os próprios prêmios de reconhecimento, e o melhor de tudo foi que isso funcionava em qualquer parte do mundo – China, Índia, Estados Unidos, Reino Unido; você criava e as pessoas reagiam muito bem. David nunca impôs esse programa, mas todos começaram a repeti-lo; a certa altura, se fôssemos líder da companhia, nosso prêmio de reconhecimento tinha a mesma importância de nosso cartão de visitas ou o emblema da empresa.

É incrível que algo tão simples quanto um frango de borracha, um chapéu em forma de queijo ou sorridentes dentaduras movidas a corda possam ter causado um impacto tão espantoso sobre as pessoas, e que tudo isso tenha começado com Bob. Quantos "Bobs" você acha que estão trabalhando para você ou em sua empresa neste exato minuto? O que você pode fazer em reconhecimento do trabalho dessas pessoas?

Em meu livro anterior, *The Employee Experience Advantage*, escrevi sobre um conceito chamado "momentos que importam", basicamente momentos durante o curso da vida de uma pessoa que se tornam importantes para ela. Os líderes devem compreender a importância desses momentos, e não há momento mais importante, e menosprezado, que o primeiro dia de trabalho de um funcionário.

Imagine que seja seu primeiro dia em um emprego. Na noite anterior, você escolheu a roupa que ia vestir e pôs o alarme alguns minutos antes do habitual, agitado com aquele primeiro dia. Então amanhece, o alarme toca, você pula da cama, veste aquela sua melhor roupa, toma o café da manhã e abre a porta para sair enquanto o cônjuge ou outra pessoa importante diz: "Boa sorte em seu primeiro dia. Tenho certeza de que vai ser excelente!". Você chega ao trabalho, mas como não consegue encontrar uma vaga para estacionar é obrigado a deixar o carro longe e correr para o escritório. Ao chegar, está alguns minutos atrasado

---

3 Patrocinados pela Pizza Hut, os Green Bay Packers são uma equipe de futebol americano cujos jogadores foram apelidados de *Cheeseheads*, ou Cabeças de Queijo. (N. do T.)

4 Dentaduras com olhos. Elas andam sorridentes, movidas à corda. (N. do T.)

e suando intensamente. Alguém o atende no saguão e o faz passar por uma checagem de segurança antes de escoltá-lo à sua baia de trabalho. Você chega à sua mesa e encontra um *laptop* fechado e a etiqueta de um bloco *post-it* que diz: "Bem-vindo". Ao abrir o computador, constata que não pode ter acesso a nada porque ainda nada foi configurado para você. E, depois de gastar muito tempo com o departamento de TI, é hora do almoço. Você se senta sozinho, come sua salada, depois participa de algumas reuniões. O dia se completa e está na hora de caminhar de volta para seu carro. Ao chegar em casa, seu cônjuge pergunta: "Como foi seu primeiro dia?", e a resposta é: "Não tenho certeza de se fiz uma boa opção. Ninguém me reconheceu ou sequer percebia que eu estava lá!". É assim o primeiro dia de muitos empregados pelo mundo afora. Não é algo difícil de consertar, e causa um enorme impacto.

Carrie Birkhofe, a CEO da Bay Federal Credit Union, que emprega 220 pessoas, me disse que acredita em servir sua equipe desde o primeiro dia – na verdade, desde a primeira hora!

> Vou me encontrar com os funcionários na primeira hora do primeiro dia em que eles começam na Credit Union. Um grupo de novos funcionários é muito bem-vindo e quando os novos contratados começam no mesmo dia, eu estou lá. Eu os cumprimento, dou-lhes as boas-vindas e respondo a quaisquer dúvidas que possam ter. Todos os novos funcionários, não importa sua posição, são vistos, ouvidos, respeitados, ganham de fato a atenção da líder e percebem que estou lá para servi-los, não o contrário.

Pense no que você pode fazer desde o primeiro dia para permitir que sua equipe saiba que você está lá para servi-los.

Prestação de serviço aos clientes

Não deve ser surpresa que servir os clientes e fazê-los ter um ótimo atendimento faz parte de ser orientado para a prestação de serviço. Vivemos em um mundo repleto de mercadorias onde os clientes têm muitas opções de produtos e de serviços que se parecem com os seus, custam o mesmo que os seus e fazem as mesmas coisas que os seus. Nesse tipo de ambiente, são as organizações que servem bem os clientes e criam as melhores experiências para eles que vão se destacar. Hoje em dia as pessoas não compram apenas produtos, compram experiências e essa tendência só está aumentando. De fato, 89% dos consumidores têm passado a fazer negócios com firmas concorrentes depois de uma pobre experiência de compra.

Segundo um estudo publicado pela Walker, uma consultoria de gestão empresarial, a experiência do cliente está projetada para ultrapassar o preço e o produto como o principal diferenciador da marca (Walker, 2013).

Curiosamente, sou casado com uma das maiores especialistas do mundo na experiência do cliente, Blake Morgan. Seu novo livro, *The Customer of the Future*, descreve dez princípios orientadores que os líderes devem seguir para servir o cliente, como descrito abaixo.

Perceba a força do *mindset* de experiência do cliente

Atitude é tudo. Os líderes que proporcionam elevadas experiências aos clientes estão completamente alinhados, por toda a empresa, com o foco e o *mindset* desses clientes. Originalmente Blake ia escrever um livro sobre tecnologia, mas depois da excursão que fizemos à sede da Amazon, em Seattle, ela percebeu que o que fazia toda a diferença era simplesmente o *mindset*. Todos os líderes com quem nos encontramos falaram sobre serem obcecados com o cliente, embora nem todos estivessem em cargos voltados para o atendimento ao cliente.

Construa uma cultura centrada no cliente

O cliente sentirá a cultura dos funcionários. As companhias precisam se concentrar primeiro na cultura antes de pensarem na experiência do cliente com o atendimento. Cultura é muitas vezes o elo perdido para empresas que se debatem com a experiência do consumidor.

Desenvolva uma liderança focada no cliente

Grandes líderes não nascem assim, eles são desenvolvidos. CEOs vêm e vão. Cabe à empresa criar com regularidade programas de desenvolvimento e treinamento para líderes (que é o assunto deste livro!).

Projete a experiência do cliente com atrito zero

Em certas áreas da vida dos clientes, eles estão conquistando experiências perfeitas com atrito zero. Entre os exemplos estão Amazon, Netflix, Apple e Spotify. Mas em outras áreas é exigido demasiado esforço dos clientes. A meta deveria ser atrito zero.

Crie um marketing focado na experiência do cliente

No alto escalão da empresa, o diretor de marketing é, com frequência, encarregado de guiar a experiência do cliente. O marketing é o grupo dentro da companhia que tem o dedo no pulso do cliente. Hoje o marketing tem mais influência que nunca, à medida que os clientes aumentam o número de canais com os quais desejam interagir. É uma oportunidade de prestação de serviço para o marketing.

Procure aprimorar a tecnologia nas experiências do cliente para tornar a vida de clientes e funcionários mais fácil e melhor

A tecnologia não é tudo, mas molda cada vez mais nossas mais estimadas experiências de clientes. Uma ótima estratégia de tecnologia pode ser um grande estímulo tanto para a experiência do funcionário quanto para a experiência do cliente, sendo ambas importantes.

Passe por uma transformação digital

Os líderes têm de resolver desafios de negócios, os tradicionais e os novos, utilizando tecnologia. A transformação digital requer investimento, mas a pesquisa de Blake mostra que grandes companhias que sofrem uma transformação digital têm, no longo prazo, melhor desempenho no preço das ações (Morgan, 2019).

Mantenha o foco na personalização para a experiência do cliente do futuro

No futuro, as empresas que priorizam dados para personalizar a experiência individual são as que vão conquistar mais clientes. Trata-se de empresas que antecipam necessidades futuras e criam experiências sob medida para o indivíduo.

Adote a análise da experiência do cliente

Hoje as empresas têm acesso a um valioso tesouro de dados. Esses dados podem ser usados para criar experiências melhores e aumentar as vendas. A análise é o futuro da moderna experiência do cliente.

Defina seu código de ética e privacidade de dados na experiência do cliente

Estamos em um ponto de inflexão com os dados; 92% dos clientes não se sentem confortáveis com a coleta de seus dados porque não acreditam que estejam seguros (Lara, 2018). Com IA e o aprendizado de máquina ganhando força, as empresas precisarão descobrir sua postura com relação à privacidade de dados e à ética. Quanto mais cedo fizermos isto, melhor.

A Carnival Cruise Line emprega quase 40 mil pessoas e tem recebido importantes homenagens em seu ramo de atividade, entre elas, Melhor Emprego do Dinheiro e Melhor Serviço nos prêmios anuais do editor da *Cruise Critic*. Satisfazer os clientes está entranhado em seu DNA, disse-me o CEO Arnold Donald: "Nosso objetivo central é superar expectativas. Se conseguirmos isso, continuaremos no negócio. Se não, não importa o que mais possamos fazer, porque somos um negócio relacionado a hospitalidade".

Prestação de serviço a si mesmo

Qual foi a última vez que você se preocupou em cuidar de si mesmo? Por exemplo, você faz coisas como descansar um pouco, sair de férias ou mesmo algo simples como meditação ou exercício matinal?

Muitas vezes, os cargos de liderança requerem mais tempo, mais esforço e mais resultados creditados ao líder. Isso leva ao esgotamento porque há uma cobrança contínua aplicada a ele. Segundo a Clínica Mayo: "O esgotamento no trabalho é um tipo especial de estresse – um estado de exaustão física ou emocional que também envolve um sentimento de desempenho precário e perda de identidade pessoal" (Clínica Mayo, s.d.). Estar exausto não é um diagnóstico médico oficial, mas todos já experimentamos isso e vimos seu efeito sobre colegas de trabalho.

Mas, para os líderes, não reservar tempo para cuidar de si mesmos pode ser bastante prejudicial, não só para eles, mas também para a organização. Alguns anos atrás, a Faculdade de Medicina de Harvard fez um estudo e descobriu que 96% dos líderes seniores sentiam-se esgotados e alguns relatavam um cansaço extremo. Infelizmente, muitos líderes também acreditam que, pelo fato de estarem em posições de liderança, precisam ter sempre um desempenho de 110%, sem poder pedir ajuda ou dizer não, e sem poder admitir qualquer espécie de fraqueza ou vulnerabilidade (Kwoh, 2013). Eles têm de "enfrentar a coisa". Felizmente, não somos robôs; somos humanos e, acreditemos ou não, não faz mal algum agirmos como humanos, mesmo no trabalho. Não somos apenas líderes ou funcionários ou parte de uma organização; somos também

O Servidor

filhos, filhas, pais, mães, avós e amigos. Todos nós somos essas coisas antes de sermos líderes ou funcionários, e às vezes esquecemos disso.

Como resultado de não cuidarem de si próprios, os líderes podem tomar decisões comerciais precárias, falar com rispidez com funcionários ou clientes, experimentar sintomas fisiológicos e psicológicos como depressão, ganho de peso e insônia. Essas coisas, é claro, não são exclusivas dos líderes; acredito que cada um de nós precisa cuidar de si mesmo.

A IBM reconhece que o bem-estar dos líderes tem impacto em sua eficiência. Na realidade, pensa em seus líderes como atletas de alto desempenho. Nenhum grande atleta jamais chegou a certo nível de sucesso sem cuidar de si próprio. Naturalmente, trabalha-se muito, mas é preciso ter ao dispor as ferramentas e os recursos necessários para se manter à frente. Na IBM descobriu-se que coisas como exercício matinal e sessões de yoga são ferramentas eficazes para líderes, e isso foi incorporado aos programas de liderança de gestão.

Não causa espanto que tantas organizações pelo mundo afora estejam investindo em programas de saúde e bem-estar para seus empregados, mas, é claro, depende também do funcionário tirar pleno proveito dessas coisas.

Nas instruções de segurança de qualquer companhia aérea, sempre nos dizem que, no caso de uma emergência, devemos pôr a máscara de oxigênio antes de tentar ajudar outras pessoas. O mesmo se aplica à liderança. Hoje, e ainda mais no futuro, vai se tornar até mais crucial para os líderes conseguirem atender a si próprios. É fundamental cuidarem do próprio bem-estar para poderem ser líderes eficientes para os outros. Como líder, se estiver sempre esgotado, estressado, sobrecarregado de trabalho, você não será capaz de praticar muitas das técnicas e *mindsets* esboçados neste livro e, como resultado, não será um líder eficiente.

Richard Branson, fundador do Virgin Group, atribui seu sucesso a se manter ativo e cuidar de si mesmo. Ser ativo força-o a se aplicar mental e fisicamente. De fato, ele começa cada dia com alguma forma de exercício. Segundo Branson: "Duvido seriamente de que eu tivesse sido tão bem-sucedido em minha carreira (e feliz na vida pessoal) se não tivesse sempre dado importância à minha saúde e condição física" (Branson, 2017).

Podemos cuidar de nós mesmos de muitas maneiras. Pessoalmente, uso meus *hobbies* e paixões, como xadrez e exercícios físicos, como meio de cuidar de mim mesmo e me concentrar em atividades alheias ao trabalho. Eu e minha esposa também nos concentramos em ingerir alimentos nutritivos, saudáveis, e em nos exercitarmos com regularidade. Verifico o *e-mail* e mensagens nas mídias sociais uma vez por dia, às quatro da tarde, *só* nessa hora, e desabilitei quaisquer notificações para meu telefone. Não tenho TV no quarto, tento manter pelo menos sete horas de sono por noite e faço arranjos com minha esposa para namoros noturnos. Como fazemos longas viagens a trabalho, também investimos em massagens regulares.

Vários executivos com quem conversei me disseram que carregam *flip phones* em vez de *smartphones* nas horas de folga. Só algumas pessoas têm o número desses telefones, como membros da família e alguns executivos seniores. Desse modo, quando esses executivos não estão no trabalho, eles sabem que não precisam se preocupar; se houver uma emergência, o *flip phone* vai tocar.

Seja lá o que você precise para cuidar de si mesmo, providencie.

Para os líderes, adotar e praticar a mentalidade de servidor não diz somente respeito a criar uma organização melhor; trata-se de criar uma sociedade melhor e um mundo melhor para todos nós sermos parte dele. Sirva seus líderes, sirva suas equipes, sirva seus clientes e não esqueça de servir a si mesmo. Bob Chapman é CEO da Barry-Wehmiller, empresa que já conhecemos antes e que usa a contagem de "corações" em vez de contar cabeças. Ele expõe isso de um modo muito singelo.

Imaginamos uma sociedade onde as pessoas pensam primeiro nos outros e onde as pessoas se sentem cuidadas. Quando se sentem cuidadas, elas cuidam dos outros. Nosso modelo de liderança, seja em saúde, educação, forças armadas, negócios ou governo, promove ambientes onde as pessoas se sentem valorizadas e, quando se sentem valorizadas, elas vão para casa e tratam os seus cônjuges bem, os filhos bem e essas crianças testemunham uma mãe e um pai que se sentem valorizados e tratam bem um ao outro. Ao criar melhores empregos por meio de ambientes de trabalho mais solidários, podemos criar um mundo melhor.

Humildade e vulnerabilidade

Você não pode servir sem ter humildade e vulnerabilidade. Se acredita que é um grande líder que nunca comete erros, que toma sempre as melhores decisões e que nunca deve ser questionado ou desafiado, a mentalidade de servidor lhe será um conceito bastante difícil de entender e praticar. Simplificando: você tem de superar a si mesmo.

Um artigo de pesquisa intitulado "Do Humble CEOs Matter? An Examination of CEO Humility and Firm Outcomes" [CEOs Humildes Têm Importância? Um Exame da Humildade do CEO e dos Resultados da Empresa] define três temas que são cruciais para definir e compreender a humildade. O primeiro é a disposição de obter um autoconhecimento preciso, algo de que também falo neste livro sob a rubrica "inteligência emocional". O segundo é manter a mente aberta e estar sempre disposto a aprender e melhorar; de novo isso já foi discutido neste livro. Finalmente, a apreciação dos pontos fortes dos outros e de suas contribuições é essencial (Ou *et al.*, 2015). Simplificando, a humildade significa que você é humilde e não tem uma opinião exagerada de si mesmo; você não se vê como superior aos outros. Perguntei a Ajay, o CEO da Mastercard, que momento de sua carreira teve maior impacto em sua abordagem da liderança. Eis aqui o que ele me disse:

> Meu pai foi um dos primeiros graduados da academia militar na Índia independente. Serviu por mais de 35 anos no exército indiano e se reformou como general de três estrelas. Era rigoroso com relação a certos assuntos: momento certo para fazer as coisas, cumprir sua palavra e se importar com as pessoas. Em certa época, moramos em uma casa enorme, com um grande terreno, em Hyderabad, e todos os dias, ao sair de casa, ele parava no portão e falava com o guarda do exército com o mesmo interesse que eu via em seus olhos quando ele conversava com um general de um país diferente que vinha de visita, com seu chefe ou algum colega. E acho que foi essa a lição mais importante que aprendi com ele. Sim, é importante chegar na hora. Sim, é importante se preocupar com as coisas. Mas é realmente importante conectar-se com as pessoas em todos os níveis, porque é de onde você vai obter as indicações, as informações, o conhecimento – e vai adquirir a aptidão para ser uma pessoa melhor.

Há décadas temos ensinado e praticado o conceito de que os líderes que se sentam no topo da pirâmide empresarial são os mais importantes. Não muito tempo atrás, os líderes eram tão obcecados com isso que chegariam realmente a contar quantas telhas havia no telhado para se certificar de como eram grandes os escritórios. Além disso, preocupavam-se com o material de que era feita sua mesa, pois, quanto melhor a qualidade da madeira, mais importante eram eles. Foi a era do "líder celebridade", que acabou. Em seu livro *Good to Great*, Jim Collins fala sobre a pesquisa que fez em cerca de 1.500 empresas ao longo de um período de trinta anos (Collins, 2001). Queria descobrir o que separa as empresas verdadeiramente grandes das outras. Acontece que uma das qualidades que os líderes das grandes organizações possuem é a humildade. No estudo do CEO acima mencionado, o autor descobriu que executivos com uma postura humilde "constroem equipes administrativas de primeiro escalão que são integrativas, promovem equidade de pagamento entre elas e organizam firmas versáteis e lucrativas".

Quando você acredita que é a pessoa melhor ou mais inteligente da sala, vai tratar todos os outros e as ideias deles como inferiores. Não é assim que se pode liderar agora ou no futuro.

Jan Rinnert é presidente do conselho de administração da Heraeus Holding GmbH, empresa familiar alemã com foco em metais preciosos e especiais, tecnologia médica, vidro de quartzo, sensores e fontes especiais de luz. Eles têm mais de 13 mil funcionários em todo o mundo. Durante nossa conversa, ele me contou:

> Não é esse tipo de líder alfa que precisamos no futuro. Precisamos de alguém humilde que seja capaz de liberar o potencial das pessoas. Realmente acredito muito na ideia de modéstia, em se manter humilde e acessível. Na realidade, passo muito tempo com funcionários em todos os níveis da organização, coisa que me parece muito útil. Aprendo muito com isso, em especial quando converso com funcionários mais jovens. Meu conselho para líderes atuais e futuros é que passem o maior tempo possível fora de sua torre de marfim, convivendo com funcionários de todos os níveis, não apenas com outros executivos. Eles se tornarão líderes melhores.

A definição real de "vulnerável" é "capaz ou suscetível de ser ferido ou magoado" ou "sensível a ataques morais, críticas, tentações, etc." Parece um pouco assustador, certo? Quem quer se mostrar mais suscetível a ser ferido ou machucado? Ninguém quer, em especial no mundo empresarial, e assim esta ideia de ser vulnerável jamais é ensinada ou encorajada; de fato o que se enfatiza é o extremo oposto. Contudo, ser vulnerável não significa se tornar suscetível a ser ferido; trata-se de ser aberto e honesto com o que você sente. Imagine por um minuto que você é um cavaleiro se preparando para a batalha. Você coloca sua armadura pesada e praticamente impenetrável, pega a espada, o escudo e parte para o campo de batalha, pronto para matar quem quer que se coloque em seu caminho. Isso parece um episódio de *Game of Thrones*, mas é exatamente como a maioria das pessoas percebe seu comparecimento ao trabalho, especialmente os líderes. Como seria chegar ao trabalho sem sua armadura, espada, escudo e sem o *mindset* de ter de aniquilar todos os que vê?

Não muito tempo atrás, fui levado a uma grande empresa fabril para me reunir com sua equipe executiva. Depois dos comentários que fiz, um dos executivos se aproximou e compartilhou uma situação de vulnerabilidade. Quando este líder começou a trabalhar na empresa, era o típico líder estoico. Não demonstrava emoção no trabalho, agia como se conhecesse todas as respostas e nunca revelava qualquer coisa pessoal àqueles com quem trabalhava. Logo no início de sua gestão, um de seus orientadores, alguém que já o conhecia há vários anos, disse a ele: "O que você está fazendo?". O líder ficou confuso e perguntou: "O que está querendo dizer?". O orientador respondeu: "Conheço a pessoa que você é. Sei de sua paixão pelo basquete, sei que tem dois filhos incríveis, uma esposa maravilhosa, e que gosta demais de animais. Sei do que tem medo, do que não gosta de fazer, quais são seus pontos fortes e o que o deixa estressado". O líder continuava confuso. "E então?" O orientador respondeu: "Como acha que eu sei essas coisas sobre você e mais ninguém sabe?". O fato é que esse líder tinha ganho a reputação de que as pessoas não queriam ficar perto dele ou trabalhar com ele porque não parecia humano.

Por fim, o líder compreendeu. Ele possuía duas personalidades, uma no trabalho e outra fora dele. No trabalho era o gerente estereotipado com quem as pessoas realmente não queriam estar. Em casa era um marido e pai amoroso, fanático por esportes, adorava os animais e, em geral, era um sujeito divertido de quem as pessoas gostavam de estar perto. Ele decidiu, então, ser ele mesmo. As mudanças foram drásticas. Funcionários de todos os níveis se aproximaram dele compartilhando ideias e *feedbacks*, os membros da equipe se tornaram mais engajados e produtivos, e ele também se sentiu melhor consigo mesmo. Sair para trabalhar não pareceria mais um episódio de *Game of Thrones* – esqueça o armamento e seja humano. Com toda a ênfase dada à tecnologia no trabalho, esquecemos que ser humanos é uma das coisas mais importantes que podemos fazer!

Você ainda pode liderar uma organização e tratar as outras pessoas com respeito, ouvir suas ideias e perspectivas, pedir *feedback*, sugestões e admitir que não consegue fazer alguma coisa. Você também pode rir, chorar e expressar emoção. Isso não o torna fraco; vai torná-lo um forte líder humano.

Como os líderes podem desenvolver a mentalidade de servidor

Essa mentalidade continua sendo difícil para ser adotada por muitos líderes. Em uma conversa recente com Horst Schulze, fundador e ex-CEO do Ritz-Carlton, ele me contou sobre uma visita a um de seus hotéis. Durante uma reunião de equipe, Schulze estava incentivando os funcionários a falar, a fazer perguntas e a desafiar maneiras de fazer as coisas. Após a reunião, um dos gerentes do hotel se aproximou de Horst, bastante chateado, dizendo que ele gerenciava o hotel e os funcionários deveriam estar fazendo o que ele os mandara fazer, não fazendo perguntas e dando palpite. O gerente ficou tão irritado que se demitiu.

Lembre-se de que abraçar verdadeiramente a mentalidade de servidor significa que você serve a seus líderes (se você os tem), à sua equipe, a seus clientes e a você mesmo. Você não pode escolher um desses a quem serve em detrimento dos demais. Por exemplo, você não pode servir somente a si mesmo e dizer que está praticando a mentalidade de servidor.

Você também deve observar se tem personalidades diferentes para o trabalho e para a vida e como pode combinar as duas para que haja uma versão sua humana e integrada. Não é uma coisa fácil de fazer, mas é o que está sendo exigido do futuro líder. Vários CEOs que entrevistei realmente disseram que é importante não se levar muito a sério como líder e se divertir mais, algo com que concordo plenamente. Muitos se esquecem de como se divertir no trabalho. A vida é curta e, se não conseguimos nos divertir de alguma forma, qual é o proveito de concluir uma tarefa ou fazer parte de uma organização?

Podemos começar com pequenos atos de serviço em cada uma das quatro atitudes mentais e passar gradualmente a fazer mais. Fale com um cliente ao telefone e o ajude a resolver um problema, leve sua equipe para almoçar fora e diga a eles como admira o empenho que eles têm no trabalho, pegue uma xícara de café para seu líder num dia agitado e use os finais de semana para se dedicar à família e aos amigos, fazendo coisas de que gosta. Agir como um servidor é pura ação; por isso ao adotar essa atitude mental dizemos que temos de "fazer" ou "servir".

Faça a si mesmo algumas perguntas com certa regularidade, e vai perceber que elas mudarão seu comportamento:

O que fiz hoje para ajudar meu líder?

O que fiz para tornar a vida de meus clientes mais fácil e melhor?

O que fiz para ajudar a tornar meus funcionários mais bem-sucedidos que eu?

O que fiz para ter certeza de que estou cuidando de mim e me permitindo ser o melhor líder que posso ser?

Hoje eu me diverti no trabalho?

Se não conseguiu encontrar resposta para alguma das perguntas, é provável que ainda esteja focado em fazer que os outros lhe sirvam em vez de procurar servir aos outros. Acima de tudo, a maneira mais simples de começar a agir como um servidor é simplesmente servir.

15
O Cidadão Global

O Cidadão Global

Ilham Kadri é CEO da Solvay, empresa de materiais e especialidades químicas com cerca de 24.500 funcionários em nível global. Ilham foi criada no Marrocos por uma avó analfabeta, que foi também seu primeiro modelo de comportamento. Quando criança, foi informada de que as meninas no Marrocos têm duas saídas na vida. A primeira é sair da casa dos pais para a casa do marido e a segunda é ir para o túmulo. A avó de Ilham encorajou-a a encontrar uma terceira saída, o que ela fez na forma de educação, especializando-se em Matemática e Física. Ela concluiu o mestrado em 1991 e, em 1997, o doutorado.

Ilham negociou grandes contratos no Japão e na América Latina, administrou projetos no Oriente Médio e na África, supervisionou expansões de projetos no Quênia, Gana e Nigéria, liderou projetos de marketing na Bélgica, ajudou a abrir um novo escritório na Carolina do Norte, estudou no Canadá e na França, e a lista continua. Viveu em mais de quinze locais espalhados pelo mundo.

Ela aprendeu a importância da paciência ao trabalhar no Japão, aprendeu na Arábia Saudita que um compromisso verbal é tão importante quanto um compromisso escrito, aprendeu a importância de ir devagar para ir mais rápido na África, aprendeu que nada é impossível na China, descobriu o que é empreendedorismo nos Estados Unidos e a importância de levar com equilíbrio uma vida saudável na Europa.

Durante nossa entrevista, Ilham compartilhou uma ótima história de como ganhou o apelido de "Senhora das Águas" enquanto liderava o negócio de água para a Dow no EMEA (sigla em inglês para Europa, Oriente Médio e África). Negociou um grande acordo entre Arábia Saudita e Estados Unidos para construir a primeira usina de osmose reversa da região. Com seu conhecimento e experiência de ambas as culturas, conseguiu unir os dois mundos com suas diferentes velocidades e culturas. O resultado foi um negócio de sucesso para todos.

Ilham é o tipo de pessoa que, solta em qualquer lugar do mundo, logo conseguirá ser uma líder. Ela aprendeu a se abrir às ideias dos outros, a cercar-se de pessoas que não são como ela e a respeitar e compreender diferentes culturas e modos de fazer coisas. Isso tem sido crucial para seu crescimento e seu sucesso. Como Ilham me disse:

> Ser um cidadão global não diz automaticamente respeito a viver em diferentes países ou estar sempre viajando. Diz respeito a ter uma cabeça global. Você tem de estar aberto para outras pessoas, para outras ideias, e respeitar a diversidade de culturas, religiões, etnicidades, raças, pensamentos e orientações. Isto é essencial para o líder futuro. Os líderes têm de ser conectores curiosos e entender as perspectivas de quem não é como eles, usar essas perspectivas e adaptá-las a diferentes modos de fazer coisas. Estar atenta a esta diversidade e pronta a absorvê-la, valorizando a riqueza da humanidade, me torna mais equilibrada, mais enraizada e mais impactante. As pessoas ainda compram, vendem e trabalham com pessoas, por isso ser um cidadão global significa que entendemos as pessoas, todas as pessoas.

Os benefícios da mentalidade de cidadão global

Líderes que incorporam a mentalidade de cidadão global são capazes de pensar em termos globais, liderar uma equipe de funcionários diversificados e bem distribuídos, difundir ideias e mensagens pelo globo e encontrar e atrair os melhores talentos, não importa onde possam estar. No mundo de hoje, conectado e em rápida mudança, é quase impossível pensar em termos locais, regionais ou mesmo nacionais. Na realidade, devemos pensar globalmente.

Organizações já não precisam abrir escritórios completos em novos locais para serem capazes de entrar em um mercado. Em vez disso, equipes pequenas e ágeis podem trabalhar de casa ou em espaços de *coworking* para que a empresa possa afirmar que tem "presença" em certa parte do mundo. Além de analisar opções para entrar em novos mercados, os líderes também devem encontrar um meio de difundir ideias e mensagens, bem como encontrar os melhores talentos, não importa em que parte do mundo eles estejam.

"Você não pode ser líder de uma organização de porte mundial sem ter um *mindset* do tamanho do mundo." Foi o que ouvi de Glenn Fogel; ele é CEO da Bookings Holdings, companhia por trás da OpenTable, da Bookings.com, da Priceline.com e de várias outras. Empregam cerca de 25 mil pessoas pelo mundo afora.

Como discutido antes, isto significa pensar em cultura exatamente como pensamos em distância. O que sem dúvida é crucial para CEOs e outros executivos seniores, embora também seja importante para líderes de qualquer nível, se eles querem continuar a crescer e a se destacar em suas carreiras. Para usar outra analogia com o xadrez, pensar globalmente significa ser capaz de ver todo o tabuleiro em vez de somente a parte onde você acha que a ação está acontecendo. Isso também significa ser capaz de jogar contra adversários com diferentes estilos e abordagens de jogo.

Não importa se sua empresa é grande ou pequena. Eu trabalho com uma equipe de dez pessoas, a maioria das quais nunca conheci. Elas moram em diferentes cidades dos Estados Unidos e em lugares como Sérvia, Macedônia e Filipinas. Por intermédio da tecnologia, somos capazes de trabalhar juntos para atingir as metas do negócio. Como um líder novo ou já existente, você tem de trabalhar com os outros, comunicar-se, colaborar e liderar indivíduos que não pensam como você, que não se parecem com você, que não agem como você nem acreditam nas mesmas coisas em que acredita. Isso soa um tanto assustador para muitos líderes, mas você não é um deles, é? Para você, isso deve soar como uma oportunidade.

A L'Oréal é uma empresa repleta de cidadãos globais. Após uma pesquisa interna, descobriram que líderes com formações multiculturais se destacaram em cinco áreas específicas: reconhecer oportunidades para novos produtos, evitar perdas em deslocamentos, integrar perspectivas e ideias externas, relacionar-se com lideranças e auxiliar na comunicação entre subsidiárias e matrizes. Depois de ter descoberto isto nos anos 1990, a L'Oréal começou especificamente a recrutar indivíduos com variadas formações culturais para funções de liderança. Atribuem a isso a transformação da L'Oréal de empresa francesa a empresa verdadeiramente global que vende produtos em todo o mundo. De fato, metade de suas vendas globais vêm de novos mercados fora da América do Norte e da Europa Ocidental. Hoje eles estão presentes em 150 países, têm 34 marcas internacionais e empregam quase 100 mil pessoas. Por ter uma equipe de cidadãos globais, eles compreendem de forma mais efetiva as necessidades de seus empregados, de seus clientes e dos mercados em que atuam (Deloitte, 2015).

Segundo Jean-Paul Agon, presidente e CEO da L'Oréal, "uma força de trabalho diversificada em cada função e em todos os níveis fortalece nossa criatividade e nossa compreensão dos consumidores, o que nos permite desenvolver e comercializar produtos que sejam relevantes" (L'Oréal Group, s.d.).

Não ter uma mentalidade de cidadão global também pode ser muito custoso. Há alguns anos, os líderes da Disney decidiram abrir um parque temático em Paris chamado Euro Disney. Eles presumiram que tudo que funcionava nos parques temáticos norte-americanos, muito bem-sucedidos, também funcionaria na Europa. Infelizmente, não foi esse o caso. Para começar, a moeda usada em Paris é o euro, o que significa que o nome do parque era literalmente "Dinheiro Disney". Como Paris é também um centro gastronômico, os visitantes do parque acharam um tanto insultante ter de usar talheres de plástico nos restaurantes. A Euro Disney também proibiu o álcool em uma parte do mundo onde tomar vinho no almoço é prática comum. Nos primeiros dois meses de funcionamento do parque, 10% do pessoal total foi dispensado pelo fato de os líderes terem presumido que a mesma abordagem do trabalho em equipe que funcionou nos Estados Unidos funcionaria em Paris. Não aconteceu. Várias greves de trabalhadores também deixaram as coisas difíceis para a companhia e os líderes que a comandavam. Quase toda a operação entrou em colapso, e a Euro Disney, em dois anos de operação, teve de tomar emprestado US$ 175 milhões apenas para se manter viva. A lista de erros cometidos com a Euro Disney vai muito além do que se descreveu aqui. A partir de certo momento, o parque passou a se chamar Disneyland Paris e se recuperou. Em 2018, a Disneylândia anunciou um novo investimento de 2 bilhões de euros para expandi-lo e aprimorá-lo (Global Mindset, s.d.).

Décadas atrás, líderes globais como Jack Welch, ex-CEO da GE, não precisavam ser cidadãos globais. E esses líderes foram capazes de criar organizações de sucesso, mesmo com perspectivas e abordagens mais limitadas. O próprio Jack Welch disse: "O Jack Welch do futuro não pode ser como eu. Fiz toda a minha carreira nos Estados Unidos. O próximo chefe [da General Electric] será alguém que passou algum tempo em Bombaim, em Hong Kong, em Buenos Aires" (Decarufel, 2018).

Pela primeira vez desde 2015, na 16a lista anual da Forbes Global 2000, que inclui empresas de capital aberto de 60 países, China e Estados Unidos dividem os 10 primeiros lugares. A China abriga 291 empresas na lista Global 2000, enquanto os Estados Unidos têm 560. A Coreia do Sul, o Japão e o Reino Unido também estavam entre os cinco países com a maior parte das empresas na lista (Forbes, 2019). Todos nós vivemos e trabalhamos em um mundo novo, globalmente conectado e dinâmico, o que significa a necessidade de líderes que de fato adotem a mentalidade de cidadão global. Todo líder tem de ser um cidadão global.

Jeff Green é CEO da Trade Desk, empresa de publicidade de tecnologia com cerca de mil pessoas em nível global. Ele resumiu muito bem o que é ter uma mentalidade global:

> Você precisa ter habilidade para navegar pelas diferenças, bem como para celebrá-las, para que possamos respeitar as culturas do mundo inteiro e respeitar diferentes perspectivas. Podemos reunir pessoas do mundo inteiro que compartilhem uma visão comum, mas os líderes do futuro terão de navegar por isso com muito mais frequência do que hoje. A era do isolacionismo, se quiserem chamar assim, está chegando ao fim, pois estamos simplesmente provando, repetidas vezes, que ela não funciona. Se não respeitamos o fato de que nossa economia é uma economia global e não só respeitamos, mas adotamos o fato de que nossa economia é uma economia global, torna-se quase impossível ser bem-sucedido. No futuro, não vai existir essa coisa de empresa norte-americana; haverá somente empresas globais que, por acaso, estão baseadas nos Estados Unidos. Se você não tem a sensibilidade cultural para reunir recursos de todo o mundo, torna-se quase impossível ter êxito em qualquer grande escala.

Como os líderes podem desenvolver a mentalidade de cidadão global

O simples fato de fazer parte de uma empresa global não o transforma em um cidadão global, nem comer nos novos restaurantes étnicos de seu bairro. O que se exige aqui é sem dúvida uma maneira diferente de pensar e agir. Pergunte a si mesmo o que você faria se fosse de repente arrancado de seu ambiente atual ou localização geográfica e colocado em outro, em especial num ambiente que lhe fosse estranho? Ficaria perdido, confuso e acabaria lutando contra isso ou seria capaz de se adaptar e, por fim, ter êxito?

Algumas das habilidades e mentalidades comentadas neste livro sem a menor dúvida o ajudarão a se tornar um cidadão global. Por exemplo, pensar como um explorador e praticar a inteligência emocional dão uma poderosa contribuição. Há, no entanto, outras coisas que você pode fazer. Se sua situação permite, uma boa sugestão é aprender a liderar de diferentes perspectivas e o melhor meio de fazer isso é ter uma experiência direta dessas perspectivas. Isto significa viajar para algum lugar, viver lá ou conhecer diferentes partes do mundo e, talvez mais importante, se deixar imergir nesses lugares. Afinal, ficar apenas trancado em um quarto de hotel não vai adiantar grande coisa. Se for possível, isto também significa liderar equipes de diferentes departamentos. Se você tem sido líder em uma empresa de tecnologia, seria capaz de liderar uma equipe na área, por exemplo, dos planos de saúde? Se tem liderado uma equipe fabril, seria capaz de liderar uma equipe de itens de supermercado? Para usar um clichê, encorajo você a "misturar". Tudo isso requer coragem porque você já pode ter sucesso em determinado nicho e afastar-se dele talvez seja um pouco intimidador, mas é o que fazem os grandes líderes. Saia de sua zona de conforto para crescer.

Em 2009, William W. Maddux, do INSEAD, e Adam D. Galinsky, da Northwestern University, publicaram um estudo muito interessante: "Cultural Borders and Mental Barriers: The Relationship Between Living Abroad and Creativity" [Fronteiras Culturais e Barreiras Mentais: a Relação entre Viver no Exterior e a Criatividade]. Como o título sugere, eles queriam descobrir se morar no exterior tinha impacto sobre a criatividade do indivíduo. Realizaram cinco experimentos e encontraram isto: "A relação entre viver no exterior e a criatividade era condizente com alguns índices que medem a criatividade (entre eles, os que avaliavam discernimento, associação e ato criador), como acontecia com o desempenho de mestres em Administração de Empresas e amostragens com estudantes universitários, tanto nos Estados Unidos quanto na Europa, demonstrando a robustez do fenômeno" (Maddux, 2009).

Não quero fazer parecer que precisamos viver com a mala na mão e viajar centenas de milhares de quilômetros todos os anos para sermos líderes; não precisamos. Korn Ferry fez um estudo com 271 executivos e descobriu que, mesmo considerando as atribulações comuns a expatriados, só duas experiências entre culturas diferentes ajudaram esses líderes a desenvolver um pensamento estratégico: a experiência com operações de negócios multinacionais e a experiência de construir relacionamentos com pessoas de culturas diferentes. De fato, esse estudo descobriu que viver em outro país não é sequer um requisito para o desenvolvimento de experiência em operações multinacionais, mas sim viajar de vez em quando para novos lugares e trabalhar com regularidade com pessoas de todo o mundo. Talvez a descoberta mais interessante do estudo tenha sido que líderes que eram expostos a culturas extremamente diferentes das suas desenvolviam capacidades superiores de pensamento. O estudo usa o exemplo de um líder norte-americano enviado à China, ao contrário de outro vivendo no Reino Unido (Korn Ferry, 2014). A ênfase aqui não é sobre a quantidade; é sobre a qualidade.

Quando conhecemos, moramos em diferentes partes do mundo ou as visitamos, ganhamos acesso a novas percepções, ideias, experiências, culturas, perspectivas e modos de fazer coisas, tanto em termos pessoais quanto profissionais. Tive o privilégio de viajar para mais de 50 países a trabalho ou como turista; tive muitas experiências e aprendi muita coisa nessas variadas aventuras. Estivesse eu sendo seguido pela polícia secreta do Tibé, tendo uma conversa com um motorista de táxi de Uganda sobre a cultura *pop* norte-americana, enfrentando rivalidades pessoais durante uma palestra em São Paulo, levando tranco para me tirarem 100 dólares nas ruas de Berlim, tentando escolher alguma coisa num cardápio em Chengdu, sem nada escrito em inglês, ou tentando lembrar quantos beijos na bochecha você deve dar na Itália ou no Peru, todas as experiências boas ou más, pessoais ou profissionais, me permitem ver o mundo de uma nova maneira. Se sua organização abre espaço para essas oportunidades, tire vantagem delas, em especial se for um líder mais jovem.

O Líder do Futuro

Também devemos nos empenhar em fazer contato com pessoas de diversos gêneros. Destaco a expressão "nos empenhar" porque não estou falando apenas em acharmos que tudo bem ser parte de uma equipe diversificada; estou falando sobre pedir, sobre exigir que seja assim. Procure se empenhar para fazer parte e criar equipes de indivíduos diferentes em termos físicos e cognitivos, gente saída de diferentes formações e culturas, com uma mistura de habilidades e perspectivas, de religiões e orientações sexuais, gente que não vai ficar concordando com tudo o que você disser. Esse mesmo conceito se aplica à sua rede mais ampla e pode até mesmo se estender ao pessoal de quem você se cerca quando não está trabalhando. Há diversidade suficiente à sua volta? É preciso coragem para agir, a coragem que tanto eu quanto você sabemos que você tem.

16
Até que ponto estamos praticando devidamente essas mentalidades hoje?

O explorador, o *chef*, o servidor e o cidadão global: segundo as perspectivas de mais de 140 CEOs de todo o mundo, estas são as quatro mentalidades essenciais que os líderes do futuro devem ter para serem bem-sucedidos durante a próxima década e além dela. Sucesso, aliás, não significa apenas ganhar mais dinheiro; significa também causar impacto positivo e tornar o mundo um lugar melhor. Significa ser o farol que guia os demais.

Quantas dessas mentalidades você pratica bem e com regularidade? Se você pode dominá-las e ensinar outros a fazer o mesmo, estará no caminho certo para se preparar para o futuro e se tornar de fato um grande líder. Mas até que ponto estamos praticando coletivamente mentalidades no mundo empresarial de hoje?

Para responder a isso, recorremos à pesquisa de quase 14 mil membros do LinkedIn ao redor do mundo que se identificaram como empregados em tempo integral. Vamos começar em um nível bem alto (Figura 16.1). Tenha em mente que esses números são totais, o que significa que cada coluna inclui as respostas de todos que responderam à pesquisa.

A maioria dos funcionários de todos os níveis acham que estão fazendo um bom trabalho ao praticar essas mentalidades, com a marca de 69% alcançada nas duas categorias superiores. Nada mal. Mas, quando questionados sobre os gerentes e executivos seniores, 57% dos gerentes e 58% dos executivos seniores foram classificados nas duas categorias

O Líder do Futuro

inferiores. Talvez o número mais assustador seja que apenas 6% dos gerentes e 9% dos executivos seniores foram classificados como praticando "muito bem" essas quatro mentalidades.

Como as empresas estão praticando as mentalidades do líder do futuro?

	Como você acha que está praticando essas mentalidades?	Como acha que seus gerentes estão praticando essas mentalidades?	Como acha que seus executivos seniores estão praticando essas mentalidades?
Nada bem	3%	19%	20%
Mais ou menos bem	27%	38%	38%
Razoavelmente bem	51%	31%	29%
Muito bem	18%	6%	9%

JACOB MORGAN
© thefutureorganization.com

Figura 16.1 Como as empresas estão praticando as mentalidades do líder do futuro?

Eu queria comparar essas respostas em três camadas das organizações: colaboradores individuais (CIs), gerentes e executivos seniores (ver Figura 16.2; observe que respostas como "não tenho certeza" ou "isso não se aplica" foram deixadas de lado). A ideia aqui é ver se existem discrepâncias entre níveis de tempo de casa e, se existirem, de que tamanho são elas.

É nesse ponto que algumas coisas interessantes começam de fato a aparecer. Colaboradores individuais (CIs) colocam 60% dos gerentes e 61% dos executivos seniores nas duas categorias inferiores de "nada bem" e "mais ou menos bem" na prática dessas mentalidades. Os gerentes colocam 59% dos executivos seniores nesse mesmo grupo. É chocante como esses números são altos. Somente 8% dos CIs disseram que os gerentes estão praticando "muito bem" essas mentalidades, e o número foi ligeiramente maior para executivos seniores: 9%. Mesmo os gerentes disseram que apenas 8% dos executivos seniores estão praticando "muito bem" essas mentalidades. Você pode notar como são grandes as discrepâncias do quadro nas colunas correspondentes do gráfico.

Os dados coletados revelam algumas coisas.

Até que ponto estamos praticando devidamente essas mentalidades hoje?

Colaboradores individuais *versus* gerentes *versus* executivos seniores

	Como os gerentes estão praticando essas mentalidades? (Colaboradores individuais)	Como você está praticando essas mentalidades? (Gerentes)	Discrepância entre colaboradores individuais e gerentes	Como seus executivos seniores estão praticando essas mentalidades? (Colaboradores individuais)	Como você está praticando essas mentalidades? (Executivos seniores)	Discrepância entre colaboradores individuais e executivos seniores	Como seus executivos seniores estão praticando essas mentalidades? (Gerentes)	Discrepância entre gerentes e executivos seniores
Nada bem	22%	2%	20%	23%	2%	21%	19%	17%
Mais ou menos bem	38%	28%	10%	38%	24%	14%	40%	16%
Razoavelmente bem	31%	52%	21%	29%	51%	22%	31%	20%
Muito bem	8%	17%	9%	9%	22%	13%	8%	14%

JACOB MORGAN
© thefutureorganization.com

Figura 16.2 Praticando mentalidades do líder do futuro: comparações.

Cuidado com as discrepâncias

Um dos temas consistentes que surgiram em torno das mentalidades é que os líderes (gerentes e executivos seniores) pensam que estão se empenhando muito mais em praticá-las do que de fato estão. Isto não só se aplica de modo coletivo às mentalidades; descobri que também se aplica quando olhamos, separadamente, para cada mentalidade específica. Enquanto 69% dos gerentes diziam que praticavam essas mentalidades "razoavelmente bem" ou "muito bem", colaboradores individuais pontuavam esses gerentes em 39%. Executivos seniores atribuíam a 73% dos próprios efetivos o enquadramento nessas mesmas duas categorias, enquanto colaboradores individuais classificavam esse número em 38% e gerentes o levavam a 39%. Essas discrepâncias podem ser encontradas em todas as mentalidades, níveis de tempo de casa e categorias de respostas. Como vimos na seção de tendências, as perspectivas dos gerentes e executivos seniores não estão nem de longe alinhadas com as perspectivas dos que trabalham para eles ou com eles.

Embora as pontuações dos líderes no quadro fossem bastante baixas, para gerentes e executivos seniores, a mentalidade que lhes parece mais difícil de adotar é a de Servidor. As mentalidades às quais os gerentes atribuíram a mais alta pontuação foram a de Explorador e de Cidadão Global; ambas tiveram 40% nas duas categorias superiores. A mentalidade em que os executivos seniores pontuaram mais alto foi de longe a de Cidadão Global, com CIs e gerentes atribuindo, respectivamente, 41% e 44% às duas categorias superiores.

Para um líder do futuro, no entanto, adotar as mentalidades esboçadas nesta seção é apenas uma parte da equação. É também crucial que todos ao seu redor saibam que você também está adotando e praticando essas mentalidades. A pesquisa mostra com clareza que há uma falta de alinhamento, comunicação, colaboração e até mesmo de percepção acerca do que são essas mentalidades e do que significa praticá-las. E os líderes têm de entender que a percepção é a realidade.

Lembre-se: o farol ajuda todos as embarcações a navegarem com segurança até seu destino. Hoje essas embarcações estão se chocando com os rochedos e navegando sem rumo. Precisamos de luzes mais brilhantes.

Até que ponto estamos praticando devidamente essas mentalidades hoje?

A maldição do tempo de casa

Outro tema consistente visto em todas as mentalidades não é apenas que haja uma desconexão entre gerentes e executivos seniores, mas que, quanto mais veterana seja uma pessoa, mais ela se mostre desconectada do restante da organização. Em geral executivos seniores pensam que estão praticando essas mentalidades de forma muito mais eficaz do que é percebido por aqueles que trabalham para eles e com eles. É o típico problema da torre de marfim que atormentou os líderes durante muitas décadas. Nos negócios costumamos brincar dizendo que os líderes "não entendem da coisa" e que estão meio distantes e desconectados do restante da força de trabalho, mas até agora dados que deem suporte a isso têm sido relativamente esparsos. Esses dados, no entanto, mostram claramente a desconexão com as mentalidadesmais cruciais que os líderes do futuro devem possuir. E essa é uma das razões pelas quais estamos vendo uma mudança tão grande em relação a receptividade, autenticidade, transparência, propósito e significado, cuidado e coisas do gênero. O fato é que, ao nos concentrarmos nessas coisas, criamos organizações mais humanas, em que os líderes estão mais em contato, em todos os níveis, com aqueles ao seu redor.

Isabelle Kocher ex-CEO da Engie, empresa global de energia de baixo carbono e serviços com mais de 160 mil funcionários ao redor do mundo. Ela disse isto com bastante eloquência:

> É crucial para um líder não se deixar aprisionar em uma torre de marfim. Líderes devem estar cientes dos desafios com que sua organização se defronta e estar em contato com o que seus funcionários e clientes se preocupam e com o que valorizam. Não podemos liderar sozinhos a partir do topo; temos de liderar a partir de baixo, com nosso pessoal. A torre de marfim não cairá sozinha; como líderes, nós é que teremos de derrubá-la.

Temos de substituir a torre de marfim pela arena, onde estamos todos "lá".

Em 23 de abril de 1910, Theodore Roosevelt fez um dos discursos mais famosos da história, que se tornou conhecido como "O Homem na Arena". Ele declarou:

> Não é o crítico que conta; nem o homem que aponta como o homem forte tropeça ou onde o executor de uma obra poderia ter feito melhor. O crédito pertence ao homem que está realmente na arena, o rosto desfigurado pela poeira, o suor e o sangue; o homem que luta com bravura, que erra, que fracassa várias vezes, pois não há esforço sem erro e sem decepção; pertence àquele que realmente se esforça para cumprir as ações; que conhece os grandes entusiasmos, as grandes dedicações; que se consome por uma causa digna; que se tudo dá certo acabará conhecendo o triunfo da grande realização e que, na pior das hipóteses, se falha, pelo menos falha enquanto age de forma bastante ousada, de modo que seu lugar nunca será ao lado daquelas almas frias e tímidas que não conhecem nem a vitória nem a derrota.

Como futuro líder, você deve a todo momento se perguntar se está na arena com o restante de sua equipe. Se não estiver, é melhor saltar para lá, e rápido.

Pelo mundo afora

Que países estão fazendo o melhor e o pior trabalho ao praticar essas mentalidadescoletivas? Examinei duas categorias superiores de "razoavelmente bem" e "muito bem", e duas categorias inferiores de "mais ou menos bem" e "nada bem". Nas Figuras 16.3 e 16.4, podemos ver as respostas vindas de diferentes países a três perguntas: "Você acha que está praticando bem essas mentalidades?", "Como acha que seus gerentes estão praticando essasmentalidades?" e "Como acha que seus executivos seniores estão praticando essas mentalidades?".

Os entrevistados, em conjunto, acham que estão fazendo um trabalho muito bom ao praticar mentalidades, tendo o Brasil ultrapassado de longe os demais países pesquisados. No entanto, quando começamos a decompor um pouco as coisas por gerentes e executivos seniores, podemos ver como os números se alteram de forma drástica. Em todo o mundo, só 36% dos gerentes estão praticando essas mentalidades "razoavelmente bem" ou "muito bem". Esse número é um pouco mais alto para executivos seniores em todo o mundo, atingindo 38%, mas devido principalmente às altas pontuações do Brasil. Sem o Brasil, esses números ficam mais perto de 30%.

Coletivamente, pessoas do Brasil e da DACH (Áustria, Alemanha, Suíça) acreditam estar fazendo um ótimo trabalho ao praticar essas mentalidades, com os outros países tentando seguir o exemplo. Nessas partes do mundo, os gerentes também receberam altas pontuações, com a China ficando bem atrás dos outros países. Quando se trata de executivos seniores, Brasil e Índia estão no topo da lista, e Austrália e Reino Unido são os retardatários. É interessante que a maioria das pessoas em geral se voltem para os Estados Unidos quando se trata de assuntos como liderança, inovação e práticas nos locais de trabalho, mas os índices dos Estados Unidos não estão no topo de nenhum desses dados estatísticos.

Como você, seus gerentes e executivos seniores estão praticando essas mentalidades?

("razoavelmente bem" e "muito bem")

	EUA	RU[5]	DACH[6]	Índia	Brasil	China	EAU	Austrália
Você	69	69	70	64	78	48	68	67
Gerentes	36	35	40	35	48	27	38	32
Executivos seniores	35	32	37	43	49	39	37	31

Figura 16.3 Praticando mentalidades do líder do futuro: comparações por país.

---

5 Reino Unido. (N. do T.)

6 Alemanha, Áustria e Suíça. (N. do T.)

O Líder do Futuro

Como você, seus gerentes e executivos seniores estão praticando essas mentalidades?

("mais ou menos bem" e "nada bem")

	EUA	RU	DACH	Índia	Brasil	China	EAU	Austrália
Você	29	29	28	35	20	47	32	32
Gerentes	58	58	54	63	47	68	60	64
Executivos seniores	60	60	57	54	46	57	60	64

JACOB MORGAN
© thefutureorganization.com

Figura 16.4 Praticando as mentalidades do líder do futuro: comparações adicionais por país.

A Figura 16.4 mostra um gráfico semelhante, mas, em vez de olhar para as duas categorias superiores, volta-se para as duas inferiores.

Como era de se esperar, a China teve o maior percentual de pessoas que pontuaram nas duas últimas categorias, seguida pela Índia, Emirados Árabes Unidos e Austrália. Com relação aos gerentes, Brasil e DACH tiveram o menor percentual de gerentes pontuando nas duas categorias inferiores, enquanto China e Austrália tiveram o maior. No tocante a executivos seniores, Brasil e Índia tiveram o menor percentual nas duas categorias inferiores. De novo, porém, se olharmos para os Estados Unidos bem como para algumas partes da Europa, essas áreas do mundo não pontuaram tão bem quanto a maioria das pessoas poderiam presumir.

Em todo o mundo, 57% de todos os gerentes pontuaram nas duas categorias inferiores, e 58% dos executivos seniores pontuaram nas duas categorias inferiores.

Pare um momento e pense no que esses números significam: a maioria dos empregados no mundo todo aparecem para trabalhar todo dia com líderes que *não* são exploradores, *chefs*, servidores ou cidadãos globais. Como podemos ser liderados por indivíduos que não praticam a curiosidade, nem a humildade, nem a vulnerabilidade, nem se

182

Até que ponto estamos praticando devidamente essas mentalidades hoje?

voltam para o serviço e o aprendizado perpétuo, nem abraçam a tecnologia pensando de forma global, ágil e versátil, tampouco são guiados por um propósito e pela atenção às outras pessoas, possuindo uma mentalidade construtiva, a mente aberta e aceitando a diversidade? Que tipo de ambiente isso cria para os bilhões de empregados ao redor do mundo que trabalham para líderes desse tipo? Devíamos ficar furiosos, desapontados e bem honestamente envergonhados por trabalharmos nesse tipo de mundo. Mas acima de tudo devíamos estar determinados e esperançosos de que possamos mudá-lo. Mentalidades como essas não são apenas "boas para se cultivar"; são cruciais para seu sucesso como líder e estão na medida certa para o mais grandioso sucesso de sua organização. Criamos uma força de trabalho de zumbis, mas felizmente há uma cura – isto é, se você, como líder, estiver disposto a administrá-la.

PARTE 4

AS CINCO HABILIDADES DAS NOVE NOTÁVEIS

17
O Futurista

O Futurista

Os *mindsets* dizem respeito a como os líderes do futuro precisam pensar, mas nesta seção sobre habilidades vamos olhar especificamente para as coisas de que eles precisam para saber agir. De novo a partir das entrevistas que fiz com mais de 140 CEOs, identifiquei as coisas mais cruciais para os líderes nos próximos dez anos (ver Figura 17.1).

Hari Seldon é professor de Matemática na Streeling University do planeta Trantor, sendo conhecido por ter desenvolvido a psico-história, uma ciência que combina as disciplinas Matemática, História e Sociologia, para prever, em termos de probabilidade, o futuro do império galáctico (só funciona em grande escala, não para uma única pessoa ou pequenos grupos). Foi essa a premissa de uma das minhas séries preferidas de ficção científica chamada *Fundação*, escrita por Isaac Asimov. A série conduz os leitores em uma jornada que os deixará a par de como a psico-história é usada para influenciar os acontecimentos mundiais, sendo uma leitura fascinante. Hari é o exemplo extremo de um futurista, embora seja um personagem de ficção.

Quando pensam em um futurista, a maioria das pessoas imaginam alguém que prevê o futuro, como Hari, mas nada poderia estar mais longe da verdade. No contexto dos negócios, ouvimos com frequência falar dessa vontade de descobrir, antes de todos, o que "está vindo por aí". Os futuristas ajudam a garantir que indivíduos e organizações não sejam surpreendidos pelo que o futuro possa trazer. Isso é classificado pelos CEOs como a competência número um que os líderes do futuro devem possuir. Mas como se consegue obtê-la?

As cinco habilidades do líder do futuro

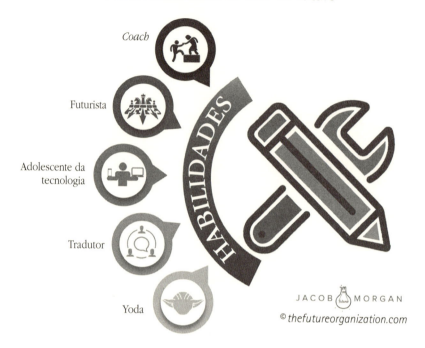

Figura 17.1 As cinco habilidades do líder do futuro.

Há mais movimentos possíveis em um jogo de xadrez que átomos no universo. É um jogo de combinações e possibilidades praticamente ilimitadas, e nenhuma partida é idêntica a outra, a não ser que haja uma ação deliberada nesse sentido. Em um jogo de xadrez, os primeiros doze movimentos, aproximadamente, são chamados de "abertura". Nesse estágio do jogo, os grandes mestres realmente observam a variedade de movimentos iniciais que eles e seus adversários podem fazer. É claro que eles não podem prever com exatidão que movimento o adversário vai executar, mas, com um bom domínio da abertura, terão uma ideia do que o adversário *pode* jogar e, em consequência disso, dificilmente serão apanhados de surpresa. Claro que de vez em quando aparece uma novidade no tabuleiro que faz o grande mestre "sair do esquema" (o que significa abandonar as regras de sua preparação). Quando isso acontece, ele passa a confiar no conhecimento que possui do jogo, na experiência prévia, no reconhecimento de padrões e na intuição. Pensar como um futurista diz respeito a levar em conta diferentes cenários e possibilidades, ao contrário de escolher um e se agarrar a ele. Em certo sentido, ele está na realidade analisando várias posições para que, quando seu caminho o levar para uma delas, ele saiba o que esperar. O ritmo das mudanças é uma das mais profundas tendências e desafios que vão moldar o futuro da liderança. Com as coisas mudando tão depressa, os líderes têm de ser capazes de reagir e, de preferência, prever a mudança e ter planos para enfrentá-la. Isso é particularmente importante quando o negócio está lutando para sobreviver e, ainda mais especialmente, quando está prosperando, e você e sua equipe tenderiam a se tornar mais complacentes.

Alfredo Perez é CEO da Alicorp, empresa peruana de produção de alimentos com 10 mil funcionários. Tive a sorte de me encontrar com Alfredo e sua equipe no Peru, onde me convidaram para fazer uma palestra. Ele me disse:

> O fato é que adaptar-se à mudança não é o bastante; precisamos liderar a mudança e criar o futuro. Adaptar-se é manter a cabeça acima da água, mas liderar e criar é navegar por ela. Como líderes, precisamos equilibrar pragmatismo e velocidade com a consideração cuidadosa das implicações de nossas decisões para nossas companhias e nosso povo em contextos que são sempre novos. Líderes que pensam em adaptar-se já foram deixados para trás; líderes que pensam em criar são os que terão êxito.

Os futuristas usam uma estrutura para ajudá-los a pensar nas possibilidades e visualizá-las. É "o cone de possibilidades" (ver Figura 17.2). Imagine que estamos olhando pela extremidade estreita de um cone. Isso representa o horizonte de tempo mais próximo, que pode ser de alguns dias, algumas semanas ou talvez até um ano. Quanto mais curto o horizonte de tempo, mais previsíveis as coisas costumam ser, o que significa que precisaremos levar em conta um número menor de cenários ou possibilidades. Quando, no entanto, olhamos mais para a beirada do cone, o horizonte de tempo se expande e o cone fica mais amplo, o que significa que o número de cenários e possibilidades que precisaremos levar em conta vai aumentar. Há vários tipos de possibilidades que devemos considerar. O primeiro tipo é um conjunto de cenários possíveis, mas não prováveis; o segundo tipo são as possibilidades prováveis de acontecer; e o terceiro é o que você quer que aconteça.

Essas diferentes possibilidades podem ser bastante subjetivas e dependem de vários fatores, incluindo nossa capacidade de identificar padrões, como "conectado", consciente de tendências relevantes e fazendo varreduras de tempo em busca de sinais que possam nos dar uma pista sobre o que o futuro poderia trazer. Para líderes, isso significa que você tem de estar mais conectado que nunca à sua rede, que inclui clientes, funcionários e até mesmo seus competidores. Quando estudei *foresight* na Universidade de Houston, esse foi um dos mais úteis e poderosos construtos que nos ensinaram e que uso com regularidade. Claro, há muito mais que pode ser escrito sobre as ferramentas e os modelos que os futuristas usam, e se pode inclusive fazer um mestrado em Futurologia. Mas esse "cone de possibilidades" é talvez a ferramenta mais útil e prática que podemos começar a implementar para pensarmos como futuristas.

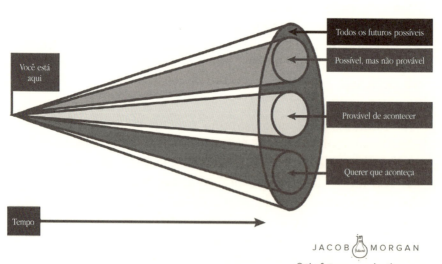

Figura 17.2 Cone de possibilidades.

Como pensa um futurista

Peguemos um exemplo bastante prático sobre IA e empregos. Se olhássemos para a parte estreita do cone, ficaria bem claro que amanhã, na semana que vem, no mês que vem e mesmo até o fim do ano, as coisas parecerão relativamente semelhantes ao que são agora. Você não vai acordar amanhã ou depois e descobrir que todos os trabalhadores de sua empresa foram substituídos por robôs ou que o apocalipse dos empregos finalmente chegou. Mas digamos que estivéssemos olhando mais para o futuro, talvez daqui a cinco ou dez anos. Agora, de repente, a imagem se altera.

Qual poderia ser um cenário possível, ainda que não provável? Com o avanço e o investimento contínuos em tecnologia, eu diria que o *status quo* é um cenário possível, mas não provável. Em outras palavras, as coisas não serão exatamente como são agora. O que é um cenário provável? Pode ser que daqui a cinco anos vejamos a tecnologia acabar com muitos trabalhos de rotina e tomar o lugar de trabalhadores em algumas indústrias, mas essa substituição não será tão dramática quanto muitos acreditam. Na realidade, vários novos empregos serão criados, e o impacto geral sobre os empregos será equilibrado. Que cenário você quer ver acontecer? Pessoalmente, gostaria muito de ver trabalhos rotineiros e pouco agradáveis serem substituídos e os trabalhadores que costumavam fazê-los serem reciclados e requalificados para se concentrarem em tarefas de base mais humana, como estratégia de vendas, assessoria ao cliente e relacionamentos.

Essa é uma técnica poderosa que os futuristas usam para ajudá-los a equacionar uma situação, explorá-la e planejar o futuro. De fato, uma das coisas que os futuristas fazem é ministrar *workshops* de planejamento de cenários para discutir estas (e outras) abordagens. É claro que podemos sugerir várias possibilidades e cenários em cada um desses escaninhos e descobrir que o futuro pode ser uma combinação das várias possibilidades que antecipamos.

Essa é uma explicação um tanto simplificada e básica de como nosso cone de possibilidades é usado, mas ele continua sendo uma ferramenta bastante útil, que os líderes devem aprender a utilizar. O importante é que ele nos faz pensar em termos de possibilidades e cenários em vez de nos concentrar em uma única possibilidade e em um único cenário, que é o que a maioria dos líderes hoje se sentem inclinados a fazer. Eis aqui um exemplo com uma visão geral simplista: vamos supor que você acredite que nos próximos dez anos milhões de empregos serão afetados em todo o mundo, entre eles, os que existem em sua organização, e que sua estratégia de negócios esteja baseada nessa suposição. Você investe em vários programas de tecnologia e automação, prepara-se para cortar empregos e deixa de se concentrar em qualquer coisa relacionada à experiência do funcionário, como um *design* do espaço de trabalho ou iniciativas no campo da cultura, liderança, saúde e bem-estar. Alguns anos se passam e parece que, embora a tecnologia tenha se tornado mais indispensável aos negócios, é no componente humano que, afinal, eles se baseiam. Seus clientes ainda querem fazer negócios com humanos, talvez a IA não tenha avançado com a velocidade prevista e parece agora que é o aspecto humano do trabalho (e não a tecnologia) que determinará seu sucesso. Infelizmente, você passou os últimos anos redesenhando sua organização para ser menos humana e agora está em apuros. Você cometeu o erro de escolher uma esquina e dobrá-la, em vez de meditar sobre as muitas esquinas onde poderia ter virado.

O líder do futuro tem de se sentir à vontade e apto a pensar em termos de diferentes possibilidade e cenários. Deve ter planos ao alcance da mão se um desses cenários se tornar realidade. Como líder, você deve se concentrar em minimizar a possibilidade de ser surpreendido pelo que o futuro pode trazer. O esquema acima pode ser aplicado em grande ou pequena escala. Felizmente, essa é uma área onde a tecnologia pode ser de grande ajuda.

Michael Kasbar é presidente e CEO da World Fuel Services, empresa global de logística de combustíveis com mais de 5 mil funcionários. Eis aqui como ele aborda o assunto:

> Durante muitos anos, os líderes tomaram decisões e criaram estratégias com base no instinto e na intuição. Isso, é claro, ainda é importante hoje, mas agora temos a contribuição de dados e de uma tecnologia que nos ajudam a determinar se estamos nos movendo na direção certa. Para líderes do futuro, não se trata de escolher um caminho e segui-lo; trata-se de explorar muitos caminhos ao mesmo tempo, de espiar o que há depois de muitas esquinas para concluir qual é o melhor caminho a seguir.

Hoje muitos líderes também não param de perguntar: "Qual é o futuro do trabalho?". Sei disso porque é uma das perguntas mais comuns que me fazem. Essa pergunta implica duas suposições perigosas e que não estão corretas. A primeira é que existe um futuro predeterminado, e a segunda é que o futuro é algo que acontece conosco. Como expliquei antes, não existe essa coisa de futuro predeterminado, de ocorrência garantida; tire da cabeça esse modo de pensar. Quando falamos do futuro como algo que vai nos acontecer, isso lembra alguém que está prestes a levar um soco no estômago e a única coisa que pode fazer é se preparar para o impacto. Mas esse futuro não é algo que acontece conosco; é algo que podemos ajudar a projetar, moldar e criar. Para os líderes da próxima década, faz parte de pensar como um futurista dissipar essas duas suposições errôneas e colocar-se no assento do motorista sem perguntar "qual é o futuro do trabalho?", mas sim "qual é o futuro do trabalho que eu ou *minha* organização queremos ver acontecer e como vamos fazê-lo acontecer?". Nas sábias palavras de Abraham Lincoln, "a melhor maneira de prever o futuro é criá-lo".

Tom Wilson é diretor-presidente e CEO da Allstate Corporation, seguradora com mais de 43 mil funcionários e 10 mil proprietários de agências que operam como subsidiárias independentes. De acordo com Tom: "Liderança diz respeito a moldar o futuro, não apenas reagir a tendências. Qualquer um pode reagir a tendências; a questão é se podemos ver e moldar um futuro melhor. É isso que fazem os líderes".

Como os líderes podem desenvolver a habilidade do futurista

Curiosamente, muitos de nós praticamos de alguma forma essa arte na vida pessoal; só não percebemos que o fazemos. Pense no momento em que você arranjou a primeira namorada, teve o primeiro filho, comprou a primeira casa ou fez alguma outra opção importante na vida. Ao vivenciar essas coisas, você começou a fazer perguntas como: "Vejo algum potencial de ter um futuro com essa pessoa ou não vamos passar desse primeiro encontro?", "Como seria ter uma vida ao lado dessa pessoa?", "Se comprarmos uma propriedade neste bairro, quanto ela valerá daqui a dez anos?", "O que vai acontecer se ela sofrer uma grande desvalorização?". Em outras palavras, já estamos pensando em diferentes cenários, em diferentes possibilidades, e mapeando-os na cabeça. Mas, por alguma razão, quando aparecemos para trabalhar, a maioria de nós não utiliza essa capacidade de análise.

O campo da previsão tem muitos componentes, mas, em termos rigorosos, o melhor modo de começarmos a pensar como futuristas é fazer a nós mesmos uma série de perguntas quando nos vemos diante de decisões que precisamos tomar. Veremos que essas perguntas podem ser aplicadas a algo tão grande quanto alterar a direção estratégica da organização ou tão pequeno quanto o modo como desejamos encaminhar uma reunião. Eis aqui as perguntas que quero que observe:

- Por que "isto" pode ou não acontecer?
- O que mais pode acontecer?
- O que eu quero que aconteça e como posso fazer isso acontecer?
- Que fatores podem influenciar para que isso aconteça ou não?

Comece com essas quatro perguntas e, se passar a fazê-las com regularidade ao tomar decisões, seu modo de pensar vai mudar.

Outra coisa prática e útil que podemos fazer é aprender a disputar um jogo como o xadrez. Pode parecer um pouco estranho aprender a jogar para se tornar um líder melhor, mas dá certo. Os maiores mestres do xadrez, como Garry Kasparov, escreveram livros sobre as várias maneiras com que os conceitos e princípios do xadrez podem ser aplicados aos negócios e, em especial, à liderança. Aprender a jogar xadrez, por exemplo, obriga o jogador a pensar em termos de cenários e possibilidades, a procurar padrões, ensinando-nos assim a trabalhar com computadores na preparação de uma ação, já que nos auxilia a pensar estratégica e taticamente.

O último lance aqui é nos lembrarmos de usar o cone de possibilidades. É realmente útil realizar pequenas sessões ou *workshops* maiores como treinamento para nos familiarizarmos com esse tipo de ferramenta e estrutura futurista. Alguns líderes, no entanto, já se acostumaram a fazer rápidas visualizações mentais, como grandes mestres do xadrez, que refletem sobre o próximo movimento.

Lembre-se: não existe essa coisa de futuro predeterminado, e o futuro não é algo que nos acontece, e sim algo que criamos. Que tipo de futuro queremos construir e como vamos construí-lo?

18
Yoda

Yoda

Aparecendo pela primeira vez em um filme dos anos 1980, *O Império Contra-Ataca*, Yoda é o pequeno personagem verde que bilhões de pessoas ao redor do mundo passaram a conhecer e amar. É também um dos personagens de maior inteligência emocional já criados, como suponho que deveria ser; afinal, teria 900 anos e já teria treinado muitos Jedi durante a vida. Nos filmes *Star Wars*, aparece como guia, um mentor e professor de muitos outros personagens, que se voltam para ele por sua sabedoria e conexão com a "Força".

Algumas de suas cenas e citações mais famosas foram todas sobre emoção:

"O medo é o caminho para o lado negro. O medo leva à raiva. A raiva leva ao ódio. O ódio leva ao sofrimento."

"Lembre-se, a força de um Jedi flui da Força. Mas cuidado com a raiva, o medo e a agressão. O lado negro são eles. Se você começa a seguir o caminho escuro, ele dominará para sempre seu destino."

"Use seus sentimentos, Obi-Wan, e há de encontrá-lo."

Os líderes do futuro devem aprender a canalizar seu Yoda interior, o que significa serem inteligentes em termos emocionais, capazes, em especial, de praticar a empatia e a autoconsciência.

Inteligência emocional (empatia e autoconsciência)

A palavra "emocional" raramente é usada na mesma frase que "líder", ainda assim muitos dos CEOs que entrevistei afirmaram que empatia e autoconsciência estão entre as aptidões mais cruciais que os líderes terão de possuir em 2030. Em um mundo claramente impulsionado pela tecnologia, o foco em atitudes mentais e habilidades humanas será talvez a coisa mais importante. Ironicamente, porém, muitas vezes o menos priorizado e menos ensinado são as mentalidades e habilidades humanas.

Empatia

Empatia significa sermos capazes de compreender os sentimentos e emoções de outra pessoa e sermos capazes de nos colocar no lugar dela. É mais ou menos como tirarmos "a nós mesmos" do próprio corpo e entrarmos no de outra pessoa. Para usar uma analogia com xadrez, seria o equivalente a tentar compreender os planos do parceiro contra quem você disputa uma partida em vez de se concentrar unicamente em seus próprios planos.

No canto do quadro branco em sua sala, Stephen Smith, CEO da varejista de roupas L. L. Bean (com mais de 5 mil funcionários), mantém registrados seus três elementos de liderança para que não se esqueça de praticá-los todos os dias. No primeiro lugar da lista está a empatia, seguida por transparência e integridade. De Stephen:

> Do ponto de vista histórico, empatia não tem sido uma palavra usada com muita frequência nos negócios. Mas ser capaz de se colocar no lugar de outra pessoa para encarar algum problema ou escolha difícil, algo que estamos tentando resolver de múltiplas perspectivas, é uma das coisas mais importantes que os líderes podem fazer. Claro, queremos construir uma equipe que também tenha múltiplas perspectivas, para que possamos chegar a um terreno comum e à melhor solução possível.

Empatia é algo que os líderes devem praticar, seja com o funcionário que trabalha ao nosso lado, com um funcionário virtual a milhares de quilômetros de distância, um cliente ou qualquer outra pessoa com quem estejamos interagindo em nossa vida profissional ou pessoal. Segundo o relatório "2018 State of Workplace Empathy"

[Situação da Empatia no Local de Trabalho em 2018], 87% dos CEOs nos Estados Unidos acreditam que o desempenho financeiro de uma empresa está ligado à empatia no local de trabalho (Businessolver, 2018). No mundo dos negócios de hoje, fizemos muito bem em criar organizações solidárias onde os funcionários costumam dizer coisas como "lamento que você esteja se sentindo assim". Infelizmente, no entanto, aqui há muito pouco que permita a conexão humana. Estamos sempre ouvindo "me desculpe" de agentes de atendimento ao cliente, de centrais de atendimento automatizado ou mesmo de *chats* com assistentes virtuais com que possamos interagir. Ouvimos isso de funcionários do varejo, dos médicos ou nos portões de embarque dos aeroportos. Basta!

Como líderes, a empatia entra em jogo em muitos cenários, como quando tentamos resolver um conflito ao tentar compreender os pontos de vista de cada um, quando estamos desenvolvendo produtos ou serviços para o cliente, aperfeiçoando a colaboração, criando segurança psicológica dentro de uma equipe ou apenas tomando melhores decisões de negócios ao entender tanto o negócio quanto as implicações humanas. É fácil julgar os outros, em especial no contexto do ambiente de trabalho, e isso vale para funcionários de todos os níveis. Por exemplo, é fácil presumirmos que, se um funcionário pede ajuda em um momento de vulnerabilidade para cumprir uma tarefa, ele sem dúvida não está qualificado para a função. Contudo, uma resposta empática a alguém nessa situação poderia ser: "Compreendo como está se sentindo; vivi uma situação parecida quando comecei a trabalhar aqui".

O Centro de Liderança Criativa realizou um estudo sobre empatia no local de trabalho e constatou, com base em uma amostra de 6.731 líderes, que a empatia está positivamente relacionada ao desempenho no trabalho e que "gerentes que mostram mais empatia com relação a pessoas que se reportam diretamente a eles são considerados pelos patrões como melhores profissionais no exercício de suas funções" (Gentry, 2016).

A empatia é a pedra angular para criar uma organização mais humana.

Bradley Jacobs, presindente e CEO da XPO Logistics (que já encontramos neste livro), descrevia isso de um modo maravilhoso:

> Ser capaz de ver uma situação através dos olhos de outra pessoa é uma característica muito valiosa que um líder deve cultivar. Com o tempo, os líderes do futuro devem ser capazes de ter empatia e serem dialéticos, mais do que somos hoje. Por dialéticos, quero dizer serem capazes de superar seus preconceitos e serem flexíveis em seu pensamento, não rígidos. Líderes precisam ser capazes de sair de suas próprias cabeças e compreender as perspectivas de clientes e funcionários. Essa habilidade é essencial para os líderes do futuro.

Autoconsciência

Além da empatia, a outra peça de inteligência emocional que surgiu com frequência durante minhas discussões com CEOs foi a autoconsciência, que diz respeito a estar atento a suas próprias emoções, sentimentos, estados de espírito, motivações e desejos. Tive a oportunidade de entrevistar a dra. Tasha Eurich sobre esse tópico. Psicóloga organizacional, ela é autora do *best-seller* da lista do *New York Times Insight: The Surprising Truth About How Others See Us, How We See Ourselves, and Why the Answers Matter More Than We Think* e uma das líderes na questão da autoconsciência. Segundo Tasha, a autoconsciência compreende dois componentes: autoconsciência interna, que é como vemos nossos próprios valores, paixões, pensamentos, sentimentos e emoções, e autoconsciência externa, que é o entendimento de como somos vistos pelos outros.

Em sua pesquisa, a dra. Eurich e sua equipe descobriram que 95% das pessoas pensam que são autoconscientes, mas só 10% a 15% delas de fato o são, o que é uma enorme discrepância (Eurich, 2018). Quando perguntei à Tasha por que a autoconsciência era tão crucial, a resposta foi profunda:

> Vou inteirá-lo de um segredo bem guardado: quando líderes melhoram sua autoconsciência, isso gera um efeito em cascata. Em termos pessoais, vai nos tornar profissionais melhores, mais dignos de promoção, melhores comunicadores, melhores influenciadores, e vai nos ajudar a evitar um comportamento antiético. Em termos interpessoais, fortalece nossos relacionamentos no trabalho e em casa – os casamentos são melhores e se criam crianças com mais maturidade. Também há evidências

de que líderes autoconscientes têm mais funcionários dedicados: gente disposta a trabalhar com mais empenho e muito mais comprometida com a missão da empresa. A lista continua. Mas, se esses resultados não forem convincentes o bastante, há evidências de que líderes autoconscientes realmente lideram empresas mais lucrativas, empresas com um grande número de funcionários autoconscientes, e empresas com grandes efetivos de funcionários autoconscientes têm melhor retorno financeiro. Minha pergunta é a seguinte: por que você não gastaria um pouquinho do tempo trabalhando em algo que vai lhe trazer um efeito cascata em cada área de sua vida? Outra maneira de pensar nisso: sua autoconsciência definirá o limite superior de todas as habilidades importantes para se ter sucesso nos negócios no século XXI. As pessoas que sabem disso e trabalham para melhorar têm, sem dúvida, uma vantagem única.

A Blue Shield of California é uma provedora de planos de saúde com cerca de 7 mil funcionários que atendem mais de 4 milhões de membros. O CEO, Paul Markovich, leva a sério o conceito de autoconsciência:

> Todo fim de semana, eu sento e penso sobre que papéis quero desempenhar. Se quero ser um bom pai, um bom marido, um bom servidor da comunidade e um líder eficaz no trabalho; essas, então, são as coisas em que vou me empenhar na semana seguinte. Planejo minha semana com propósito e isso tem me trazido frutos. Declarei meu compromisso com uma missão, o que tem guiado minhas opções em termos profissionais – onde quero trabalhar, como quero trabalhar.

Para praticar o aspecto externo da autoconsciência, Paul tem um *coach* que entrevista os subordinados diretos a cada seis meses e lhe providencia um *feedback* dessas entrevistas. Ele então analisa o *feedback* com a equipe sênior e diz a seu pessoal como vai lidar com aquilo. Paul afirma que essa providência é crucial para ajudar a entender com que espírito ele chega ao trabalho e de que modo está afetando as pessoas ao redor.

Segundo Daniel Goleman, psicólogo de renome internacional e autor do *best-seller Emotional Intelligence: Why It Matters More than IQ*:

"A autoconsciência emocional é uma competência da liderança em modelo após modelo. São estes os líderes sintonizados com seus sinais internos, reconhecendo como seus sentimentos afetam a eles e seu desempenho no trabalho" (Goleman, 2004).

Em um estudo de 72 executivos seniores, a American Management Association constatou que uma pontuação elevada de autoconsciência era o indicador mais importante do sucesso geral. Segundo a pesquisadora e psicóloga organizacional corporativa dra. Becky Winkler, isso acontece porque os líderes que são autoconscientes de suas fraquezas são capazes de contratar pessoas que vão cercá-los e ter um melhor desempenho nas áreas onde o trabalho deles apresenta deficiências. Um aspecto fascinante da pesquisa descobriu que líderes rudes, agressivos, que estão focados em alcançar resultados a todo custo não melhoram os resultados financeiros – na verdade, os diminuem. Por outro lado, líderes autoconscientes conseguem apresentar um melhor desempenho financeiro (Winkler, 2019).

Hans Vestberg é presidente CEO da Verizon Communications, um conglomerado multinacional das telecomunicações norte-americanas com mais de 152 mil funcionários em todo mundo. Ele resumiu muito bem esse conceito.

> A primeira camada de habilidades que um bom líder deve dominar é interna: gerenciar a si mesmo ou a si mesma como ser humano individual. Isso inclui a saúde física, o equilíbrio emocional, o autoconhecimento – tudo que levamos conosco para cada reunião, cada decisão, cada evento público. Um grande número de líderes está tentado a ignorar ou tirar a ênfase dessa camada extremamente básica, mas o faz por sua conta e risco.

Como você é e como os outros percebem que você é. Ser um líder autoconsciente significa exatamente isso.

Outros componentes da inteligência emocional

Embora os CEOs que entrevistei tenham identificado especificamente empatia e autoconsciência como os aspectos mais cruciais da inteligência emocional, há, na verdade, um pouco mais que isso a ser levado em conta. Daniel Goleman é psicólogo, jornalista de ciência e um dos maiores especialistas do mundo em inteligência emocional. Esteve entre os primeiros a propor que a inteligência emocional pode ter mais importância que o QI (quociente de inteligência), algo que discutiu em seu *best-seller* apropriadamente intitulado *Inteligência Emocional*. Segundo Daniel, a inteligência emocional na realidade tem cinco componentes:

1. Autoconsciência – a capacidade de reconhecer e compreender seus estados de espírito e suas emoções, e como eles afetam os outros.
2. Autorregulação – a capacidade de controlar impulsos e estados de espírito, pensando antes de agir.
3. Motivação interna (ou intrínseca) – ser levado a perseguir objetivos por razões pessoais, não para ganhar algum tipo de recompensa (o oposto é a motivação externa).
4. Empatia – a capacidade de reconhecer e compreender as motivações dos outros, o que é essencial para ter sucesso ao formar e liderar equipes.
5. Aptidões sociais – a capacidade de administrar relacionamentos e construir redes (Goleman, 2004).

Segundo uma pesquisa feita pela TalentSmart, 90% das pessoas com melhores desempenhos nas organizações possuem nível elevado de inteligência emocional. Contudo, apenas 20% dos piores desempenhos têm um alto nível de inteligência emocional (TalentSmart, s.d.). Outra pesquisa publicada pela Harvard Business Extension School também citava dois exemplos que demonstram o impacto que a inteligência emocional tem em uma *performance* organizacional. O primeiro exemplo é a empresa farmacêutica francesa Sanofi, com mais de 110 mil empregados ao redor do mundo. Ao se concentrar nas aptidões para a inteligência emocional de sua equipe de vendas, o que incluiu avaliações e *workshops*, o desempenho dos profissionais de vendas aumentou em 13%. O segundo exemplo vem da Motorola, que viu a produtividade do pessoal de seu complexo manufatureiro aumentar em 90% após a introdução de programas de treinamento da inteligência emocional (Wilcox, s.d.).

Frances Hesselbein, ex-CEO da Girl Scouts dos Estados Unidos, foi agraciada com a Medalha Presidencial da Liberdade, prêmio mais célebre que um civil pode receber. Ela tem ainda 23 títulos *doctor honoris*

causa. Completou 100 anos em 2015 e continua a assessorar e treinar muitos líderes em todo o mundo. Passei algumas horas com Frances e ela me passou muitas pérolas de sabedoria de liderança, incluindo a que vem a seguir, que levei muito a sério e acredito que se aplica diretamente à autoconsciência:

> Passamos a maior parte da vida aprendendo a fazer, ensinando pessoas a como fazer e, no entanto, sabemos que no final é a qualidade e o caráter do líder que determinam a execução e os resultados. A liderança, portanto, é uma questão de como ser, não de como fazer.

Um artigo da *Harvard Business Review*, "What Makes a Great Leader" [O Que Faz um Grande Líder] (Goleman, janeiro de 2004), declarou:

> Os líderes mais eficientes assemelham-se todos de uma maneira crucial: possuem todos um alto grau do que passou a ser conhecido como inteligência emocional. Não que o QI e as habilidades técnicas sejam irrelevantes. Eles importam, mas... são apenas requisitos básicos para o acesso a cargos executivos. Minha pesquisa, junto com outros estudos recentes, mostra claramente que a inteligência emocional é a condição *sine qua non* da liderança. Sem isso, uma pessoa pode ter a melhor formação do mundo, uma cabeça incisiva, analítica, e um suprimento infinito de ideias inteligentes, mas nem assim chegará a ser um grande líder.

Se isso não ajudar, considere um incentivo um pouco mais egoísta: pessoas com alto grau de inteligência emocional ganham em média US$ 29 mil a mais por ano que aquelas com um baixo índice de inteligência emocional.

Um estudo de Korn Ferry sobre inteligência emocional, mencionado antes neste livro (Korn Ferry, 2017), constatou que líderes com alto nível de inteligência emocional exibem alguns comportamentos comuns, entre eles:

- Escutam mais do que falam.
- Enfatizam o *como* e o *porquê*, em vez de apenas se limitarem a dizer às pessoas o que fazer.

- Conquistam a dedicação dos membros da equipe ao reconhecer suas contribuições, em vez de ficar continuamente criticando e corrigindo seus erros.
- Resolvem desavenças de modo franco e interagem com as emoções das pessoas durante o conflito.
- Entendem o que energiza e conquista a dedicação das pessoas em suas equipes – e criam ambientes que promovem essa energia.
- Encorajam membros da equipe a permanecer pelo menos cinco anos na organização para que se sintam engajados e capazes de realizar seu trabalho de forma eficaz.

Em uma entrevista que deu à Bloomberg, a ex-CEO da PepsiCo, Indra Nooyi, compartilhou a epifania que teve ao visitar sua mãe (o pai havia falecido) na Índia. Eles organizaram uma pequena reunião para amigos e membros da família. Ao chegar, as pessoas procuravam logo a mãe de Indra para cumprimentá-la pela ótima orientação que havia dado à filha, tendo criado uma CEO global. Indra percebeu que devia aos pais grande parte de seu sucesso. Eles a tinham educado, influenciado e sustentado. Na entrevista à Bloomberg, Indra contou como a mãe costumava recomendar que sonhasse alto e, sentada à mesa do jantar, pedia que Indra fingisse que era a primeira-ministra da Índia e que tinha de fazer um discurso. Depois a mãe de Indra fornecia um *feedback* e uma crítica a seu desempenho.

Indra disse na entrevista: "Ocorreu-me que nunca tinha agradecido aos pais dos meus executivos pelo presente que eles deram à PepsiCo". Quando voltou, Indra mandou uma carta para os pais de cada membro de sua equipe executiva, cerca de quatrocentos deles. Contava o que o filho ou filha estava fazendo e depois dizia: "Obrigado por ter presenteado seu filho à nossa empresa". Indra começou a receber respostas de muitos pais dizendo como se sentiam honrados por terem recebido uma carta dela, e alguns executivos disseram a Indra que aquilo fora a melhor coisa que tinha acontecido a seus pais. Como Indra afirmou: "Você precisa olhar para o funcionário e dizer: 'Eu valorizo você como pessoa. Sei que tem uma vida além da PepsiCo e vou respeitá-lo durante toda a sua vida; não vou tratá-lo apenas como o funcionário número 4.567'" (Rubenstein, 2016).

Keith Barr é CEO do InterContinental Hotels Group (IHG), empresa global de hotelaria com mais de 400 mil pessoas ao redor do mundo. Ele me disse:

> Os líderes têm de começar com a autoconsciência. Estou impressionado com pessoas que são incrivelmente autoconscientes e igualmente impressionado com pessoas que não têm autoconsciência. Ela é fundamental para o sucesso, porque trata do aprendizado da desenvoltura e da mudança. Sempre devemos nos perguntar: "Como posso fazer isso melhor?", "Como posso fazer isso de modo diferente?" ou "O que eu fiz bem feito?". E temos de colher opiniões dos que estão à nossa volta. Se não formos autoconscientes, não teremos respostas a essas perguntas ou, para começar, talvez nem as tenhamos feito. E isso não é modo de liderar, em especial no futuro.

Como os líderes podem desenvolver a habilidade do Yoda

Quando se trata de empatia, muitas pessoas recorrem aos conselhos da dra. Brené Brown, professora e pesquisadora da Universidade de Houston e autora de numerosos *best-sellers*, entre eles: *Daring Greatly* e *Dare to Lead*. Ela estudou empatia por mais de duas décadas e desenvolveu uma excelente abordagem de quatro etapas, que qualquer líder pode seguir, para praticar e mostrar empatia:

1. Assumir a perspectiva de outra pessoa ou se colocar no lugar dela.
2. Abster-se de julgar e ouvi-la com atenção.
3. Reconhecer na outra pessoa a emoção que talvez ela já tenha sentido antes.
4. Expressar a ela que pode reconhecer essa emoção.

Isso parece simples. No cerne da empatia está a criação de uma conexão emocional humana com outra pessoa. Mas, como Brené adverte, praticá-la com frequência exige que possamos pensar, lembrar ou refletir sobre coisas e emoções que nem sempre são agradáveis ou confortáveis, o que nos torna vulneráveis. Mas tudo bem – é o que também nos torna humanos. Como líder, pratique esses quatro passos com regularidade quando estiver interagindo com clientes, funcionários, amigos ou pessoas da família (Brown, s.d.).

Outra coisa para se ter em mente: a empatia é controlada por uma parte do cérebro chamada giro supramarginal, e os pesquisadores descobriram que, quando as decisões precisam ser tomadas com rapidez, essa região não funciona de maneira correta. Por isso é tão importante começar ouvindo e reservar um tempo para uma pausa antes de responder ou agir. Também não é possível praticar empatia se não estivermos em um estado neutro ou semelhante ao da outra pessoa. Se estiver muito animado com uma nova promoção e o outro estiver frustrado porque recebeu uma avaliação ruim, será difícil estabelecer uma conexão. Precisamos nos colocar mentalmente no lugar da outra pessoa e nos imaginarmos vivendo uma experiência semelhante ou, pelo menos, tentarmos nos colocar em um estado emocional neutro.

Quando se trata de autoconsciência, Tasha Eurich descobriu algo perturbador: o fato de existir uma relação inversa entre poder e autoconsciência, indicando que, quanto mais tempo de casa adquirimos nas organizações, menos autoconscientes tendemos a ser. Exatamente por isso é tão crucial que os líderes pratiquem a autoconsciência. Isso pode ser feito de várias maneiras para a autoconsciência interna e externa. Para o aspecto interno, o maior conselho de Tasha é deixarmos de perguntar "por que" e passarmos a perguntar "o que". Perguntamos com frequência por que nos sentimos de certa maneira ou por que fizemos algo – por exemplo: "por que me sinto tão chateado?" ou "por que eu disse isso para um membro da minha equipe?". Perguntamos *por que* em uma tentativa de praticar a introspecção ou a autorreflexão, mas infelizmente a resposta ao "por que" costuma estar em nosso inconsciente, o que significa que não sabemos de verdade por que fazemos certas coisas ou nos sentimos de certa maneira, mas imaginamos razões que depois usamos para justificar nossos sentimentos, comportamentos ou ações. Em vez disso, concentre-se no "o que". Por exemplo, o que o deixa chateado? O que foi que o fez dizer isso para o membro de sua equipe? Concentrar-se nesse "o que" é mais eficaz porque vai ajudá-lo, como líder, a desenvolver um plano para poder se questionar, por exemplo, desta maneira: "O que vou fazer no futuro para garantir que não volte a me sentir dessa maneira?", ou: "O que posso fazer para ter certeza de que no futuro vou tomar melhores decisões?" (Eurich, janeiro de 2018).

Também podemos experimentar a técnica de Benjamin Franklin. Franklin, um dos fundadores dos Estados Unidos, era um grande devoto da autoconsciência. Manteve, em uma base regular, um balanço contábil de seus pontos fortes e fracos para determinar o valor geral de seu caráter. É um exercício bastante simples que qualquer um pode praticar. Faça no seu computador, no celular ou em uma folha de papel uma lista de todos os seus pontos fortes (seus ativos) e, em seguida, escreva todos os seus pontos fracos (os passivos). Depois de fazer e revisar a lista, você pode determinar subjetivamente qual é o valor líquido de seu caráter. Tente fazer esse exercício todo mês ou a cada trimestre, e, se estiver trabalhando o próprio temperamento, deverá ver o valor líquido de seu caráter geral crescer. Passamos tempo demais examinando os índices financeiros e comerciais de nossa empresa e talvez esteja na hora de olharmos para nosso caráter. Se deu certo com Benjamin Franklin, pode com certeza dar certo conosco.

Quando se trata da parte externa da autoconsciência, a melhor coisa que podemos fazer é obter um *feedback* sincero das outras pessoas. Coloco ênfase especial na palavra "sincero"! Você não se limita a querer que as pessoas o cumprimentem e digam como você é incrível. Como líderes, precisamos criar um ambiente verdadeiramente aberto e seguro onde os membros e colegas de nossa equipe possam nos abordar e serem honestos conosco. Tudo bem receber um *feedback* positivo, mas é o *feedback* crítico que acabará por nos ajudar a melhorar. Sempre que possível, procure aqueles a quem Tasha chama de "críticos amorosos", as pessoas que têm em mente o seu melhor interesse e estão dispostas a lhe dizer a verdade.

Como Yoda costumava dizer: "Que a Força esteja com você". Melhor ainda: "Que a inteligência emocional esteja com você".

19
O Tradutor

A palavra "tradução" vem da palavra latina *translatio*, que significa "transportar" ou "levar de um lado para o outro". Gosto de pensar em uma ponte que conecta pessoas ou coisas. Há milhares de anos existem tradutores, que são responsáveis por grande parte do que sabemos de nossa história coletiva. Entre os séculos III e I a.C., escrituras judaicas foram traduzidas para o grego – algo muito importante, já que os judeus dispersos esqueceriam sua língua ancestral. No século IX, Alfredo, o Grande, fez que a *História Eclesiástica,* de Eusébio, e *A Consolação da Filosofia*, de Boécio, fossem traduzidas para o "vernáculo anglo-saxão", o que ajudou a difundir o cristianismo. Na Ásia, o crescimento e difusão do budismo levaram a gigantescos esforços de tradução, que também ajudaram aquela religião a crescer. O impacto se estende para muito além da religião, alcançando a arte poética, a política, a música, o cinema e todo tipo de meio e gênero. Não importa o continente para onde olhamos ou o período que investigamos, os tradutores e suas traduções tiveram e continuam a ter um impacto muito forte em nossa história.

Os líderes do futuro devem ser tradutores, o que significa serem ótimos ouvintes e comunicadores. Ouvir e comunicar são traços de liderança que sempre estiveram em evidência e que são e serão sempre considerados essenciais. Mas embora esses traços possam ser o que há de mais básico e atemporal para uma grande liderança, são também aqueles com que mais nos digladiamos e os que mais se alteraram. Os CEOs que entrevistei os colocaram em segundo lugar em sua lista das habilidades mais importantes para o líder do futuro, logo atrás da necessidade de pensar como um futurista.

Embora ouvir e comunicar sempre tenham sido cruciais, sua importância vai aumentar dez vezes no futuro próximo. O mundo em que vivemos agora está se tornando cada vez mais conectado e compartilhado. Causas sociais vão se tornando imperativos de negócios e a quantidade de ruído e distrações com que todos nós estamos lidando é imensa. Basta pensar em todos os canais pelos quais podemos nos comunicar e nos ouvir, e a quantidade está aumentando. Esses canais também estão nos levando a mudar nossos comportamentos; homens adultos estão agora trocando *selfies* e usando *emojis* para se comunicarem!

Imagine agora como será na próxima década. Vai ser mais importante que nunca os líderes compreenderem os funcionários, clientes, concorrentes e a sociedade como um todo e isso não é possível sem ouvir. Os líderes também estão sendo mais que nunca expostos ao olhar público e, como seus acionistas e investidores estão sempre querendo respostas e informes sobre o que a organização está fazendo, ser capaz de se comunicar nesse tipo de mundo também será crucial.

Tim Ryan, *chairman* e sócio sênior da PwC nos Estados Unidos, disse:

> Há muita gente olhando para o líder ou a líder de hoje. Será este o caso, em termos exponenciais, em um mundo que está se tornando cada vez mais incerto. Vi muita gente atingir um teto em sua carreira porque não conseguiu superar o número de críticas que enfrentou e o que os críticos estavam dizendo a seu respeito. A realidade é que ser capaz de lidar com isso é uma habilidade que vai se tornar ainda mais importante. Nunca vamos agradar a todos, mas devemos sempre ouvir as opiniões das pessoas sem subestimá-las, ser capazes de nos comunicar de forma eficaz, de corrigir o curso quando necessário e de continuar avançando.

Em junho de 2018, o Predictive Index realizou uma pesquisa que perguntou a 5.103 entrevistados sobre seus gerentes. A melhor resposta com referência às principais características do gerente terrível era "não comunicar expectativas claras (58%)". Alguns pontos percentuais atrás disso estava "ele não ouve os outros (50%)", ao lado de "é um pobre comunicador verbal (48%)" (Predictive Index, 2018).

Prestando atenção

Muitos líderes confundem ouvir com prestar atenção. A audição é simplesmente o ato do som entrando em nosso ouvido. Na verdade, enquanto está lendo este livro você pode ouvir vários sons ao redor. Talvez esteja sentado em um café e possa ouvir gente conversando; talvez esteja em um avião e possa ouvir o ronco dos motores; ou talvez esteja sentado em casa e possa ouvir o pio dos pássaros do lado de fora. Ouvir não é um ato consciente e não requer nenhum tipo de ação proposital.

Prestar atenção, por outro lado, é bem diferente. É o esforço proposital e deliberado de compreender alguém ou alguma coisa. No mundo de hoje, repleto de possibilidades de distração, prestar atenção é sem dúvida muito mais difícil do que parece. Procure se lembrar de alguma situação em que você estava conversando, mas sabia que as pessoas não prestavam atenção ao que você dizia. Talvez estivessem olhando para você, mas você podia ver que estavam mentalmente alheias à conversa. Talvez tudo fosse ainda mais óbvio; talvez alguém estivesse checando o telefone ou *laptop* em vez de escutá-lo. Pense em como se sentiu – provavelmente não muito bem, nem muito importante.

Com a grande quantidade de novos canais de comunicação a que agora temos acesso, ouvir com atenção líderes futuros significa ter muitos ouvidos para muitas áreas diferentes.

Sempre fico fascinado com a quantidade de líderes que gostam de copiar o que os líderes de outras organizações estão fazendo. Digo sempre a eles: "Parem de tentar ser como o Google!". Qual a melhor maneira de descobrir o que seus funcionários e clientes desejam? Que tal perguntar a eles e depois ouvir o que eles têm a dizer?

A maioria de nós já teve, em um momento ou outro, um relacionamento com alguém. Imagine se você pegasse todas as dicas de como se comportar lendo revistas ou recebendo conselhos de seus amigos – um procedimento muito tolo. Por que não procurar diretamente as pessoas com quem está em contato e obter um *feedback*? Parece que hoje os líderes têm medo de falar com seu pessoal, um medo que precisamos superar com rapidez.

Charlie Young é ex-CEO da Coldwell Banker, empresa imobiliária com mais de 90 mil agentes e corretores afiliados. Ouvir com atenção representa uma grande parte de seu modo de liderar.

> Não inventei isso; tenho certeza de que existe há cem anos e acho que é um exercício realmente útil, em especial quando enfrento novas situações ou situações de mudança e preciso dar uma parada. Faço todo mundo sentar e peço que me digam o que deveríamos continuar fazendo, o que deveríamos parar de fazer e o que deveríamos começar a fazer. Pergunto isso a todos, de cima a baixo da equipe. O importante aqui é prestar atenção no *feedback* de sua equipe, analisar os dados e então determinar o melhor curso de ação. Mas tudo começa com o prestar atenção no que ouvimos.

Para os líderes, ouvir com atenção é fundamental, pois eles podem estar totalmente distantes dos clientes e até mesmo dos funcionários, em especial nas grandes organizações globais. Uma das consistentes constatações da pesquisa que fiz para este livro é que, quanto mais sênior você é, mais afastado está do restante dos funcionários de sua organização. Suas percepções de quanto você está pensando nas tendências futuras e praticando as habilidades e mindsets investigados neste livro não estão alinhadas com aqueles com quem você trabalha. Uma das melhores maneiras de eliminar essa discrepância é praticar a escuta atenta.

Michael Kneeland é presidente e CEO da United Rentals, que tem mais de 18 mil funcionários. Michael me disse: "Sempre passei pelo mundo da pirâmide invertida. Estou tão longe de meus clientes que acho que o mais impactante que eu posso fazer é ouvir com atenção e entender o que está acontecendo na linha de frente".

Não é de admirar que muita gente diga que ouvir com atenção é a melhor forma de demonstrar respeito e amor. Ao ouvir com real atenção os que estão ao seu redor, você conseguirá construir melhores relacionamentos, tomar decisões mais inteligentes e criar uma força de trabalho mais dedicada. Como líder, no entanto, isso significa que também estará encorajando seus funcionários a opinar. Não faz sentido ser um bom ouvinte se ninguém estiver disposto a falar com você!

Como me disse Arnold Donald, CEO da Carnival Cruises: "Se quer ser um líder eficiente, você tem de entender as motivações de quem está liderando. Precisa ser realmente capaz de ouvir. Se podemos ouvir bem, o mundo se revelará para nós, mas temos de ser capazes de ouvir".

Comunicação

O ato real de comunicação é fácil; trata-se tão somente de transferir ou compartilhar informações de uma pessoa para outra (ou grupo). Todos nós fazemos isso, muitas vezes ao dia. Para líderes atuais e do futuro, no entanto, não é suficiente apenas compartilhar informações; qualquer um pode fazer isso.

Um dos poucos empregos normais que tive foi trabalhar para uma agência de marketing em São Francisco, há cerca de quinze anos. Foi na verdade o último emprego onde trabalhei para outra pessoa. Na época, a Conferência Web 2.0 estava no auge e ganhei um passe para participar gratuitamente da conferência (o ingresso custava mais de US$ 2.500). O evento estava sendo realizado localmente na Bay Area e perguntei ao meu chefe se eu poderia participar. Não tinha entregas atrasadas a cumprir com os clientes e me ofereci para compensar qualquer trabalho necessário à noite ou nos finais de semana. Também argumentei que, como éramos uma agência de marketing, seria muito bom termos a presença de um representante em uma conferência de marketing. A resposta foi simplesmente "não". Sem explicação, sem discussão, nada; apenas "não". Esse mesmo chefe, que raramente compartilhava a direção ou a estratégia da empresa com os funcionários e não fazia nenhuma tentativa de conseguir *feedback* ou ideias de outras pessoas, não se preocupou sequer em conversar com os membros da equipe (ficou trancado o dia inteiro na sala), deixando bem claro que todos nós estávamos lá para trabalhar para ele. Então desisti, fui assim mesmo para a conferência, e foi a melhor decisão que já tomei e que me colocou na atual trajetória de minha carreira.

A comunicação é uma das ferramentas mais importantes no cinto de utilidades do líder. É a que permite que você se inspire nos que estão ao redor, conectando-se e se alinhando com eles. A comunicação eficaz também ajuda a garantir que as estratégias sejam de fato executadas. Todos nós já experimentamos o impacto de um pobre comunicador e de um grande comunicador. Quantas vezes você já teve um encontro com um líder ou o ouviu apresentar algo, mas depois se viu atônito perguntando: *"E daí?"* E será que nunca recebeu de um líder um *e-mail* do tamanho de uma folha de papel almaço que parecia mais uma carta para um terapeuta que algo direcionado à equipe? Nunca pegou aqueles textos superlongos sobre um projeto, em que perdeu meia hora mandando polegares erguidos para responder a cada tópico?

Comunicação diz respeito a compreender os diferentes canais a usar e a como usá-los e também a manter uma presença em torno de outros que possam ser previstos. É tanto verbal quanto não verbal e está sempre evoluindo, o que a torna desafiadora. No passado nos comunicávamos principalmente em pessoa ou por meio do texto escrito; depois adicionamos coisas como telefone, *e-mail*, mensagens de texto, ferramentas de colaboração como a Slack, plataformas de mídia social, como o Facebook e o LinkedIn, ferramentas de videoconferência, e agora estamos explorando realidade aumentada e virtual, hologramas, e quem sabe o que mais nos anos vindouros. Cada novo canal sugere que, como líder, sua mensagem precisa ser recebida em alto e bom som, não importa como está sendo transmitida – *emojis* incluídos!

Tsuyoshi "Nick" Nagano é presidente e CEO da Tokio Marine, uma *holding* de seguros multinacional com sede em Tóquio, Japão. Nick definiu com clareza a importância da comunicação:

> Como CEO, posso passar 70% do meu tempo me comunicando com as pessoas da minha empresa. Pode parecer muita coisa, mas quando consideramos que gerencio uma força de trabalho global de 32 mil pessoas, isto pode significar que elas só me ouvem falar ao vivo ou de forma virtual por 20 minutos em média por ano. Assim, esses 20 minutos realmente precisam ter peso, caso contrário onde está meu impacto como CEO?

Um estudo feito com mais de 2 mil pessoas analisou quais aspectos da comunicação os líderes constataram ser o mais difícil no contato com os funcionários e 69% dos administradores responderam "a comunicação em geral". Foi essa a principal resposta, o que é um tanto alarmante, e, com toda a franqueza, entra em uma estatística assustadora. Em um distante segundo lugar, 37% apontaram como mais difícil "dar um *feedback*/fazer uma crítica ao desempenho da equipe, à qual poderiam não reagir bem". Depois houve um empate triplo para o terceiro lugar (20%), com demonstrar vulnerabilidade, reconhecendo as realizações dos funcionários e passando, de forma franca, a "linha da empresa" (Solomon, 2016).

Realmente adoro o modo como Melissa Reiff, ex-CEO da Container Store, varejista de produtos de armazenamento e conservação com mais de 5 mil funcionários, falou sobre comunicação durante nossa entrevista.

Ela foi. "Comunicação é Liderança. São a mesma coisa. Praticar todo santo dia uma comunicação consistente, confiável, eficaz, atenciosa, previsível, compassiva e gentil é essencial para desenvolver e sustentar um negócio de sucesso."

Segundo um relatório da Holmes que pesquisou mais de 400 empresas com 100 mil ou mais funcionários nos Estados Unidos e no Reino Unido, barreiras de comunicação custam à organização uma média de US$ 62,4 milhões por ano em perda de produtividade. Contudo, organizações onde os líderes eram comunicadores eficientes viram um retorno 47% maior para seus acionistas ao longo de um período de cinco anos (Holmes, 2011).

Como os líderes podem desenvolver a habilidade do tradutor

Sam Walton foi o criador do Walmart, que é um dos maiores empregadores do mundo. Toda semana, durante quase trinta anos, Sam viajaria para visitar lojas e centros de distribuição, espalhados por todo o país, com uma caneta e um bloco de anotações amarelo. Passava o tempo conversando com associados e obtendo *feedback* sobre como poderiam atender melhor aos clientes. Sam também conversava com os clientes e até mesmo com os clientes dos concorrentes. Foi a versão moderna e pioneira do líder que escuta. Sam sabia que ouvir com atenção era crucial para o sucesso de sua organização. Talvez não seja coincidência que, dentre o Walmart e todos os seus mais ferozes concorrentes, entre eles, Sears e Kmart, apenas o Walmart tenha prosperado e continue prosperando até hoje.

Existem alguns princípios básicos de escuta, com que muitos estão familiarizados: coisas como olhar alguém nos olhos, não interromper, praticar boa linguagem corporal e dar dicas verbais para informar à outra pessoa que está prestando atenção. Mas ser um grande ouvinte vai bem além disso, segundo pesquisas recentes.

Jack Zenger e Joseph Folkman da Zenger/Folkman fizeram ótimas pesquisas sobre o melhor modo de escuta. Analisaram os dados de um programa de desenvolvimento de lideranças com 3.492 participantes, projetado para fazer que os líderes se tornassem melhores *coaches*. Depois de coletar avaliações completas, identificaram os 5% que foram eleitos como os ouvintes mais efetivos. Suas descobertas revelaram quatro conclusões.

Em primeiro lugar, um bom ouvinte não se limita a permanecer em silêncio enquanto a outra pessoa está falando. De fato, o oposto é que é verdadeiro. Os melhores ouvintes não só fazem perguntas, mas as fazem de uma maneira que promove a descoberta e o discernimento. Em outras palavras, elas se destinam a desafiar suposições que a pessoa que fala pode ter, mas de forma gentil e construtiva. Ser um bom ouvinte, portanto, não significa apenas fazermos perguntas; significa que fazermos boas perguntas. Como a pesquisa mostrou, os melhores ouvintes eram capazes de criar um diálogo.

Em segundo lugar, um bom ouvinte constrói a autoestima de uma pessoa, fazendo-a sentir seu apoio e a confiança que ele próprio tem com relação ao que ela diz. Criar um ambiente seguro em que problemas e diferenças possam ser discutidos com franqueza era outro componente crítico de ser um bom ouvinte.

Em terceiro lugar, um bom ouvinte cria conversas cooperativas nas quais informação e *feedback* fluem sem problemas. Está lembrado dos bons tempos dos discos ou CDs? Se essas coisas fossem arranhadas, a música daria pulos, trechos ficariam se repetindo ou se ouviriam ruídos estranhos. Mas, se o disco ou CD fosse mantido em boas condições, a música tocaria de modo suave. Como líder, seu trabalho é garantir que o disco ou CD não fique arranhado; queremos garantir que a conversa flua de maneira suave.

Por fim, um bom ouvinte dá sugestões e explora outros caminhos ou oportunidades, em oposição a algum caminho único que a pessoa que está falando possa sugerir. Baseados nessa pesquisa, Jack Zenger e Joseph Folkman criaram seis níveis de escuta, que se constroem um em cima do outro (Zenger e Folkman, 2016).

Nível 1: Você cria um ambiente seguro onde praticamente qualquer coisa pode ser discutida.

Nível 2: Você elimina distrações como telefones e *laptops* e faz um adequado contato visual com a outra pessoa.

Nível 3: Você tenta entender o foco principal do que a outra pessoa está dizendo. Isso significa que procura identificar as ideias centrais, que é capaz de fazer perguntas para esclarecer certos detalhes ou problemas, e que pode repisar essas coisas para garantir que compreendeu tudo de maneira correta.

Nível 4: Você presta atenção a pistas não verbais, como linguagem corporal, expressões faciais ou tom de voz. Em seu artigo, Zenger e Folkman escreveram que cerca de 80% do que comunicamos vem desses sinais, o que significa que não escutamos apenas com nossos ouvidos, mas também com os olhos.

Nível 5: Você entende as emoções e os sentimentos da outra pessoa e os sanciona. É onde a empatia entra em jogo.

Nível 6: Você faz boas perguntas que se destinam a permitir que a outra pessoa veja, sob nova perspectiva ou como um desafio de novo tipo, uma suposição que ela pudesse manter. Mas é importante que você, como ouvinte, não assuma o comando da conversa.

Como líder, você deve passar por esses seis níveis e praticá-los o máximo que puder. Depois de encontros e interações com outras pessoas, dê uma rápida olhada nessa lista para ver se se apropriou de todos os itens. Caso contrário, pergunte a si mesmo quais foram os que deixou para trás, por que e como pode se apropriar deles no futuro.

Claro, dominar a escuta é só metade da equação; a outra metade é toda sobre comunicação. David Nelms é ex-CEO da Discover Financial, tendo comandado a empresa em diferentes iniciativas, durante vinte anos, antes de se aposentar em 2019. Segundo David:

> Um líder que não se adapta às novas formas de comunicação nunca será ouvido. Não estamos recebendo e compartilhando informação do modo como costumávamos fazer. Compreender as várias ferramentas que temos para nos comunicar, compreender como é essencial nos comunicarmos por diferentes canais e como aumenta o número de meios para nos comunicarmos são qualificações que se tornarão cada vez mais valiosas.

Quando era CEO, David estava sempre se comunicando com sua equipe. Organizou sessões regulares de perguntas e respostas na câmara da cidade e encontros anuais de participantes de trilhas com *lives* para todos os 17 mil funcionários e gravação dessas *lives*. Também criou *blogs* nos quais os funcionários podiam participar em um diálogo aberto sobre uma variedade de tópicos. E não era raro David se aproximar de rodas de funcionários para conversar com a equipe. Chegou inclusive a organizar sessões mensais de escuta dos clientes, nas quais, ao lado de outros, ouvia as chamadas de serviço e desenvolvia planos de ação para resolver quaisquer problemas. Grande parte do estilo de liderança de David foi construído em torno de uma comunicação constante e foi isso que ajudou a tornar David e o Discover Financial tão bem-sucedidos durante o tempo em que ele foi o CEO.

Adaptar-se a novas formas de comunicação também significa que você não esquecerá as antigas! A Amazon, por exemplo, tem uma cultura contra o PowerPoint. Na realidade, solicita-se que os membros da equipe que estiverem apresentando ou compartilhando alguma coisa criem um documento de seis páginas que articule com clareza suas perspectivas, que aborde os prós e os contras, que compartilhe quaisquer materiais de apoio e que tenha uma narrativa. Eles passam os primeiros 30 minutos de todas as suas reuniões apenas lendo esse documento. A Amazon constatou que isso cria integração, assegura que todos tenham acesso à mesma informação e que de fato a consumam. E faz o autor do documento sentir-se bem sabendo que todos estão lendo o que ele criou. Em outras palavras, se você trabalha na Amazon, é melhor que suas aptidões para a comunicação escrita sejam de primeira linha; você não pode ser apenas um mestre em *emojis* e mensagens de texto!

Thierry Breton, CEO de uma empresa francesa de TI, Atos Origin, com 120 mil funcionários, quis banir por completo o *e-mail* e substituí-lo por ferramentas de colaboração interna. Isso significava que os funcionários precisavam se tornar fluentes nessa forma de trabalhar, de se comunicar e colaborar. Jack Dorsey, ex-CEO do Twitter e da Square, segue uma política exclusiva segundo a qual se duas ou mais pessoas se encontram uma delas deve fazer anotações e compartilhar essas anotações com todos os outros funcionários interessados da Square. Os funcionários devem se destacar tanto na escrita quanto na digitação de resumos e pontos centrais das reuniões para que mesmo aqueles que não estejam presentes sejam capazes de acompanhá-las.

Como líder, faça a si mesmo as seguintes perguntas ao se comunicar com outros:

- Quais são os melhores canais a serem usados para transmitir a informação?

- Como a maneira como você se comunica faz as pessoas ao seu redor se sentirem?
- Você está se comunicando de um modo claro, franco, apaixonado e humilde? Está sendo humano?
- Se alguém se comunicasse com você da mesma maneira como você está se comunicando com os outros, que impacto isso teria?

Ouvir e comunicar-se são habilidades atemporais de liderança. O tradutor não apenas sabe como praticá-las, mas também pode se adaptar a elas à medida que os métodos e canais de escuta e comunicação se desenvolvem.

20
O *Coach*

O *Coach*

O "Mago de Westwood" é considerado um dos maiores *coaches* do mundo de qualquer esporte. Estou me referindo, é claro, a John Wooden, o famoso treinador de basquete da UCLA que comandou seu time em dez campeonatos da NCAA ao longo de doze anos, incluindo uma desconhecida série de sete vitórias consecutivas. John nasceu em 14 de outubro de 1910, em Indiana, onde a família vivia em uma fazenda sem água corrente ou eletricidade.

Depois de concluir o ensino médio, ele foi para a Universidade de Purdue, onde estudou inglês e jogou basquete com grande sucesso. Foi chamado de All-Big Ten, Herói das Dez Vitórias, e All-Midwestern, Herói do Centro-Oeste, e depois de se formar lhe ofereceram um lugar na equipe profissional do Boston Celtics. Ele recusou para poder dar início à sua carreira de professor e se casar com o amor de sua vida, Nellie (uma história totalmente independente, mas fascinante). Depois que sua esposa morreu, ele continuou a lhe escrever cartas de amor no dia 21 de cada mês. Encerrava cada carta dizendo o quanto sentia falta dela e esperava ansioso o dia de estarem novamente juntos.

Após a faculdade, John se profissionalizou e passou algum tempo jogando com o Indianapolis Kautskys (mais tarde Indianapolis Jets). John também passou algum tempo na marinha e nas forças armadas durante a Segunda Guerra Mundial. Fez também alguns trabalhos como treinador escolar, inclusive na Dayton High School e na South Bend Central High School. Finalmente conseguiu um emprego de treinador na Universidade do Estado de Indiana, onde sua reputação começou sem dúvida a crescer depois que ganhou o título da Indiana Intercollegiate Conference. Durante o período de 1948-1949, John foi contratado como o quarto treinador de basquete na história da UCLA, onde começou a criar uma história. Quando John se aposentou, seu histórico de treinador na UCLA registrava 620 vitórias e 147 derrotas.

John faleceu em 4 de junho de 2010, aos 99 anos de idade. Não foi apenas um grande *coach*; foi um grande líder.

Os líderes do futuro têm de ser grandes *coaches*. Isso significa saber motivar, envolver e inspirar as pessoas, saber criar outros líderes, saber trabalhar através de gerações e culturas e saber reunir equipes eficazes.

Um estudo recente examinou 1.884 líderes dentro de uma grande empresa de energia. Os líderes fizeram seus patrões, pares, subordinados diretos e outros funcionários avaliarem suas habilidades como *coach*. Encontraram uma correlação direta entre a eficácia do treinamento, ou *coaching*, dado por um líder e a produtividade da equipe, em especial que melhores *coaches* conseguiam três vezes mais pessoas dispostas a correr um quilômetro extra. Não só isso, mas líderes no 90º percentil de eficácia do *coaching* conseguiram também pontuações de comprometimento do funcionário no 88º percentil. O oposto, no entanto, também era verdade: líderes que ficaram perto do fundo (10º percentil) tinham funcionários que estavam no 15º percentil em termos de comprometimento (Folkman, 2015).

"Vejo o líder como um *coach*, como um condutor, como alguém que orquestra os esforços de muitos. Quem pensa que liderança é o *show* de um homem só terá uma surpresa ruim." Foi o que ouvi de Luigi Gubitosi, ex-CEO da Telecom Italia, empresa italiana de telecomunicações com mais de 60 mil funcionários ao redor do mundo.

Muita gente pensa que o *coaching* está reservado para funcionários novatos ou talvez funcionários de nível médio dentro das organizações. Fiquei, no entanto, surpreso vendo quantos CEOs me disseram que trabalhavam ativamente com *coaches* nas mais diferentes áreas, de inteligência emocional a assessoria de liderança, passando pela orientação geral aos negócios. Todos nós podemos ter melhor desempenho com um *coach*. Joguei xadrez durante muitos anos, mas só recentemente comecei a trabalhar com um *coach* e meu desempenho melhorou de imediato. Grandes atletas ou líderes de negócios não teriam chegado onde chegaram sem terem sido treinados e orientados ao longo do caminho.

David Baida é CEO da Bayada Home Health Care, que tem quase 30 mil funcionários. Também foi eleito pelos funcionários como um dos

220

O *Coach*

principais CEOs em 2019, na Glassdoor. Depois de falar com David, não fiquei surpreso ao saber por quê. David leva a sério o trabalho de *coaching* ao capacitar toda a sua força de trabalho para dar treinamento e apoio uns aos outros. Durante nossa entrevista, ele me disse:

> Colocar as pessoas certas nas cadeiras certas e treiná-las ativamente, dando apoio à sua capacidade de ter sucesso, é algo em que trabalho todos os dias. Para inspirar os funcionários a treinarem uns aos outros, criamos um novo ritual chamado Key Action of the Week [Ação-Chave da Semana]. Toda quinta-feira, às 8h30 ou 8h45, funcionários de nossas unidades em todo o país reúnem-se em um breve encontro para discutir umas das 15 ações-chave que compõem o Bayada Way, nossa filosofia central, baseada em valores. É uma rotina simples de sucesso, mas, quando cada funcionário pensa no mesmo aspecto de nossa cultura subjacente e compartilha exemplos; quando pratica o treinamento mútuo com base nesses valores e vive de acordo com "o que é bom", ele cria um senso de conexão com o trabalho e entre os colegas, reforçando o propósito implícito no que fazemos.

Enel, a empresa italiana de energia que conhecemos no início do livro, está tornando o *coaching* uma parte central da estratégia de liderança. Como muitas organizações, eles perceberam que é importante passar de uma abordagem de comando e controle para uma abordagem que esteja focada em uma liderança aberta, orientada para o crescimento mútuo entre o líder e os que estão sendo treinados. Eles lançaram um programa em 2017 chamado "From Leader to Coach" [Do Líder ao *Coach*], envolvendo mais de 1.300 gerentes e 7 mil supervisores de recursos humanos (RH) do mundo inteiro.

Desde então, expandiram ainda mais esse programa, criando *coaches* credenciados dentro da empresa. Essas pessoas passam por programas intensivos e atuam como especialistas em *coaching*. Hoje há mais de cem deles na Itália, Espanha e Romênia, com vários outros a caminho. Eles também acabaram de lançar o *I-coach*, uma série de sessões de treinamento e desenvolvimento que permitem aos funcionários acessar a abordagem de *coaching* e se tornarem melhores instrutores. Esses cursos permitem que os funcionários tenham acesso virtual a materiais de treinamento, cursos e a

221

outros *coaches*. A ideia geral para a Enel é treinar todos os funcionários, a despeito de cargo ou tempo de casa, em metodologias de *coaching* para que eles tenham sempre alguém que possam treinar e alguém que possa treiná-los. Até o momento, foram realizadas 15 sessões envolvendo mais de 500 funcionários. A ideia geral da Enel é estender o programa a todos os funcionários, independentemente da função ou do tempo de casa, porque seria uma forma de aumentar o potencial das pessoas, ajudando-as a descobrir o que elas podem se tornar em vez do que elas são.

Motivação, inspiração e engajamento de pessoas

Grandes líderes não se limitam a dizer às pessoas o que fazer; conseguem que as pessoas queiram de fato fazê-lo. Ser capaz de "motivar as tropas", por assim dizer, é uma habilidade crucial para futuros líderes (e, claro, também para os atuais). É talvez a mais desafiadora de todas. Motivar, engajar e inspirar estão relacionados, mas sem a menor dúvida não são a mesma coisa. Motivar significa que você é capaz de conseguir que alguém aja ou se comporte de certa maneira, na maioria das vezes fornecendo um incentivo, mencionado com frequência como o "empurrãozinho". Engajar significa que somos capazes de manter a atenção e os esforços de alguém; gosto de pensar nisso como "sustentação". Por fim, nós inspiramos, o que significa que somos capazes de passar a outras pessoas a urgência ou a capacidade de fazer alguma coisa, de animá-las com um sentimento positivo. Muitas vezes, isso é conhecido como "o toque" (ver Figura 20.1).

Tomados em conjunto, motivação, engajamento e inspiração constituem um trio poderoso, indicando que podemos, como líderes, conseguir que as pessoas se movam em certa direção, e que podemos fazê-lo de um modo que leve as pessoas a desejarem isso. Cada elemento do trio continua sendo uma importante habilidade a cultivar, mas tomados coletivamente eles nos transformarão em uma irresistível força de liderança.

Motivação

Só podemos motivar pessoas se compreendermos o que as interessa e o que valorizam, e nem todas terão os mesmos interesses nem valorizarão as mesmas coisas. Alguns funcionários de sua organização podem ser motivados puramente por dinheiro, e tudo bem. De fato, isso é com frequência típico de funcionários que trabalham com vendas, que podem ser mais competitivos e impulsionados pela ideia de um bônus ou de um salário maior. Outros funcionários podem ser mais motivados por elogio ou reconhecimento. Em vez de obter um bônus maior, esses funcionários só querem saber se você, como líder, está ciente do empenho com que se dedicam a alguma tarefa. Isso pode significar mostrar reconhecimento durante uma reunião geral, levando-os para almoçar, ou talvez se limitando a dar uma parada na mesa deles para informá-los de quanto apreciou o trabalho que fizeram. Talvez outros funcionários estejam mais motivados por certo receio, pelo estresse ou prazos curtos. Alguns funcionários realmente prosperam sob esse nível de pressão; precisam de mais adrenalina para a otimização do desempenho.

Figura 20.1 Três meios pelos quais os líderes podem desbloquear o potencial humano.

Há toda uma variedade de coisas que motivam as pessoas e, como líder, parte de seu trabalho é descobrir que coisas são essas. De fato, uma pesquisa recente realizada por Richard E. Clark, professor emérito de Psicologia e Tecnologia na Universidade do Sul da Califórnia e Bror Saxberg, vice-presidente de aprendizado científico na Iniciativa Chan Zuckerberg, descobriu que nesse ponto cria-se uma das armadilhas mais comuns em que os líderes caem; eles presumem que o que os motiva vai motivar os demais, o que não é verdade (Clark, 2019). Infelizmente, uma pesquisa feita pela

Gallup descobriu que apenas 20% dos funcionários concordam plenamente que seu desempenho é gerenciado de uma forma que os motiva a se destacarem no trabalho (Wigert, 2017). Sem dúvida, há muito espaço para aprimoramentos nesse ponto. Não há segredo quanto a isso, e não se trata de algo que a inteligência artificial possa fazer por nós; é nossa responsabilidade humana conhecer aqueles que lideramos e a quem servimos, não apenas como trabalhadores, mas como indivíduos. Pense em como passa a conhecer alguém em um primeiro encontro romântico ou quando encontra novos amigos. A mesma abordagem se aplica aqui.

Inspiração

Como você alimenta em seu pessoal aquele fogo ardente que os deixa realmente com vontade de fazer algo, não por causa de um incentivo, mas movidos pela própria vontade? Recentemente, a Harvard Business School coletou dados de 50 mil líderes e descobriu que a capacidade de inspirar estava entre suas habilidades mais importantes. É isso que separa os melhores líderes de todos os outros, é isso que os funcionários mais desejam dos líderes e é também o que cria os mais altos níveis de engajamento. A IBM conduziu não muito tempo atrás uma pesquisa com 1.700 CEOs de 64 países. Eles também constataram que um dos mais importantes traços de liderança era a capacidade de inspirar (Levin, 2017). Quando o CEO da minha primeira empresa me fez pegar um café para ele, não me senti nada inspirado.

Ao longo dos anos, a Zenger/Folkman coletou e pesquisou muitos milhares de líderes em todo o mundo. Para entender o que fazem líderes inspiradores, eles estudaram mil em seu banco de dados; foram os que pontuaram mais alto sobre a habilidade de "inspirar e motivar para um alto desempenho". A pesquisa revelou alguns pontos interessantes. Líderes inspiradores fazem uma combinação de coisas tangíveis e intangíveis. As tangíveis incluem itens como engajar as pessoas em comportamentos cooperativos, encorajando o pensamento inovador e reservando certo tempo para o desenvolvimento das pessoas. Entre as intangíveis estão itens como fazer conexão emocional com membros da equipe, ser um campeão da mudança e um comunicador eficiente, conceitos e ideias discutidos neste livro. Todos nós já ouvimos a frase "menos acaba sendo sempre mais"; a pesquisa feita pela Zenger/Folkman revela que, para ser um líder inspirador, o oposto é que é verdade: "mais acaba sendo sempre mais" (Zenger e Folkman, 2015).

O *Coach*

Segundo uma pesquisa realizada pela Bain & Company, que entrevistou 2 mil dos próprios funcionários, 33 características se destacaram como importantes para a capacidade de inspirar. Entre elas, há várias que foram comentadas neste livro, como empatia, humildade, capacidade de ouvir e autoconsciência. O atributo, no entanto, mais importante que encontraram foi o "centramento", que definiram como um estado de *mindfulness* (atenção plena) que nos permite estar totalmente presentes (Horwitch e Callahan, 2016). Isso ajuda a ter empatia com os outros, a lidar com o estresse e a permanecer equilibrado. Não é de admirar que organizações de todo o mundo estejam investindo tão pesadamente em programas de *mindfulness*, que permitem aos líderes e funcionários de todos os níveis terem mais controle sobre suas emoções e se concentrarem em mostrar que estão, como indivíduos, emocional e fisicamente presentes. Segundo a Bain, funcionários inspirados apresentam mais que o dobro de produtividade em relação aos funcionários que estão apenas "satisfeitos".

Pedro Parente é o presidente do conselho de administração e ex-CEO da BRF, empresa de alimentos com mais de 90 mil funcionários ao nível global. Durante nossa conversa, ele disse:

> Se você quer obter resultados melhores e duradouros para sua organização, terá de ser um líder inspirador. Não muito tempo atrás, as empresas podiam alcançar resultados e gerar valor impondo pontos de vista e padrões, e trabalhando com um sistema de comando de cima para baixo. Nossa realidade mudou de maneira drástica, e hoje em dia os resultados no longo prazo são encontrados em organizações que são capazes de mudar, de se adaptar com a devida rapidez e de construir culturas baseadas em valores.

Comunicar e conectar esses valores às diversas partes interessadas de uma empresa é uma das funções mais importantes de um líder em qualquer organização e acredito que isso só possa ser feito por meio de transparência, verdade e valores. Dizer às pessoas o que fazer ou qual é o melhor caminho simplesmente não funciona mais. Como líderes, temos que liderar por meio de valores que fazem as pessoas querer ser parte de nossas organizações nas mais variadas funções, querer ser nossos funcionários, clientes ou quaisquer outros participantes. É isto que acredito que um líder inspirador deva ter por objetivo.

A boa notícia é que, ao adotar muitas das outras habilidades e *mindsets* esboçados neste livro, você se tornará um líder naturalmente mais inspirador.

Engajamento

Por várias décadas, líderes do mundo inteiro têm investido em programas de engajamento de funcionários, mas as pontuações coletivas ainda são péssimas. Segundo a pesquisa mais recente da Gallup, 85% da força de trabalho global não está engajada nem ativamente desinteressada do trabalho, custando mais de US$ 7 trilhões anuais em perda de produtividade (Harter, 2017). Você pensaria que esses números estariam melhorando quando investíssemos, coletivamente, mais tempo e esforço no engajamento, mas não estão. O que está acontecendo? Há um ditado que diz que a insanidade faz sempre a mesma coisa, mas sempre esperando um resultado diferente. Não é provável, mas sem dúvida é possível que os líderes que investem nesses programas sejam todos insanos.

Em meu livro anterior, *The Employee Experience Advantage*, pesquisei 252 organizações pelo mundo afora para descobrir como os melhores do mundo conseguem criar uma força de trabalho extremamente dedicada. O fato é que o engajamento é um resultado, mas a fonte de uma força de trabalho engajada é a experiência do funcionário. Estamos apenas focando e mensurando a coisa errada. A experiência do funcionário é uma combinação de três ambientes que os líderes podem controlar:

- A tecnologia, que é 30% da experiência geral do funcionário, e inclui ferramentas, *software*, dispositivos, *hardware* e aplicativos que os funcionários usam para realizar seus trabalhos.

- O espaço físico, que também compreende 30% da experiência total, se refere aos ambientes e espaços em que os funcionários trabalham.

- A cultura, que é 40% da experiência total do funcionário, diz mais respeito a como os funcionários se sentem de fato trabalhando para você e a organização.

Segundo minha pesquisa, as empresas que dominam isso são mais de quatro vezes mais lucrativas, mais produtivas, e, em geral, mais bem-sucedidas. (Para líderes que procuram aprender mais sobre o assunto, meu livro é um guia aprofundado da experiência do funcionário.) Segundo a Gallup, os gerentes respondem por 70% da variação no engajamento dos funcionários (Beck e Harter, 2015), e, como mencionei antes, quase a totalidade dos funcionários ao redor do mundo não estão envolvidos com seu trabalho.

Criação de líderes do futuro

A maioria das pessoas presume que os líderes simplesmente criam mais seguidores, mas uma das coisas mais importantes que um líder sem dúvida pode fazer é criar outros líderes. Há muito tempo digo que os líderes precisam trabalhar com a crença de que parte de seu trabalho é ajudar a fazer que outras pessoas sejam mais bem-sucedidas que eles. Essa crença guiará as ações que você pratica e o comportamento que exibe. Sydney Finkelstein levou dez anos e realizou mais de 200 entrevistas para descobrir o que faz um "superchefe". Falou com líderes como o técnico de futebol Bill Walsh, o executivo de tecnologia Larry Ellison, a *chef* e gerente de restaurante Alice Waters, o produtor de televisão Lorne Michaels e o *design* de moda Ralph Lauren. Sydney reparou em algo curioso. Ao observar as dez pessoas mais importantes de diferentes setores, ele percebeu que mais de metade delas havia trabalhado, em algum momento, para o mesmo líder. Em outras palavras, uma das coisas que tornam certos líderes verdadeiramente grandes é o fato de criarem outros líderes.

Ensinar é uma maneira poderosa de conseguir isso, mas a coisa vai além de se concentrar em temas e atividades relacionados ao trabalho. Um dos elementos que tornaram tão grande o *coach* Wooden foi o fato de ele estar focado no processo e raramente falar sobre vencer. Queria fortalecer o caráter de seus jogadores e, acima de tudo, queria que todos se tornassem bons seres humanos, o que por sua vez os tornaria grandes jogadores de basquete. John diria: "Preocupe-se mais com seu caráter do que com sua reputação, porque seu caráter é o que você realmente é, enquanto sua reputação não passa do que os outros pensam que você é" (Wooden, s.d.).

John desenvolveu a "Pirâmide do Sucesso", constituída de 15 blocos que incluíam, por exemplo, habilidade, confiança, iniciativa, amizade, entusiasmo e lealdade. Ele ensinou esses 15 blocos a todos os seus jogadores para ajudá-los a alcançar o sucesso.

Richard Allison é CEO da Domino's, a cadeia de pizzarias com mais de 400 mil franquias e membros da equipe corporativa espalhados pelo mundo. Durante nossa conversa, ele salientou uma mudança muito evidente que estamos vendo hoje nos negócios, algo que continuará a crescer. "Temos de ter certeza de que estamos criando um ambiente de oportunidades para as pessoas e que estamos investindo no crescimento e no desenvolvimento delas ao longo do tempo. O habitual, até então, era que a lealdade era presumida. Agora, a lealdade tem de ser conquistada. Há modo melhor de ganhar essa lealdade do que nos concentrarmos em ajudar a criar outros líderes?"

Uma pesquisa já citada neste livro mostra que organizações do mundo inteiro não têm líderes posicionados e prontos para o futuro, nem estão fazendo muita coisa para mudar esse cenário. Qual você acha que deve ser a média de idade de um gerente estreante? E qual seria a média de idade de alguém para liderar um programa de desenvolvimento? Dependendo da pesquisa, esses números são, respectivamente, 30 e 42 anos. Nos Estados Unidos, por exemplo, os líderes têm uma média de idade de pouco mais de 45 anos. Ao me deparar pela primeira vez com esses números, pensei: "Vocês estão brincando". Não é verdade que a maioria das pessoas só começam a frequentar programas de desenvolvimento de liderança na meia-idade? Quase 40% dos gerentes chegam à liderança treinando dos 46 a mais de 60 anos. Não é de admirar que tenhamos uma escassez de grandes líderes – a verdade é que não os estamos criando. Para fazer uma analogia, é como tentar ser treinador de um jogador de tênis ou de basquete na faixa dos 40, muito além de seu melhor momento.

Em 2016, o Koç Group, um grande conglomerado industrial da Turquia, lançou um Programa de Transformação Digital que abrangeu mais de 24 de suas subsidiárias. O objetivo do programa é aproveitar os vários desenvolvimentos tecnológicos que estamos vendo hoje para prosperarmos no futuro digital. Levent Çakırgoğlu é o CEO da Koç Holdings, que tem quase 100 mil funcionários em todo o mundo, e acredita que nada disso é possível sem ter os líderes certos, atuais e futuros, já posicionados. Como ele me disse: "Nossos recursos humanos estão no cerne de nossa transformação a longo prazo. Minha maior responsabilidade é preparar os líderes globais que levarão nosso grupo ao futuro. Respeitando essa meta, coloco as pessoas, não a tecnologia, no centro de nossa transformação digital".

Como parte disso, o Grupo Koç criou um Programa de Desenvolvimento Pessoal

(PDP) para líderes que se concentra em tudo, desde o desenvolvimento pessoal e aprendizagem *on-line*, até o treinamento de sobrevivência para testar os limites da liderança e o *coaching*. Até agora, mais de duzentos líderes completaram o programa.

A Bain, empresa de consultoria de gestão, desenvolveu uma abordagem exclusiva para criar futuros líderes com algo conhecido como Equipe Tigre. Manny Maceda é o Parceiro Administrador Global (CEO) da Bain. Ele estava oferecendo treinamento a funcionários, mas logo percebeu que mais gente poderia se beneficiar de seu *coaching*, um número de pessoas muito maior que o grupo com quem poderia trabalhar diretamente. Então a Bain criou uma "equipe de resposta *hotline*" para permitir que funcionários entrassem em contato com Manny ou com qualquer outro parceiro em busca de orientação, aconselhamento e treinamento. Os funcionários podem usar isso quantas vezes quiserem, sem quaisquer limites ou restrições, o que garante que não apenas Manny, mas também os demais parceiros dentro da Bain estejam criando outros líderes. Segundo Manny:

> Isso é incrivelmente energizante porque me mantém mais perto das mais complicadas situações que vivemos com clientes e me ajuda na conexão com subsequentes gerações de parceiros. Esse espírito de aprendizagem é o núcleo do DNA da Bain e uma das razões de sermos considerados, por nossas equipes, um ótimo lugar para trabalhar. E gosto de pensar que ele elevou o nível, em como, ao mesmo tempo, somos capazes de ter maior impacto entre um número muito maior de nossos clientes.

Os líderes também devem pensar em criar outros líderes além das paredes organizacionais. Tom Wilson, o CEO da Allstate Corporation, acredita que hoje e no futuro as empresas têm quatro funções na sociedade: lucrar, servir aos clientes, criar empregos e fortalecer comunidades. A liderança é fundamental para que isso ocorra; na verdade, para Tom, trabalhar no desenvolvimento dos líderes de 2030 é uma paixão pessoal. A Allstate faz um belo trabalho de capacitação dos jovens e ajuda crianças a atuar como voluntários por meio de um programa chamado WE Schools. Crianças entre o ensino fundamental e o início do ensino médio podem, ao nível doméstico e internacional, atuar como voluntárias a favor de várias causas, como levantar fundos para uma campanha anti*bullying*, campanhas pelos LGBTQ, pelo meio ambiente, para garantir que as pessoas tenham casacos no inverno. Elas também podem fazer vendas de bolos. O que importa é que a garotada esteja se voluntariando e desenvolvendo um aprendizado com base em serviço. Muitos funcionários da Allstate também atuam como voluntários no WE Schools. A melhor parte é que Tom e Allstate não têm um canal direto e exclusivo desse programa para a empresa; entraram nisso para criar líderes melhores na sociedade como um todo. Segundo Tom, essa é uma das coisas que lhe pagam para fazer – garantir que a empresa e a sociedade tenham grandes líderes. Além da Allstate ajudar a bancar o programa, Tom ajuda pessoalmente a conseguir outros colaboradores e patrocinadores para fazer a iniciativa a crescer.

O Royal Bank of Scotland tem quase 80 mil funcionários em todo mundo e criar futuros líderes é uma de suas maiores prioridades. O CEO Ross McEwan me disse:

> Definimos as capacidades críticas que acreditamos que nosso pessoal e nossos líderes precisam possuir para funcionar no mundo atual e futuro dos negócios. Já estamos começando a desenvolver líderes e colegas com base nessas capacidades críticas, e começamos a recrutar entre eles. Construímos perfis de sucesso futuro para líderes que já começamos a recrutar. Temos identificado nossos talentos futuros dentro da organização, que já demonstram um grande número dessas capacidades, e estamos lhes dando acesso a oportunidades para influenciar estratégia e pensamento. Ao mesmo tempo, temos trazido gente graduada, aprendizes e estagiários, e começamos a praticar uma orientação inversa para compartilhar habilidades e experiência.

Poucas empresas em que trabalhei adotaram esse tipo de abordagem estruturada e cuidadosa para seus futuros líderes. Mas Ross percebe que o futuro de seu negócio depende inteiramente do que a empresa faz agora para garantir que terá as pessoas certas posicionadas no futuro.

O trabalho através de gerações e culturas

Nossa força de trabalho está se tornando mais dinâmica do que nunca e, embora isso seja algo bom, não deixa de criar desafios para os líderes do futuro, que estão acostumados com equipes homogêneas. Fiz há pouco tempo uma palestra para a equipe de liderança de uma empresa aeroespacial e de defesa com milhares de empregados espalhados pelo mundo. O grupo de liderança para quem falei consistia em cerca de 250 pessoas. Embora tenha sido avisado de que se tratava de uma força de trabalho homogênea, não cheguei a perceber o quanto era homogênea! Ao subir no palco, passei o olhar pela sala e vi apenas sujeitos mais velhos, brancos, de terno. Não só isso: os ternos e camisas sociais que usavam eram todos uma combinação de diferentes tons de preto e azul. Essa é a aparência de muitas equipes de liderança pelo mundo. Quando vejo isso, penso de imediato em uma organização que ainda "não saiu da caixa". Para divertir um pouco o público, perguntei no final de minha palestra: "Por que todos os caras aqui estão de terno?". Todos me olharam como centenas de cervos iluminados por faróis e disseram coletivamente: "Não sei". Minha esperança é que, no decorrer dos anos, eu veja menos equipes de liderança como essa.

A pesquisa para ser capaz de trabalhar através de gerações e culturas é vasta e extremamente convincente. Um estudo recente elaborado pela Randstad constatou que 87% dos trabalhadores acreditam que uma força de trabalho envolvendo múltiplas gerações promove inovação e resolução de problemas, e que 90% dos trabalhadores preferem ter colegas de várias idades e acham que um local de trabalho que reúne várias gerações beneficia a todos (Randstad, 2018). Outro estudo publicado pela *Forbes* constatou que decisões tomadas e executadas por diferentes equipes produziam resultados 60% melhores. O mesmo estudo constatou que equipes que incluíam uma ampla gama de idades e diferentes localizações geográficas tomavam, em 87% do tempo, melhores decisões de negócios (Larson, 2017). O Boston Consulting Group também fez uma pesquisa sobre isso e descobriu que empresas com diversidade acima da média nas equipes de gestão tiveram uma receita de inovação 19% maior que a de empresas com diversidade de liderança abaixo da média (Lorenzo *et al.*, 2018). Por último, a McKinsey descobriu que, em seu estudo, as organizações no quartil superior de diversidade étnica e cultural nas equipes executivas eram 33% mais propensas a ter liderança de lucratividade no setor (McKinsey, 2018). Ser capaz de trabalhar através de gerações e culturas não é só uma bela coisa de se fazer; é um dos fatores cruciais que determinarão seu sucesso ou fracasso como líder.

Sébastien Bazin é CEO da AccorHotels, grupo de hotelaria com quase 300 mil funcionários em todo o mundo. Sébastien acredita que isto é absolutamente crucial:

> A marca de um líder do futuro é a capacidade de trabalhar ao lado de pessoas de diferentes idades e com diferentes formações. A Y, ou geração do milênio, por exemplo, vem transformando o local de trabalho desde que começou a entrar em cena, quase uma década atrás. Ansiando por autonomia e flexibilidade, essa geração tende a ser mais confiante e mais adaptável quando se trata de novos conceitos, novas tecnologias e assim por diante. Mas seus equivalentes da geração mais velha têm muitas coisas a ensinar a esses novos contratados: conhecimento sobre a indústria/empresa, habilidades interpessoais e como lidar com o fracasso. Como líder do futuro, você tem de ser capaz de trabalhar com pessoas não importa de que idade, de onde vêm, no que acreditam ou de que gênero são.

Como já mencionei neste livro, McKinsey prevê que, ao longo da próxima década, haverá 3,5 bilhões de pessoas na força de trabalho global. Muitos acreditam que, como hoje, o futuro também verá uma grande escassez de trabalhadores qualificados, o que significa que os líderes devem esperar comandar uma força de trabalho muito dinâmica, em especial à medida que nos tornamos mais globais e conectados em termos tecnológicos. Hoje a maioria das organizações engloba funcionários de cinco e, em alguns casos, seis gerações. O impulso para a obtenção de mais funcionários diversificados do âmbito físico e cognitivo também vem forçando os líderes a repensar o visual das equipes e como elas funcionam. Isso anda de mãos dadas com a adoção da mentalidade de cidadão global, investigada anteriormente.

Estejamos olhando para a cultura, gerações, origens, religiões ou alguma outra coisa, possuímos certa tendência para nos concentrarmos no que nos torna diferentes, em vez de no que nos torna similares. Temos vários estereótipos e preconceitos na cabeça e precisamos aprender a nos livrar deles. Por exemplo, todos da geração do milênio teriam as habilidades necessárias, mas são preguiçosos, enquanto os trabalhadores mais antigos seriam tecnologicamente incompetentes e desatualizados no modo como aplicam sua força de trabalho, certo? Podemos ver com rapidez a que toca de coelho isso vai nos levar: uma toca que não tem fim.

Os líderes têm de se sentir confortáveis trabalhando com pessoas que, sob todos os aspectos, são diferentes deles.

Em um estudo do MIT com estudantes de pós-graduação e estrangeiros, os pesquisadores descobriram que os profissionais que, depois de retornar a seus países de origem, mantiveram contato regular com amigos que fizeram nos Estados Unidos, tendiam a ser mais inovadores e empreendedores. Eles também constataram que a aprendizagem cultural precisa ser feita em um nível mais profundo em vez de ficar apenas na superfície (Relihan, 2018).

Como um grande *coach*, seu trabalho é entender (e fazer que os outros entendam) semelhanças e pontos em comum entre você e sua equipe, mas é também ser capaz de fazer que isso aconteça entre os membros da equipe. Não tenha medo das diferenças, respeite-as. Kent Thiry, a quem conhecemos mais cedo da DaVita, disse:

> Para ser um líder eficiente, é importante entender os colegas de equipe e se identificar com suas esperanças, medos e preferências, não importa a idade, a etnia ou a formação. Queremos que todos os nossos colegas de equipe pensem no seu local de trabalho como "um lugar a que eu pertenço". Os líderes, portanto, devem demonstrar que cultivam um ambiente de pertencimento, reconhecendo que somos mais parecidos que diferentes e saudando cada indivíduo pelo que ele realmente é.

Criação de equipes eficientes

O que é uma equipe? Segundo o entendimento comum, são duas ou mais pessoas trabalhando juntas para realizar algo, ou pessoas que de alguma maneira estão associadas. Mas o que torna uma equipe eficiente?

Em um artigo para a revista *Success*, o especialista em liderança John Maxwell investigou por que as equipes de Wooden venceram. Ele falou sobre como um dos maiores pontos fortes do *coach* Wooden era selecionar jogadores e, em seguida, motivá-los a alcançar seu pleno potencial. Nem todos que foram treinados por Wooden eram jogadores fabulosos; sem dúvida, ele recrutou muitos artilheiros médios. Mas Wooden, diz John Maxwell, sabia de que ponto da quadra esses jogadores atiravam melhor e passou a projetar jogadas que os capacitassem a chegar lá. Em outras palavras, ele se concentrava nos pontos fortes e em seguida criava ambientes que permitissem que essas energias se manifestassem (Maxwell, 2017).

Nem todas as equipes são criadas da mesma forma, e é difícil considerar uma abordagem que funciona em uma empresa e automaticamente presumir que funcionará em outra. Foi isso que fez a Disney quando abriu a Euro Disney, o que resultou em um êxodo maciço de funcionários. Não há muito tempo, o Google fez um estudo interno chamado Projeto Aristóteles, elaborado para descobrir o que torna certas equipes internas mais eficientes que outras. Eles constataram que saber quem criava a equipe importava menos que saber até que ponto a equipe de fato trabalha com entrosamento. O fator número um que determina a eficiência de uma equipe no Google é a segurança psicológica, no sentido de que os membros de uma equipe confiem nos que os cercam. Os outros quatro fatores são confiabilidade; estrutura e clareza; significado; e impacto (Bariso, 2018). Isso funcionou para o Google e pode funcionar para sua empresa, mas também pode não dar certo.

A Amazon, por exemplo, tem sua famosa regra das duas pizzas: se não puder ser alimentada por duas pizzas grandes, a equipe é grande demais. Eles também têm uma prática chamada "líder de uma conversa só", que fiquei conhecendo quando visitei a sede deles em Seattle, onde toda grande decisão ou projeto é atribuído a um único líder, que come, dorme e respira essa decisão ou projeto, e nada mais. Em geral, os líderes das organizações são responsáveis por muitos projetos e decisões bastante complexas. Na Amazon, eles descobriram que um foco singular leva a equipes e tomadas de decisão mais eficientes.

No início do ano 2000, por que apenas 600 engenheiros da Apple levaram menos de dois anos para desenvolver, depurar e implantar o iOS 10 enquanto a Microsoft recorreu a mais de 10 mil engenheiros e precisou de anos para desenvolver, implantar e depois recolher o Vista? Essas equipes foram construídas de maneiras diferentes. A equipe da Apple incluiu profissionais famosos que foram reconhecidos como uma equipe. Já a Microsoft estava usando na época a classificação forçada (que pararam de usar), onde apenas 20% de cada equipe podia estar na categoria "excepcional" e o desempenho se baseava apenas no mérito pessoal de cada indivíduo (Vozza, 2017). Sem dúvida, criar equipes eficientes faz uma enorme diferença e não são apenas as pessoas da equipe que importam.

J. Richard Hackman, falecido em 2013, foi professor de Psicologia Social e Organizacional na Universidade de Harvard e uma das autoridades mundiais em equipes, algo que começou a estudar na década de 1970. Hackman descobriu que o que as equipes precisam para ter sucesso é de "condições facilitadoras" (Hackman, 2004). Sempre presumimos que o sucesso ou fracasso de uma equipe depende do líder, e às vezes sem dúvida pode ser esse o caso, mas e se a coisa for um pouco mais complexa? Não é só o líder que influencia a equipe; a dinâmica da equipe o influencia também. Se você comandar uma equipe que não está disposta a cooperar e trabalhar em conjunto, e os membros da equipe não parecerem muito capazes de cumprir suas tarefas, seu estilo de liderança pode ser mais hierárquico, tipo "comando e controle", com projeto e tarefa orientados, um estilo direto e aparentemente menos humano. Por outro lado, se tiver uma equipe cujos membros são receptivos uns aos outros, são excelentes no trabalho, comunicativos e cooperativos, então seu estilo de liderança pode ser democrático, franco, transparente e mais humano. Em outras palavras, diz Hackman, a coisa não é a via de mão única que tantos presumem que seja. É por isso que ele prefere falar de condições em vez de causas. Com base em sua pesquisa, há cinco fatores a serem considerados: equipe real, direção convincente, estrutura capacitadora, contexto de suporte e treinamento competente.

Pesquisa mais recente de Martine Haas, da Wharton, e Mark Mortensen, do INSEAD, descobriu que existe outra condição crucial: "mentalidade compartilhada". Isso acontece porque, como mencionado antes, as equipes estão se tornando mais dinâmicas, diversas e diversificadas, o que significa que é tentador mudar para uma mentalidade "nós contra eles", e também é crucial garantir que as equipes não fiquem com informações incompletas. Uma mentalidade resolve esses dois problemas (Haas, 2016). Vamos dar uma olhada nessas seis condições:

- **Equipe real:** limites claros, interdependência entre os membros e, pelo menos, moderada estabilidade de novas adesões no decorrer do tempo.

- **Direção convincente:** um propósito claro, que seja desafiador e consequente, algo que se concentre nos fins a serem alcançados, não apenas nos meios para chegar a eles.
- **Estrutura capacitadora:** uma estrutura que possibilite o trabalho em equipe, em vez de obstruí-lo.
- **Contexto de suporte:** recursos como treinamento, recompensas e acesso à informação, permitindo que os membros da equipe trabalhem de forma eficaz.
- **Treinamento competente:** alguém que possa ajudar dando orientações, conselhos, mostrando como superar obstáculos e desafios, fazendo perguntas e assim por diante.
- **Mentalidade compartilhada:** criar uma compreensão e uma identidade comuns, concentrando-se, por exemplo, nas semelhanças em oposição às diferenças.

Tenho uma filha de 3 anos e, como sabe qualquer pai, criar uma criança não é apenas alimentá-la, levá-la à escola, comprar brinquedos para ela, trocar sua roupa e colocá-la para dormir. É preciso também criar um ambiente onde nossos filhos possam aprender, crescer, se desenvolver, se expressar e vivenciar coisas novas. Para líderes futuros, essas condições capacitadoras são tão ou mais importantes que os procedimentos táticos com os quais estamos familiarizados. O *coach* Wooden sabia disso e foi por essa razão que se concentrou em criar essas condições (as aberturas), permitindo que os jogadores tivessem sucesso. Ele sempre disse que são necessárias dez mãos para fazer uma cesta!

Michel Combes é CEO da Sprint, empresa de telecomunicações com cerca de 30 mil funcionários. Durante nossa conversa, Michel resumiu muito bem a competência de um *coach*: "Vejo meu trabalho como o de um treinador. Por um lado, tenho de produzir uma visão de futuro. Por outro, tenho de capacitar as pessoas a criar esta visão e a se sentirem confortáveis ao usar sua capacidade de criá-la; e tenho de me certificar de que sempre vou conseguir levá-las a dar o máximo de si".

Quando se trata de criar equipes eficazes, nenhuma abordagem é considerada a melhor. Inúmeros estudos, livros e relatórios têm sido escritos sobre trabalho em equipe, e a pesquisa está sempre mudando e evoluindo. Como líderes, devemos não só estar conscientes do que fazemos, mas das condições que criamos para as equipes terem êxito.

Como os líderes podem desenvolver a habilidade do *coach*

A essência de ser um grande *coach* é acreditar de fato que seu trabalho e seu privilégio é ajudar outras pessoas a se tornarem mais bem-sucedidas que você. O que é bem diferente de apenas ajudar pessoas a ter mais sucesso, pois isso altera a soma de esforço que será aplicada. É normal que a maioria dos líderes apliquem uma quantidade relativamente pequena de esforço para ajudar alguém a crescer, a aprender ou a ter mais sucesso. Mas tentar fazer uma pessoa se sobressair, superando nosso desempenho, é tarefa muito mais desafiadora, que requer mais tempo e recursos. Estamos dispostos a fazer isso?

Outro aspecto crucial de ser um grande *coach* é a capacidade de se conectar com as pessoas com quem trabalha para de fato entendê-las como seres humanos em vez de apenas funcionários. Tente fazer a si mesmo algumas perguntas básicas sobre as pessoas com quem trabalha:

- ◆ O que mais as entusiasma?
- ◆ O que as deixa mais estressadas ou esgotadas?
- ◆ O que as faz se apaixonar?
- ◆ Quais são seus pontos fortes e fracos?
- ◆ Quais são seus *hobbies* ou interesses fora do trabalho?
- ◆ Elas têm família e, se têm, você sabe alguma coisa a respeito?
- ◆ Quais são seus objetivos profissionais e pessoais?
- ◆ O que elas pensam de você como líder?

Claro, a lista de perguntas aqui pode ser interminável, mas o que importa não é simplesmente criar uma *checklist* ou elaborar uma pesquisa e fazer seus empregados responderem a ela. É preciso dedicar tempo e esforço para conhecer as pessoas que trabalham com você como seres humanos, assim como você faria com um novo amigo em potencial ou um novo cônjuge.

Muitas das habilidades e mentalidades (*mindsets*) descritas neste livro se constroem umas sobre as outros. Você notará que, ao adotar as mentalidades mencionadas anteriormente, eles também farão de você um *coach* melhor.

21
O Adolescente da Tecnologia

O Adolescente da Tecnologia

Sempre que não conseguem compreender uma determinada tecnologia, os pais costumam recorrer aos filhos adolescentes (se os tiverem). Por que isso? Não é porque os adolescentes sejam peritos em tecnologia, entendam como funciona cada peça tecnológica e como ela foi criada. Isso acontece porque adolescentes são hábeis em tecnologia e fluentes em termos digitais. Em outras palavras, eles entendem de tecnologia, embora não precisem ser peritos nessa área. Os líderes do futuro têm de ser do mesmo jeito.

Michael Tipsord é CEO da State Farm, empresa seguradora e financeira com uma força de trabalho de mais de 90 mil funcionários e colaboradores independentes. Foi lá que ele começou sua carreira em 1988. Em nossa entrevista, destacou a importância de ser descolado em tecnologia: "Os líderes de amanhã precisarão ter uma fluência tecnológica que lhes permita antecipar oportunidades e ameaças, distinguindo exageros de coisas críveis e adotando possibilidades transformadoras".

Compreendendo como a tecnologia afeta seu negócio

A tecnologia tem um impacto dramático em nossas vidas, em nossas organizações e em nosso mundo. A maioria das pessoas raramente pensa nisso porque a tecnologia tornou-se tão onipresente que a encaramos como um fato natural. Mas, do momento em que acordamos até quase a hora de dormir, nossa vida é movida por tecnologia. Seja o *smart speaker* que você usa de manhã para saber das notícias, o carro que dirige para ir ao trabalho, o celular ou *laptop* que pega para ver o *e-mail*, o avião que vai pegar ou a TV que liga quando quer relaxar, a tecnologia está por toda parte, assim como o ar. A tecnologia, é claro, pode ter relação com muitas coisas: inteligência artificial, aprendizado de máquina, *hardware* e *software*, *blockchain*, realidade aumentada e virtual, impressão em 3D, robótica, computação quântica e tudo e qualquer coisa entre esses exemplos. Estima-se que, em 2030, haverá uma média de 9,27 dispositivos conectados por pessoa (Safaei, 2017).

Não muito tempo atrás o Japão nomeou um novo ministro para a cibersegurança e os jogos olímpicos (responsável pelas Olimpíadas de 2020), Yoshitaka Sakurada, de 68 anos. Em uma entrevista recente, ele disse: "Tenho sido independente desde os 25 anos e sempre direcionei meu pessoal e secretárias para fazer esse tipo de coisa... Nunca usei um computador!". Isso é algo que os líderes do futuro não serão capazes de repetir, pois uma organização será movida em todos os aspectos pela tecnologia, e dela vai depender (*Irish Times*, 2018).

Robert Dutkowsky é ex-CEO e atual diretor-executivo da Tech Data, empresa de tecnologia da informação e serviços com mais de 14 mil funcionários. Ele abordou o assunto com bastante simplicidade: "O líder de uma organização tem de estar no topo da tecnologia porque praticamente todas as empresas do mundo de hoje são empresas de tecnologia".

Os líderes não precisam entender os detalhes de como as tecnologias serão implantadas, mas precisam entender que impacto determinada tecnologia pode ter sobre os negócios. Precisam ser capazes de ter essas conversas e deveriam ser capazes de responder a perguntas do tipo:

- Como é o panorama geral da tecnologia? Que tecnologias emergentes estamos vendo hoje?
- Que tecnologias vão afetar seu ramo industrial?
- Como sua organização pode usar diferentes tecnologias para melhorar, por exemplo, a satisfação do cliente, a experiência do funcionário ou a produtividade?
- O que pode acontecer se a organização não fizer investimentos em tecnologia?
- Como seus clientes e funcionários estão usando as diferentes tecnologias?

Como os líderes podem desenvolver a habilidade do adolescente da tecnologia

Se observarmos como adolescentes ou mesmo pré-adolescentes aprendem a usar a tecnologia, veremos que eles raramente leem um manual de instruções. Apenas pegam ou baixam qualquer que seja a tecnologia e começam a praticá-la. Os líderes devem abordar a tecnologia da mesma maneira. Há alguns anos, se quiséssemos aprender a trabalhar com uma nova tecnologia, teríamos de nos inscrever em um curso, ler um manual de instruções inteiro ou seguir as instruções que vinham no CD-ROM de qualquer dispositivo que estivéssemos tentando usar. Hoje os computadores já nem trazem discos de CD-ROM! Agora temos acesso ao aprendizado de tudo o que quisermos, a qualquer hora, e em qualquer dispositivo com plataformas como as do YouTube, onde se pode encontrar um tutorial ou um panorama geral de qualquer tecnologia de que se precise ou que se queira. Mesmo *sites* como o TED são recursos maravilhosos para aprendermos sobre conceitos e ideias de novas tecnologias. Os líderes devem tirar proveito disso.

Sei como é... um monte de novas tecnologias continuam surgindo. No momento em que aprendemos a usar uma delas, surge outra; como então seria possível acompanhá-las? Todos nós já nos acostumamos a essa ideia de algo novo chegando e de dispormos de algum tempo para experimentar o brinquedo brilhante antes que apareça outra coisa nova. Infelizmente, esse mundo não existe mais. Hoje brinquedos brilhantes estão sendo lançados em sua direção e na de sua organização como bolas de tinta no *paintball*. Em vez de pensar "como faço para acompanhar?", temos de mudar mentalidade para "este é o novo normal". É o melhor conselho que os líderes empresariais têm compartilhado comigo quando se trata de tecnologia. Não podemos controlar a velocidade da tecnologia, mas podemos controlar nossa mentalidade e nossa reação.

Por ter uma compreensão geral do panorama da tecnologia, você deve ser capaz de determinar que ferramentas poderiam ter melhor impacto em seu negócio e quais podem esperar para serem incorporadas.

Outra técnica útil para praticar ser um adolescente da tecnologia é cercar-se de pessoas que são mais hábeis que você com a tecnologia. Não é incomum ouvir falar de líderes empresariais que são orientados por funcionários geralmente mais jovens e mais fluentes em tecnologia.

22
Até que ponto estamos praticando devidamente essas habilidades hoje?

O *coach*, o tradutor, o futurista, o adolescente da tecnologia, o Yoda: são os que detêm as habilidades mais cruciais que os líderes do futuro têm de possuir para serem bem-sucedidos na próxima década e além dela. Em conjunto com as mentalidades mencionadas antes, dominar suas habilidades o transformará em uma força de liderança imbatível e inestimável. Contudo, você deve se lembrar de que também é responsável por garantir que aqueles ao seu redor dominem essas mesmas habilidades.

Vamos dar uma olhada global em como estamos praticando nossas habilidades. Os números são bem consistentes com o que vimos mais cedo na seção das mentalidades. Coletivamente, os entrevistados acreditam que estão fazendo um trabalho muito bom ao praticar essas habilidades, com os números caindo de forma considerável quando perguntamos sobre seus gerentes e executivos seniores: 57% de todos os gerentes e 58% de todos os executivos seniores caem, respectivamente, nas duas categorias inferiores. Só 8% de todos os gerentes e executivos seniores estariam praticando "muito bem" as habilidades descritas neste livro (ver Figura 22.1).

Partindo desse ponto de vista ampliado, podemos agora decompor as coisas segundo colaboradores individuais (CIs), gerentes e executivos seniores para ver onde estão as discrepâncias e de que tamanho elas são. CIs classificam 60% dos gerentes e 62% dos executivos seniores nas duas categorias inferiores de "mais ou menos bem" e "nada bem". Os gerentes também colocam 60% dos executivos seniores nas duas categorias inferiores. Essas grandes discrepâncias podem mais uma vez ser observadas segundo o tempo de casa (ver Figura 22.2).

O Líder do Futuro

Até que ponto as empresas estão praticando devidamente as habilidades do líder do futuro?

	Como você acha que está praticando essas habilidades?	Como você acha que seus gerentes estão praticando essas habilidades?	Como você acha que seus executivos seniores estão praticando essas habilidades?
Nada bem	2%	17%	20%
Mais ou menos bem	28%	40%	38%
Razoavelmente bem	48%	29%	29%
Muito bem	20%	8%	8%

JACOB MORGAN
© *thefutureorganization.com*

Figura 22.1 Avaliação de como as empresas estão praticando as habilidades do líder do futuro.

Cuidado com as discrepâncias... de novo!

Quando observamos todos os dados sobre habilidades, vemos a mesma situação que já encontramos antes, ao examinarmos as mentalidades. Os líderes (gerentes e executivos seniores) acreditam que estão praticando essas habilidades com muito mais eficiência do que realmente acontece. Isso é verdade quando olhamos para o conjunto de habilidades e também quando olhamos para cada competência de forma isolada. Mas não existe alinhamento entre o modo como gerentes e executivos seniores acham que estão praticando essas habilidades e o modo como outros funcionários de menor escalão acreditam que eles o estejam fazendo.

Para todos os líderes, os dados mostram que, de maneira geral, eles não pontuaram nada bem, mas os colaboradores individuais dizem que a área em que os gerentes se mostram menos capazes é a do Yoda: a inteligência emocional. A área em que as pessoas dizem que os gerentes têm se saído melhor é a do tradutor: ouvir com atenção e se comunicar. Quando se trata de executivos seniores, a habilidade mais bem praticada (segundo colaboradores individuais e gerentes) é a do futurista. A habilidade que mais causa problemas aos executivos seniores é a do Yoda.

244

Prática das habilidades para o líder do futuro:

Colaboradores individuais *versus* gerentes *versus* executivos seniores

Até que ponto estamos praticando devidamente essas habilidades hoje?

	Como os gerentes estão praticando essas habilidades? (Colaboradores individuais)	Como você está praticando essas habilidades? (Gerentes)	Discrepância entre colaboradores individuais e gerentes	Como os executivos seniores estão praticando essas habilidades? (Colaboradores individuais)	Como você está praticando essas habilidades? (Executivos seniores)	Discrepância entre colaboradores individuais e executivos seniores	Como os executivos seniores estão praticando essas habilidades? (Gerente)	Discrepância entre gerentes e executivos seniores
Nada bem	20%	2%	18%	23%	1%	22%	20%	19%
Mais ou menos bem	40%	29%	11%	39%	25%	14%	40%	15%
Razoavelmente bem	29%	4%	20%	28%	50%	22%	30%	20%
Muito bem	10%	19%	9%	9%	23%	14%	8%	14%

JACOB MORGAN

©*thefutureorganization.com*

Figura 22.2 Prática das habilidades para o líder do futuro: comparações.

Pelo mundo afora

Que países estão fazendo o melhor e o pior trabalho ao praticar essas habilidades coletivas? Mais uma vez, olhei para as duas categorias principais de "razoavelmente bem" e "muito bem" junto com as duas categorias inferiores de "mais ou menos bem" e "nada bem". Nas Figuras 22.3 e 22.4, podemos ver as respostas entre os países para as três perguntas: "Como você acha que está praticando essas habilidades?", "Como você acha que seus gerentes estão praticando essas habilidades" e "Como você acha que seus executivos seniores estão praticando essas habilidades?".

Coletivamente, o Brasil mais uma vez saiu na frente, mas dessa vez foram os Estados unidos e a DACH que ficaram em segundo lugar. Quando olhamos para os gerentes, o Brasil é de longe o país com a maior pontuação para as duas categorias principais, seguido pela DACH e os Estados Unidos. No caso dos executivos seniores, a Índia não está tão atrás do Brasil, mas é o Estados Unidos que pontua perto do fim da lista.

A Figura 22.4 apresenta um gráfico semelhante, mas, em vez de olhar para as duas categorias superiores, ela se concentra nas duas categorias inferiores.

Mais uma vez, vemos os entrevistados da China apresentando o maior percentual nas duas categorias inferiores. A China é seguida pela Austrália e pela Índia. Para os gerentes, o Brasil está claramente à frente dos outros países, seguido pela DACH. Por fim, quando olhamos para os executivos seniores, é a Austrália que tem a percentagem mais elevada nas duas categorias inferiores, seguida pelos Estados Unidos e pelo Reino Unido.

Estamos prontos para o líder do futuro?

Das quase 14 mil pessoas pesquisadas, só um terço disse que suas organizações têm uma política ou programa em vigor para lidar com os requisitos da liderança futura nos próximos dez anos. Quando fiz aos 140 CEOs essa mesma pergunta, 56 deles disseram que têm programas posicionados para abordar o futuro da liderança nos próximos dez anos. O restante está se concentrando na liderança no curto prazo ou foram extremamente honestos ao me dizer que não estão pensando de modo algum no futuro da liderança.

Até que ponto estamos praticando devidamente essas habilidades hoje?

Como você, seus gerentes e executivos seniores estão praticando essas habilidades?

("razoavelmente bem" e "muito bem")

	EUA	RU	DACH	Índia	Brasil	China	EAU	Austrália
Você	69	67	69	63	80	46	67	64
Gerentes	38	34	39	34	47	27	36	31
Executivos seniores	35	32	37	43	49	39	37	31

JACOB MORGAN
© *thefutureorganization.com*

Figura 22.3 Como você, seus gerentes e executivos seniores estão praticando essas habilidades? (As duas categorias superiores.)

Como você, seus gerentes e executivos seniores estão praticando essas habilidades?

("mais ou menos bem" e "nada bem")

	EUA	RU	DACH	Índia	Brasil	China	EAU	Austrália
Você	30	32	29	36	18	50	33	36
Gerentes	57	59	55	63	47	69	61	64
Executivos seniores	61	61	57	56	47	51	60	63

JACOB MORGAN
© *thefutureorganization.com*

Figura 22.4 Como você, seus gerentes e executivos seniores estão praticando essas habilidades? (As duas categorias inferiores.)

Embora as respostas dos CEOs sejam muito mais otimistas que as respostas da pesquisa, vemos mais uma vez uma enorme discrepância entre o que a maioria dos funcionários percebem e no que acreditam *versus* aquilo em que os CEOs dizem estar concentrados. Neste caso, o que os funcionários pelo mundo afora têm percebido e vivenciado é mais importante que aquilo que os CEOs dizem estar fazendo. Como a percepção é a realidade, se os funcionários dizem que a organização na qual trabalham não está pronta para o futuro da liderança, ela de fato não está, por mais otimistas que possam se mostrar os CEOs.

Temos uma tremenda oportunidade de pensar sobre os líderes que queremos ter e como vamos desenvolvê-los em nossas organizações e na sociedade. Ao longo deste livro, apresentei minha pesquisa e a de outros, que mostram claramente que hoje os líderes não vivem de acordo com seu potencial, e que as organizações em todo o mundo não estão prontas para as mudanças que temos visto no mundo de trabalho. Simplesmente não temos líderes prontos para o futuro. Mas podemos mudar isso – você pode mudar isso.

PARTE 5

TORNANDO-SE UM LÍDER DO FUTURO

23
Conhecer *versus* Fazer

No mundo de hoje é fácil nos concentrarmos no que é negativo, mas a coisa mais importante que aprendi ao escrever este livro é que o futuro é brilhante. Os CEOs que entrevistei identificaram as Nove Notáveis como as mentalidadese as habilidades mais cruciais para o líder do futuro; gostaria, no entanto, de adicionar à lista um novo item, que pode ser tanto uma mentalidade quanto uma habilidade: o otimismo. Como líder, você tem de despertar cada dia acreditando que o futuro pode ser melhor do que é hoje e que pode ajudar a construir esse futuro melhor. Não é algo fácil de fazer. Você será desafiado pelos aspectos do dia a dia do trabalho e da vida, mudará de equipe e de empregadores, talvez seja transferido e poderá até mudar de carreira. Independentemente de até onde seu caminho o levar, você deve permanecer otimista. O líder do futuro deve acordar toda manhã e perguntar: "Como posso melhorar e como posso desbloquear a potencialidade do meu pessoal?".

Há muito trabalho a ser feito por líderes e organizações em todo o mundo. Mas isso também significa que há um tremendo potencial e oportunidade se você partir para a ação.

Sheryl Palmer é CEO da Taylor Morrison, empresa de construção civil com mais de 2.500 funcionários. Alguns anos atrás, ela teve que fazer uma das coisas mais difíceis de sua vida e carreira: escrever duas cartas para sua equipe. Uma das cartas dizia: "Eu os verei em seis semanas", e a outra dizia: "Façam-me sentir orgulho e terminem a grande obra que começamos". Sheryl tinha um tumor no cérebro e não tinha certeza se conseguiria voltar da cirurgia. A primeira carta que escreveu foi a que ela queria que a equipe recebesse se a cirurgia corresse bem e ela esperasse voltar ao trabalho em seis semanas. A segunda carta foi a que ela queria que a equipe recebesse se estivesse claro que ela não ia voltar. Na noite da véspera da cirurgia, Sheryl voou da Flórida para casa, onde se encontrou com o presidente do conselho da *holding* da Taylor Morrison para finalizar um cronograma e discutir as novas etapas dos planos para o processo de vendas no Reino Unido. A intenção era que, como planejado, ela voltasse em algumas semanas. Tudo aquilo lhe trouxe uma importante paz de espírito, pois tanto a empresa quanto a equipe da Taylor Morrison seguiriam em frente e ficariam bem. Pelo que Sheryl sabia, aquela poderia ter sido sua última noite na Terra, uma noite que ela passou se certificando de que seu pessoal estaria bem cuidado. Nas palavras da própria Sheryl:

> Embora sempre tenha acreditado que aproveitava a vida ao máximo, procurando o que cada pessoa e cada situação tinham de bom, passar por aquilo me fez entender como era, de fato, precioso cada encontro que tínhamos na vida. Aquilo me tornou uma líder melhor porque fui capaz de apreciar como cada interação era importante e como não deveria encarar algo nem ninguém como coisa banal. Muitos líderes atravessam os dias apagando fogos e não dando atenção à regra de ouro dos negócios: pessoas trabalham para pessoas, não para empresas. Uma das responsabilidades de um líder é definir a visão da empresa e, em vez de deixar o negócio correndo ao acaso, criar relacionamentos e interações intencionais, significativas e repletas de propósito. Alguns podem considerar que isso é um trabalho muito difícil, mas ser um líder é uma opção e, se decidimos que é isso que realmente somos, não há meio-termo – tudo é desgastante, não há dois caminhos paralelos. Ninguém pode ser um líder apenas quando aparece no escritório. É uma paixão natural e uma misteriosa interseção em todas as áreas de nossas vidas. Mas quando realmente assumimos isto, é a mais gratificante jornada de vida que há no mundo.

Quando Sheryl me contou essa história pela primeira vez, fiquei arrepiado. Ainda sinto isso toda a vez que a compartilho com uma audiência. Talvez não seja coincidência que Sheryl como CEO e Taylor Morrison como empresa tenham resenhas quase perfeitas no Glassdoor, sem contar os muitos outros reconhecimentos e prêmios recebidos. Na verdade, impressionantes 94% recomendariam a Taylor Morrison para

Conhecer *versus* Fazer

um amigo. A história de Sheryl e sua mensagem destacam a importância da ação e liderança com intenção. Espero que você leve isso a sério.

Há uma grande diferença entre saber e fazer. Tendo chegado até este ponto do livro, você já sabe tudo que precisa saber para se tornar um líder do futuro, mas será que vai dar o próximo passo e fazer de fato alguma coisa?

Vivemos e trabalhamos em um mundo dinâmico e em rápida mudança, o que significa que, como líderes, não precisamos apenas ser capazes de nos adaptar ao futuro, mas precisamos criá-lo. O que funcionou no passado e o que funciona no presente não funcionará no futuro. Alguns aspectos centrais da liderança – como criar uma visão e executar uma estratégia – serão tão relevantes na próxima década quanto são hoje. No entanto, a maioria dos principais 140 CEOs do mundo em empresas de destaque acreditam que os líderes precisarão adotar um novo conjunto de mentalidades e habilidades para comandarem na próxima década e além dela.

Lembremos que as quatro mentalidades são: o explorador, o *chef*, o servidor e o cidadão global. As cinco habilidades são: o futurista, o Yoda, o tradutor, o *coach* e o adolescente da tecnologia. Os líderes que forem capazes de dominar essas Nove Notáveis e ajudar os que estão ao redor a ter o mesmo domínio serão os mais bem-sucedidos, o mesmo acontecendo com suas organizações. Para líderes, o sucesso não significa apenas criar uma organização mais lucrativa. Significa criar um lugar onde os funcionários queiram verdadeiramente entrar todo dia para trabalhar; significa criar uma organização que tenha impacto positivo sobre a sociedade e o mundo; e significa criar uma organização que coloca sempre as pessoas como prioridade.

Um de meus mais recentes exemplos favoritos vem da Orbia, antigamente conhecida como Mexichem. É uma companhia de 22 mil pessoas com diversos grupos de negócios que se concentram em coisas como agricultura, construção e infraestrutura, e soluções de polímeros. Falei com o ex-CEO da empresa, Daniel Martínez-Valle, para saber mais sobre o que estão fazendo. Depois de uma profunda reformulação da marca e transformação de Mexichem em Orbia, a nova marca está focada em três coisas: pessoas, planeta e lucro – nessa ordem. Tudo acerca da empresa está agora concentrado em um propósito, em ser uma organização mais humana e em ter um impacto positivo no mundo.

Eles definiram publicamente a organização para a qual desejam evoluir concentrando-se em seis critérios: otimizar os investimentos, reduzir as emissões de gases do efeito estufa, evoluir para se tornar um provedor de soluções inovadoras, reduzir o desperdício gerado, requalificar a força de trabalho e aumentar o número de mulheres em cargos de gestão. A parte mais fascinante dessa nova marca, e algo que nunca vi outra companhia fazer, é eles terem desenvolvido uma *ImpactMark*. Pense nisso como um logotipo em evolução que muda a cada ano para mostrar como a empresa está progredindo com base em seus seis critérios. A suprema realização seria se sua *ImpactMark* se tornasse um círculo perfeito; eles reconhecem que talvez isso nunca aconteça, mas é algo pelo qual se esforçam. É assim que a Orbia está se comprometendo de forma transparente a tornar o mundo um lugar melhor.

A liderança costumava ser um posto ou título concedido a alguém, e é ainda a abordagem a que muitos estão acostumados. Para o líder do futuro, isso será algo que ele deve ganhar, o que significa que a oportunidade existirá para todos que a desejarem. Muitas das habilidades e mentalidades descritas neste livro são relevantes no mundo de hoje, mas serão absolutamente essenciais nos próximos dez anos e além deles. De fato, se os líderes ainda não adotam as habilidades e mentalidades descritas aqui, não deveriam estar em posições de liderança. Como hoje temos milhões de líderes em todo o mundo, há enorme potencial para uma mudança positiva. Você precisa decidir que tipo de líder quer ser. Está disposto a avançar ou não arredará pé do modo atual de fazer as coisas?

Este livro contém todas as ferramentas de que você precisa para se tornar um líder do futuro. No entanto, como todas as ferramentas, elas não fazem o trabalho sozinhas. Quem faz isso é a pessoa que maneja as ferramentas. A pergunta que devemos fazer é: agora que temos as ferramentas, o que vamos fazer com elas? Quando aparecermos amanhã para trabalhar, vamos ser a mesma pessoa que éramos antes de ler este livro? Espero que não. Aqui estão alguns passos práticos que podemos dar.

Defina "líder" e "liderança"

Como você define liderança? O que significa ser um líder para você? Quem você considera um grande líder e por quê? Se não pode responder a essas perguntas, como poderia liderar? Sua definição pode mudar com o tempo, mas você tem de começar com alguma espécie de Estrela do Norte que, em última análise, guiará quem você é como pessoa, o tipo de empresa de que deseja fazer parte e o tipo de líder que é.

O Triângulo Dourado da Liderança

Quem você é como líder e que tipo de líder se tornará resulta de três coisas que constituem o que chamo de Triângulo Dourado da Liderança (Figura 23.1): suas crenças, pensamentos e ações. Uma crença é algo que você entende ou aceita como verdadeiro; é sua Estrela do Norte e sua filosofia nos negócios (e na vida). Seus pensamentos são como você pensa em virtude de ter aquela Estrela do Norte, e suas ações são as coisas que você faz como resultado de suas crenças e pensamentos. Por exemplo, se uma de suas crenças é que as pessoas deveriam vir antes dos lucros, seus pensamentos se concentrarão em como você pode melhorar as comunidades, o que pode fazer para tornar os funcionários mais realizados no trabalho e em casa, como pode cuidar dos funcionários em períodos de tensão nos negócios e o que pode fazer para ajudar seu pessoal a aprender e crescer como seres humanos. Como resultado, suas ações podem levá-lo a investir pesadamente em programas de *coaching* e assessoria, passando mais tempo com funcionários da linha de frente, destinando uma parte dos lucros para as iniciativas da comunidade local e mesmo sacrificando o rendimento de suas ações ou seu salário para que as pessoas com quem trabalha possam ser mais bem assistidas. Se uma de suas crenças é que a liderança só diz respeito a alcançar resultados nos negócios, seus pensamentos e ações vão refletir isso. Há muitos caminhos a escolher e tenho procurado ao longo do livro guiá-lo para aquele que acredito ser o caminho correto.

O Triângulo Dourado da Liderança

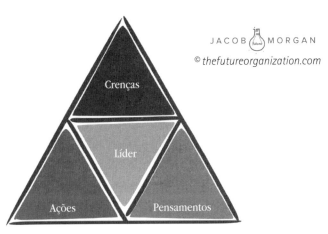

Figura 23.1 O Triângulo Dourado da Liderança.

Você sabe quais são suas crenças? Pode vê-las manifestadas em como você pensa? Suas ações refletem suas crenças e pensamentos? Todos eles devem se conectar. Esse é o núcleo absoluto da liderança e requer de você um pouco de introspecção. Depois de fazer a si mesmo essas perguntas e adquirir clareza acerca desses tópicos, é fundamental que os conserve na mente ao tomar decisões, interagir com outros ou refletir sobre novas direções. Achar que seus pensamentos ou ações não estão combinando com suas crenças costuma ser um indício de que não está sendo sincero consigo mesmo e que está sendo colocado em uma posição em que tem de comprometer quem você é. Presumindo que esteja adotando os conceitos deste livro, não se comprometa – garanto que não vale a pena.

Você pode encarar esse processo mais ou menos como projetar um avatar em um videogame. Hoje, muitos jogos populares lhe permitem escolher um personagem e depois personalizá-lo com diferentes habilidades e capacidades. À medida que progride no jogo, você tem a opção de investir seus ganhos em diferentes áreas. Por exemplo, pode querer capacitar o personagem a empunhar armas, empregar magia, correr mais rápido, ter mais saúde, ser mais forte, ter mais aptidões defensivas e assim por diante. Se estivesse construindo a si próprio como um avatar de liderança, que tipo de personagem seria e em que áreas iria investir?

Como líder, você também deve considerar os filtros que sua organização espalhou para criar e amadurecer futuros líderes. Reserve algum tempo para pensar sobre o que eles atualmente são e como você acha que deveriam ser. Anote-os com cuidado e converse sobre eles com seus amigos, seus colegas de trabalho e seu departamento de RH.

Olhe para seu atual estado

Avalie em seguida que habilidades e mentalidades você precisa trabalhar com mais empenho e quais delas você conhece bem. Isto não é fácil de fazer e exige que você olhe para dentro de si. Você pode seguir os passos de Benjamin Franklin e usar seu método de ativos e passivos que investigamos mais no início do livro. Deve também pedir um *feedback* dos membros de sua equipe. Como vimos, a maneira como os líderes avaliam a si próprios é bem diferente de como os outros avaliam os líderes.

256

Para ajudar, montei um teste que você e suas equipes podem utilizar para ajudá-lo a entender o quanto você já está pronto como futuro líder. Isso lhe dará uma noção de como está praticando as habilidades e mentalidades descritas neste livro, fornecendo-lhe algumas orientações sobre coisas que pode fazer. A avaliação gratuita pode ser encontrada em FutureLeaderSurvey.com.

Também quero encorajá-lo a ter conversas francas sobre essas habilidades e mentalidades com sua equipe e seus líderes atuais.

Pratique as habilidades e as mentalidades

O próximo passo é pegar todas as habilidades e mentalidades sobre as quais aprendemos neste livro e transformá-las em seu sistema operacional de liderança. Quando você liga o computador, o telefone ou outro dispositivo, passam-se alguns segundos de inicialização do sistema operacional que você vai usar. Toda manhã, quando "carregar o computador", use essas nove habilidades e mentalidades como um sistema operacional que é baixado em sua cabeça, coração, alma e corpo. É assim que você opera a partir de agora – e não se esqueça daquele toque de otimismo!

Tal como acontece com qualquer coisa nova que aprendemos, levará algum tempo para dominar o sistema, mas você tem de começar e de se empenhar. Benjamin Franklin disse certa vez: "Pequenos golpes derrubam grandes carvalhos", indicando que mudanças pequenas e graduais podem produzir um grande impacto. Se melhorarmos apenas 1% por dia, seremos 37 vezes melhores no final do ano. Você pode, por exemplo, passar alguns minutos por dia lendo sobre um novo tópico para trabalhar a curiosidade, respirar fundo antes de reagir em uma situação delicada e praticar empatia, pedir um *feedback* da equipe para trabalhar com autoconsciência, deixar de lado a tecnologia ao ter uma discussão com alguém para trabalhar sobre a comunicação e examinar diferentes possibilidades antes de tomar uma decisão para praticar o modo de pensar de um futurista. Claro, isso é apenas o começo, mas são coisas básicas, relativamente simples, que você pode começar a incorporar à sua vida para produzir mais mudanças e resultados de impacto.

John Wooden disse certa vez: "Quando melhoramos cada dia um pouco, grandes coisas acabam ocorrendo. Quando melhoramos cada dia um pouco nosso condicionamento, acabaremos tendo uma grande melhora desse condicionamento. Não amanhã, não no dia seguinte, mas se acabará obtendo um grande ganho. Não busque um grande e rápido aprimoramento. Procure o pequeno aprimoramento, um dia de cada vez. Essa é a única maneira de a coisa acontecer – e, quando acontecer, ela vai durar".

Liderança não é fácil, e tornar-se um grande líder é uma das coisas mais desafiadoras que podemos alcançar. Mas vale a pena superar todos os grandes desafios. Se quiser que eu lhe sirva gratuitamente de *coach* durante sua jornada e se quiser ter acesso a vídeos e depoimentos sobre liderança dos CEOs que entrevistei, visite LeadershipReset.com.

Construa sua tribo

Qualquer grande líder lhe dirá que seu sucesso e o sucesso de sua organização vêm como resultado da equipe. Se quiser ser um grande líder do futuro, procure se cercar daqueles que irão ajudá-lo a se tornar esse líder. Os líderes ajudam a desbloquear o potencial daqueles que estão liderando, mas isso flui para os dois lados. Sua equipe também vai desbloquear seu potencial como líder.

Procure se cercar daqueles que são melhores e mais inteligentes que você, e que se destacam em áreas onde você tem dificuldades. Isso traz vulnerabilidade e autoconsciência, tópicos abordados neste livro. É fácil cercar-se daqueles que concordam com suas ideias e daqueles que lhe dizem como você é incrível e inteligente. É preciso, ao contrário, muita coragem para se cercar dos que vão desafiar suas ideias, questionar suas suposições e que não se parecem, não falam, não agem, não se comportam, nem acreditam nas mesmas coisas que você.

Construa sua tribo para que ela possa torná-lo um líder melhor.

Evite os dias comuns

Uma das coisas que achei particularmente fascinante ao entrevistar CEOs ou mesmo líderes de negócios em meu *podcast* é que, quando perguntava como era um dia comum para eles, ninguém sabia descrevê-lo. A resposta era sempre: "Não tenho um dia comum". Contudo, a maioria de nós tem um dia comum. Acordamos todo dia na mesma hora, comparecemos ao trabalho no mesmo horário, assistimos às mesmas reuniões, fazemos o mesmo tipo de trabalho, cercamo-nos do mesmo tipo de pessoas, almoçamos na mesma hora e depois vamos para casa no mesmo horário. Nossos dias são estruturados em um processo muito centrado e, me atrevo a dizer, de uma forma um tanto robótica. Quanto mais rotineiros e "comuns" seu trabalho e seu dia se tornam, mais irrelevante e substituível você pode ser.

Tem sido dito que, se deseja despertar a criatividade, a curiosidade e exercitar seu cérebro, você deve seguir, todo dia, um trajeto diferente para chegar ao trabalho. Isso permite que descubra coisas novas, que lide com novos desafios e obstáculos, e que evite permanecer na estagnação, mantendo-o continuamente alerta. O mesmo conceito se aplica a como seu dia de fato se parece

Não estou dizendo que não possa ter certa estrutura ou rotina em seu dia; não estou defendendo a criação do caos na sua vida. Na realidade, estou encorajando-o a mudar as coisas quando e onde puder. Procure se cercar de novas pessoas e ideias, aprenda algo novo, experimente trabalhar em diferentes equipes. Evite que cada dia seu se pareça com o que veio antes e o que virá depois.

Quando nos libertarmos dessa ideia de ter um dia comum, descobriremos que assumimos o controle de nossa vida e carreira, em vez de apenas seguir um roteiro. Não ter um dia comum coloca-o em um estado constante de aprendizado, crescimento e desafio a si mesmo. Também o faz se manter mais empenhado no trabalho, ajuda a evitar a exaustão, cria novos relacionamentos e o ensina a ver as coisas de diferentes perspectivas. Os líderes empresariais que entrevistei estão envolvidos com diferentes projetos, atendendo a novos clientes e funcionários, participando de várias reuniões de equipe e fazendo o que podem para garantir que seus dias sejam incomuns. Muitas vezes, os líderes podem adquirir o hábito de fazer sempre as coisas da mesma maneira; criar um dia incomum é um ótimo pretexto para se soltar.

Como é um dia comum para você? Como pode torná-lo um pouco mais atípico?

Guie outras pessoas

Como liderança é um esporte de equipe, qual é o sentido de estar crescendo e se distinguindo se ninguém mais ao seu redor está? Lembre-se:

um farol não existe apenas para projetar uma faixa de luz sobre si mesmo. O objetivo primário de um farol é guiar pessoas. À medida que você reflete e adota as habilidades e *mindsets* descritos neste livro, pergunte a si mesmo o que pode fazer para ajudar os outros a fazerem o mesmo, ainda que isso possa levá-los a se tornarem mais bem-sucedidos que você. Essa é uma das coisas mais desafiadoras para os líderes abraçarem. É assustador e requer uma quantidade enorme de inteligência emocional e coragem.

Todos nós podemos nos sentir um pouco ansiosos ou transtornados quando os que estão à nossa volta têm mais sucesso que nós. Talvez cheguemos a ficar ressentidos. Para muitos líderes, isso pode ser verdade, em especial se são eles que ajudam a tornar essas pessoas mais bem-sucedidas. Mas por que isso acontece? Se você tem filhos, quando eles são capazes de fazer algo que você não poderia fazer ou quando fazem algo melhor que você, você não grita com eles e diz: "Como se atrevem? Fui eu que os criei!" Em vez disso, olha para eles com um sentimento de orgulho, alegria e realização, sabendo que deu sua contribuição para ajudar seu filho ou filha a se sair bem. É assim que precisamos pensar sobre liderança.

Quando guiamos outras pessoas, elas por sua vez nos guiarão.

Os líderes têm uma enorme responsabilidade em criar uma organização à qual as pessoas queiram comparecer todo dia, e construir um mundo onde todos nós tenhamos orgulho de viver. Não devemos só adotar e praticar as habilidades e *mindsets* descritos neste livro, mas também guiar outras pessoas à nossa volta para que façam o mesmo. Ser um líder não é fácil, mas nada que vale a pena fazer jamais foi. Imagine como seriam nossas organizações se todos os líderes praticassem os conceitos esboçados neste livro e imagine o impacto que isso teria em nosso mundo. Você é um líder, o farol em sua organização. Ajude a guiar outras pessoas para o sucesso e cuide delas.

Se este livro o ajudou a se tornar um líder melhor, compartilhe-o, por favor, com alguém que você também queira ver se tornar um líder do futuro.

Lidere!

Referências

Accenture. "The Promise of Artificial Intelligence: Redefining Management in the Workforce of the Future." 2016. Disponível em: www.accenture.com/_acnmedia/PDF32/AI_in_Management_Report.pdf#zoom=50.

Bailey, Grant. "Nearly Half of British Workers Believe They Could Do a Better Job than Their Boss." *Independent*. 22 de novembro de 2017. Disponível em: www.independent.co.uk/news/uk/home-news/british-workers-outperform-boss-staff-line-manager-office-politics-onepoll-surveya8069461.html.

Bailey, Katie. "'Purposeful Leaders' Are Winning Hearts and Minds in Workplaces, Study Finds." Universidade de Sussex. 7 de setembro de 2018. Disponível em: www.sussex.ac.uk/broadcast/read/40606.

Bariso, Justin. "Google Spent Years Studying Effective Teams. This Single Quality Contributed Most to Their Success." 7 de janeiro de 2018. Disponível em: www.inc.com/justin-bariso/google-spent-years-studying-effective-teams-this-single-quality-contributed-most-to-their-success.html.

Barton, Rachel. "From Me to We: The Rise of the Purpose-Led Brand." *Accenture*. 5 de dezembro de 2018. Disponível em: www.accenture.com/us-en/insights/strategy/Brand-purpose?c=strat_competitiveagilnovalue_10437227&n=mrl_1118.

Beck, Randall, e Jim Harter. "Managers Account for 70% of Variance in Employee Engagement." *Gallup Business Journal*. 21 de abril de 2015. Disponível em: https://news.gallup.com/businessjournal/182792/managers-account-variance-employee-engagement.aspx.

Bentley. "For Millennials, Does a Big Paycheck Trump Ethical Responsibility?" Universidade de Bentley. 19 de outubro de 2018. Disponível em: www.bentley.edu/news/millennials-does-big-paycheck-trump-ethical-responsibility.

BetterUp. "Workers Value Meaning at Work; New Research from BetterUp Shows Just How Much They're Willing to Pay for It." *BetterUp*. 7 de novembro de 2018. Disponível em: www.betterup.com/press/workers-value-meaning-at-work-new-research-from-betterup-shows-just-how-much-theyre-willing-to-pay-for-it.

Biddle, Matthew. "Moral Leaders Perform Better – but What's 'Moral' Is up for Debate." Universidade de Búfalo. 22 de outubro de 2018. Disponível em: www.buffalo.edu/news/news-releases.host.html/content/shared/mgt/news/moral-leaders-perform-better.detail.html.

Bloomberg. "Dow CEO Fitterling on Managing Diversity and Inclusion in Corporate America." 25 de junho de 2019. Disponível em: www.bloomberg.com/news/videos/2019-06-25/dow-ceo-fitterling-on-managing-diversity-and-inclusion-in-corporate-america-video.

Branson, Richard. "What's the Health of Your Success?" *Virgin* 1178. Maio de 2017. Disponível em: Disponível em: www.virgin.com/richard-branson/whats-health-your-success.

Brené, Brown. "Dr Brené Brown: Empathy vs Sympathy." *Twenty-One Toys*. Disponível em: https://twentyonetoys.com/blogs/teaching-empathy/brene-brown-empathy-vs-sympathy.

Businessolver. "2018 State of Workplace Empathy: Executive Summary." *Businessolver*. 2018. Disponível em: https://info.businessolver.com/empathy-2018-executive-summary#gref.

Catalyst. "List: Women CEOs of the S&P 500." *Catalyst*. 11 de junho de 2019. Disponível em: www.catalyst.org/research/women-ceos-of-the-sp-500/.

Çelik, Pinar, Martin Storme, Andres Davila, e Nils Myszkowski. (2016). "Work-Related Curiosity Positively Predicts Worker Innovation." *Journal of Management Development* 35. 10.1108/JMD-01–2016–0013.

Referências

Clark, Richard E., e Bror Saxberg. "4 Reasons Good Employees Lose Their Motivation." *Harvard Business Review*. 13 de março de 2019. Disponível em: https://hbr.org/2019/03/4-reasons-good-employees-lose-their-motivation.

Clifton, Jim. "The World's Broken Workplace." Gallup.com. 13 de junho de 2017. Disponível em: https://news.gallup.com/opinion/chairman/212045/world-broken-workplace.aspx.aspx?g_source=position1&g_medium=related&g_campaign=tiles.

Collins, James C. *Good to Great*. Londres: Random House Business, 2001.

Cross, Jay. *Informal Learning: Rediscovering the Natural Pathways That Inspire Innovation and Performance*. Somerset: Wiley, 2011.

Cushman. "Futurology: The Pace of Technological Change." Cushman & Wakefield. 25 de abril de 2018. Disponível em: www.cushman-wakefield.com.au/en-gb/news/2018/04/futurology---the-pace-of-technological-change.

Dailey, Whitney. "2016 Cone Communications Millennial Employee Engagement Study." Cone. 2 de novembro de 2016. Disponível em: www.conecomm.com/research-blog/2016-millennial-employee-engagement-study#download-the-research.

Dartmouth. "Shackleton's Endurance Expedition: A Crewman's View." Dartmouth Library Muse. Disponível em: https://sites.dartmouth.edu/library/tag/ernest-shackleton/.

DDI. "Global Leadership Forecast 2018." Disponível em: www.ddiworld.com/DDI/media/trend-research/glf2018/global-leadership-forecast-2018_ddi_tr.pdf?ext=.pdf.

DDI. "Ready-Now Leaders." 2014. Disponível em: www.ddiworld.com/DDI/media/trend-research/global-leadership-forecast-2014–2015_tr_ddi.pdf?ext=.pdf.

DDI. "State of Leadership Development 2015." 2015. Disponível em: www.ddiworld.com/DDI/media/trend-research/state-of-leadership-development_tr_brandon-hall.pdf.

De Luce, Ivan. "Researchers Studied the Health of 400,000 Americans and Found That Bad Bosses May Actually Be Giving You Heart Disease." 9 de julho de 2019. Disponível em: www.businessinsider.

com.au/toxic-workplaces-bad-bosses-low-trust-link-to-cardiovas-cular-disease-2019-7.

Decarufel, Andre. "Four Ways to Become a Global Leader." Globe and Mail. 12 de maio de 2018. Disponível em: www.the-globeandmail.com/report-on-business/careers/leadership-lab/whatdoes-it-really-take-to-think-globally/article17120824/.

Dell. "Realizing 2030: A Divided Vision of the Future." 2017. Disponível em: www.delltechnologies.com/content/dam/delltechnologies/assets/perspectives/2030/pdf/Realizing-2030-A-Divided-Vision-of-the-Future-Summary.pdf.

Deloitte University Press. "Global Human Capital Trends 2016." 2016. Disponível em: www2.deloitte.com/content/dam/Deloitte/be/Documents/human-capital/gx-dup-global-human-capital-trends-2016.pdf.

Deloitte. "Thinking Global: Global Agility and the Development of a Global Mindset." 2015. Disponível em: www2.deloitte.com/content/dam/Deloitte/uk/Documents/tax/deloitte-uk-global-mindset-nov-2015.pdf.

Deloitte. "Deloitte Global Millennial Survey 2019." 24 de maio de 2019. Disponível em: www2.deloitte.com/global/en/pages/about-deloitte/articles/millennialsurvey.html.

Deloitte. "Shift Forward: Redefining Leadership." Junho de 2018. Disponível em: www2.deloitte.com/content/dam/Deloitte/us/Documents/about-deloitte/us-shift-forward.pdf.

Di Toro, Mark. "Bad Bosses: Glassdoor Survey Reveals Worst Manager Habits: Glassdoor Blog." Glassdoor UK. 17 de maio de 2017. Disponível em: www.glassdoor.co.uk/blog/bad-bosses-glassdoor-survey-reveals-worst-manager-habits/.

Diversity Best Practices. "Global Mindset." Disponível em: www.diversitybestpractices.com/sites/diversitybestpractices.com/files/attachments/2017/08/03a_competencies_global_mindset.pdf.

Doctoral dissertation. George Washington University, 1997.

Downes, Larry. "Why Best Buy Is Going out of Business... Gradually." 2 de janeiro de 2012. Disponível em: www.forbes.com/sites/larrydownes/2012/01/02/why-best-buy-is-going-out-of-business-gradually/#48916bce236c.

Referências

Dweck, Carol S. *Mindset: The New Psychology of Success*. Nova York: Random House, 2016.

Edgecliffe-Johnson, Andrew. "Women Hold Fewer than 5% of CEO Positions in US and Europe." *Financial Times*, 9 de dezembro de 2018. Disponível em: www.ft.com/content/1090105c-fb7b-11e8-aebf-99e208d3e521.

Eisenstaedt, Lee. "Organizational Pace of Change: Thriving in Our Fast Paced World." *Financial Poise*, 5 de outubro de 2018. Disponível em: www.financialpoise.com/organizationalpace-of-change-surviving-and-thriving-in-our-fast-paced-world/.

Espedido, Juliet Bourke Andrea. "Why Inclusive Leaders Are Good for Organizations, and How to Become One." *Harvard Business Review*. 29 de março de 2019. Disponível em: https://hbr.org/03/2019/why-inclusive-leaders-are-good-for-organizations-andhow-to-become-one.

Ethics. "Interactive Maps." Ethics & Compliance Initiative. 2018. Disponível em: www.ethics.org/knowledge-center/interactive-maps/.

Eurich, Tasha. "What Self-Awareness Really Is (and How to Cultivate It)." *Harvard Business Review*. 4 de janeiro de 2018. Disponível em: https://hbr.org/2018/01/what-self-awareness-really-is-and-how-to-cultivate-it.

Eurich, Tasha. *Insight: The Surprising Truth about How Others See Us, How We See Ourselves, and Why the Answers Matter More than We Think*. Nova York: Currency, 2018.

EY. "Global Generations 3.0: A Global Study on Trust in the Workplace." 2016. Disponível em: www.ey.com/Publication/vwLUAssets/ey-could-trust-cost-you-a-generation-of-talent/$FILE/ey-could-trust-cost-you-a-generation-of-talent.pdf.

Folkman, Joseph. "5 Business Payoffs for Being an Effective Coach." *Forbes*. 19 de fevereiro de 2015. Disponível em: www.forbes.com/sites/joefolkman/2015/02/19/5-business-payoffsfor-being-an-effective-coach/#464172a92afb.

Forbes. "Global 2000: The World's Largest Public Companies 2019." *Forbes*. 15 de maio de 2019. Disponível em: www.forbes.com/global2000/#10987b2335d8.

Frankl, Viktor E. *Man's Search for Meaning: An Introduction to Logotherapy*. Nova York: Simon & Schuster, 1984.

Friedman, Milton. "The Social Responsibility of Business Is to Increase Its Profits." *New York Times Magazine*. 13 de setembro de 1970. Disponível em: http://umich.edu/~thecore/doc/Friedman.pdf.

Gallup. "2018 Global Great Jobs Briefing." 2018. Disponível em: https://news.gallup.com/reports/233375/gallup-global-great-jobs-report-2018.aspx.

Gentry, William A., Todd J. Weber, e Golnaz Sadri. "Empathy in the Workplace: A Tool for Effective Leadership." 2016. Disponível em: www.ccl.org/wp-content/uploads/2015/04/EmpathyInTheWorkplace.pdf.

Giles, Sunnie. "The Most Important Leadership Competencies, According to Leaders Around the World." *Harvard Business Review*. 15 de março de 2016. Disponível em:https://hbr.org/2016/03/the-most-important-leadership-competencies-according-to-leaders-around-the-world.

Gino, Francesca. "Why Curiosity Matters." *Harvard Business Review*. Setembro–Outubro de 2018. Disponível em: https://hbr.org/2018/09/curiosity.

Glassdoor. "Glassdoor Study Reveals What Job Seekers Are Really Looking for." 25 de julho de 2018. Disponível em: www.glassdoor.com/employers/blog/salary-benefits-survey/.

Globoforce. "Bringing More Humanity to Recognition, Performance, and Life at Work."2017. Disponível em: www.globoforce.com/wp-content/uploads/2017/10 WHRI_2017SurveyReportA.pdf.

Goleman, Daniel. "What Makes a Leader?" *Harvard Business Review*. Janeiro 2004. Disponível em: https://hbr.org/2004/01/what-makes-a-leader.

Goleman, Daniel. *Emotional Intelligence: Why It Can Matter More than IQ and Working with Emotional Intelligence*. Londres: Bloomsbury, 2004.

Google. "Diversity: Google." Disponível em: https://diversity.google/.

Haas, Martine, e Mark Mortensen. "The Secrets of Great Teamwork." *Harvard Business Review*. Junho de 2016. Disponível em: https://hbr.org/2016/06/the-secrets-of-greatteamwork.

Referências

Hackman, J. Richard. "What Makes for a Great Team?" Junho de 2004. Disponível em: www.apa.org/science/about/psa/2004/06/hackman.

Hamilton, Isobel Asher. "Facebook Is Going to Start Awarding Bonuses to Employees Who Help the Firm Achieve 'Social Good.'" 6 de fevereiro de 2019. Disponível em: www.businessinsider.com/facebook-to-award-employee-bonuses-for-social-good-2019–2.

Harter, Jim, e Amy Adkins. "Employees Want a Lot More From Their Managers." 8 de abril de 2015. Disponível em: www.gallup.com/workplace/236570/employees-lot-managers.aspx.

Harter, Jim. "Dismal Employee Engagement Is a Sign of Global Mismanagement." 13 de dezembro de 2017. Disponível em: www.gallup.com/workplace/231668/dismal-employee-engagement-sign-global-mismanagement.aspx.

Holmes. "The Cost of Poor Communications." 16 de julho de 2011. Disponível em: www.holmesreport.com/latest/article/the-cost-of-poor-communications.

Horwitch, Mark, e Meredith Whipple Callahan. "How Leaders Inspire: Cracking the Code." 9 de junho de 2016. Disponível em: www.bain.com/insights/how-leaders-inspire-cracking-the-code.

IBM. "IBM Leadership, Learning & Inclusion." Disponível em: www.ibm.com/case-studies/ibm-leadership-learning-inclusion-manager-engagement.

Imperative. "2016 Workforce Purpose Index." 2016. Disponível em: cdn.imperative.com/media/public/Global_Purpose_Index_2016.pdf.

Ingraham, Christopher. "Your Boss Has a Huge Effect on Your Happiness, Even When You're Not in the Office." *Washington Post*. 9 de outubro de 2018. Disponível em: https://www.washingtonpost.com/business/2018/10/09/your-boss-has-huge-effect-your-happiness-even-when-youre-not-office/?utm_term=.352176c17846.

Innovation and Problem Solving." 7 de agosto de 2018. Disponível em: www.randstadusa.com/about/news/87-percent-of-us-workers-say-a-multi-generational-workforce-increases-innovation-and-problem-solving/.

Irish Times. "'I've Never Used a Computer,' Says Japan's New Cybersecurity Minister." 15 de novembro de 2018. Disponível em: www.irishtimes.com/news/world/asia-pacific/i-ve-never-used-a-computer-says-japan-s-new-cybersecurity-minister-1.3698624.

Kashdan, Todd. "State of Curiosity Report 2018." Merck KGaA. 2018. Disponível em: www.emdgroup.com/en/company/curiosity/curiosity-report.html.

Kashdan, Todd, *et al.* "The Five-Dimensional Curiosity Scale: Capturing the Bandwidth of Curiosity and Identifying Four Unique Subgroups of Curious People." *Journal of Research in Personality.* Dezembro de 2017. Disponível em: www.academia.edu/37011226/The_five-dimensional_curiosity_scale_Capturing_the_bandwidth_of_curiosity_and_identifying_four_unique_subgroups_of_curious_people.

Kaufman, Caroline Zaayer. "How to Answer the Job Interview Question: 'What Do You Think of Your Previous Boss?'" Monster. 2018. Disponível em: www.monster.com/career-advice/article/former-boss-job-interview.

Keller, Scott, e Mary Meaney. "Attracting and Retaining the Right Talent." *McKinsey & Company*, novembro de 2017. Disponível em: www.mckinsey.com/business-functions/organization/our-insights/attracting-and-retaining-the-right-talent.

Keller, Valerie. "The Business Case for Purpose." *Harvard Business Review.* 2015. Disponível em: https://hbr.org/resources/pdfs/comm/ey/19392HBRReportEY.pdf.

Knott, Anne Marie. "The Real Reasons Companies Are So Focused on the Short Term." *Harvard Business Review.* 13 de dezembro de 2017. Disponível em: https://hbr.org/2017/12/the-real-reasons-companies-are-so-focused-on-the-short-term.

Kong, Cynthia. "Quitting Your Job." Robert Half. 9 de julho de 2018. Disponível em: www.roberthalf.com/blog/salaries-and-skills/quitting-your-job.

Korn, Ferry. "Developing Global Leaders." Korn Ferry. 11 de agosto de 2014. Disponível em: www.kornferry.com/institute/developing-global-leaders.

Korn, Ferry. "The $8.5 Trillion Talent Shortage." Korn Ferry. 9 de maio de 2018. Disponível em: www.kornferry.com/institute/talent-crunch-future-of-work.

Referências

Korn, Ferry. "Worried Workers: Korn Ferry Survey Finds Professionals Are More Stressed Out at Work Today Than 5 Years Ago." *Business Wire.* 8 de novembro de 2018. Disponível em: www.businesswire.com/news/home/20181108005286/en/Worried-Workers-Korn-Ferry-Survey-Finds-Professionals.

Korn, Ferry. "From Soft Skills to EI." 2017. Disponível em: http://engage.kornferry.com/Global/FileLib/EI_research_series/KFHG-EI_Report_series-1.pdf.

Kramer, R. "Leading by Listening: An Empirical Test of Carl Rogers's Theory of Human Relationship Using Interpersonal Assessments of Leaders by Followers."

Kwoh, Leslie. "When the CEO Burns Out." *Wall Street Journal*, 7 de maio de 2013. Disponível em: www.wsj.com/articles/SB10001424127887323687604578469124008524696.

Label Insight. "2016 Transparency ROI Study." 2016. Disponível em: www.labelinsight.com/transparency-roi-study.

Lara, Veronica. "What the Internet of Things Means for Consumer Privacy." Economist, 22 de março de 2018. Disponível em: www.eiuperspectives.economist.com/technology-innovation/whatinternet-things-means-consumer-privacy-0/white-paper/what-internet-things-means-consumer-privacy.

Larson, Erik. "New Research: Diversity Inclusion = Better Decision Making at Work." 21 de setembro de 2017. Disponível em: www.forbes.com/sites/eriklarson/2017/09/21/new-research-diversity-inclusion-better-decision-making-at-work/#4ccc0c4c4cbf.

Lazard. "Levelized Cost of Energy and Levelized Cost of Storage 2018." Lazard. 8 de novembro de 2018. Disponível em: www.lazard.com/perspective/levelized-cost-of-energy-and-levelized-cost-of-storage-2018/.

Leslie, Jean Brittain. "The Leadership Gap." Center for Creative Leadership. 2015. Disponível em: www.ccl.org/wp-content/uploads/2015/04/leadershipGap.pdf.

Levin, Marissa. "Why Great Leaders (Like Richard Branson) Inspire Instead of Motivate." *Inc*. 30 de março de 2017. Disponível em: www.inc.com/marissa-levin/why-great-leaders-like-richard-branson-inspire-instead-of-motivate.html.

LinkedIn Learning. "2018 Workplace Learning Report." 2018. Disponível em: https://learning.linkedin.com/resources/workplace-learning-report-2018.

Lippincott, Matthew. "Effective Leadership Starts with Self-Awareness." 17 de abril de 2018. Disponível em: https://www.td.org/insights/effective-leadership-starts-with-self-awareness.

L'Oréal Group. "Diversity and Inclusion – L'Oréal Group." L'Oréal, Disponível em: www.loreal.ca/group/diversities.

Lorenzo, Rocio, Miki Tsusaka, Matt Krentz e Katie Abouzahr. "How Diverse Leadership Teams Boost Innovation." 23 de janeiro de 2018. Disponível em: www.bcg.com/en-us/publications/2018/how-diverse-leadership-teams-boost-innovation.aspx.

LRN. "The State of Moral Leadership in Business Report 2018." LRN. 2018. Disponível em: https://content.lrn.com/research-insights/2018-the-state-of-moral-leadership-in-business.

LRN. "LRN Ethics Study: Employee Engagement." 2007. Disponível em: https://assets.hcca-info.org/Portals/0/PDFs/Resources/library/EmployeeEngagement_LRN.pdf.

Maddux, William W., e Galinsky, Adam D. (2009). "Cultural Borders and Mental Barriers: The Relationship Between Living Abroad and Creativity." *Journal of Personality and Social Psychology*, 96, 1047–61. 10.1037/a0014861.

Manpower. "Solving the Talent Shortage." ManpowerGroup. 2018. Disponível em: https://go.manpowergroup.com/talent-shortage-2018.

Matsakis, Louise. "Amazon Pledges $700 Million to Teach Its Workers to Code." *Wired*. 11 de julho de 2019. Disponível em: www.wired.com/story/amazon-pledges-700-million-training-workers/.

Maxwell, John C. "Why John Wooden's Teams Won." 17 de março de 2017. Disponível em: www.success.com/john-c-maxwell-why-john-woodens-teams-won/.

Referências

Mayo Clinic. "Know the Signs of Job Burnout." Disponível em: www.mayoclinic.org/healthylifestyle/adult-health/in-depth/burnout/art-20046642.

McChrystal, Stanley A., Tantum Collins, David Silverman e Chris Fussell. *Team of Teams: New Rules of Engagement for a Complex World.* Nova York: Portfolio/Penguin, 2015.

McKinsey. "Delivering Through Diversity." Janeiro de 2018. Disponível em: www.mckinsey.com/~/media/McKinsey/Business Functions/Organization/Our Insights/Delivering through diversity/Delivering-through-diversity_full-report.ashx.

McKinsey. "The World at Work: Jobs, Pay, and Skills for 3.5 Billion People." McKinsey & Company. Junho de 2012. Disponível em: www.mckinsey.com/featured-insights/employment-and-growth/the-world-at-work.

Mercer. "People First: Mercer's 2018 Global Talent Trends Study." Mercer. 28 de maio de 2018. Disponível em: www.mercer.com/our-thinking/career/voice-on-talent/people-first-mercers-2018-global-talent-trends-study.html.

Mindset Works. "Decades of Scientific Research That Started a Growth Mindset Revolution." Mindset Works. Disponível em: www.mindsetworks.com/science/.

Morgan, Blake. "7 Examples of How Digital Transformation Impacted Business Performance." *Forbes.* 21 de julho de 2019. Disponível em: www.forbes.com/sites/blakemorgan/2019/07/21/7-examples-of-how-digital-transformation-impacted-business-performance/#59e090b651bb.

Mosadeghrad, Ali, e Masoud Ferdosi. "Leadership, Job Satisfaction and Organizational Commitment in Healthcare Sector: Proposing and Testing a Model." *Materia Socio Medica* 25, no 2 (2013). doi:10.5455/msm.2013.25.121–126.

Nyberg A., Alfredsson L., Theorell T., Westerlund H., Vahtera J., e Kivimäki M. "Managerial Leadership and Ischaemic Heart Disease Among Employees: TheSwedish WOLF Study." *Occup Environ Med.* 66(1):51-55 (2009). doi:10.1136/oem.2008.039362. Correção publicada em *Occup Environ Med.* 66(9):640 (2009).

Organisation for Economic Co-operation and Development. "Employment/ Self-Employment Rate/OECD Data." Disponível em: https://data. oecd.org/emp/self-employment-rate.htm.

Ou, Amy Y., David A. Waldman e Suzanne J. Peterson. "Do Humble CEOs Matter? An Examination of CEO Humility and Firm Outcomes." Journal of Management 2015. Disponível em: https://createvalue. org/wp-content/uploads/Do-Humble-CEOs-Matter.pdf.

PBS. "Shackleton's Voyage of Endurance." PBS. 26 de março de 2002. Disponível em: www.pbs.org/wgbh/nova/transcripts/2906_shacklet.html.

Predictive Index. "The Predictive Index People Management Study." 2018. Disponível em: www.predictiveindex.com/management -survey-2018/.

Puiu, Tibi. "Your Smartphone Is Millions of Times More Powerful Than All of NASA's Combined Computing in 1969." ZME Science. 15 de fevereiro de 2019. Disponível em: www.zmescience.com/research/ technology/smartphone-power-compared-to-apollo-432/.

PwC. "20th CEO Survey." 2017. Disponível em: www.pwc.com/gx/en/ ceo-survey/2017/pwc-ceo-20th-survey-report-2017.pdf.

PwC. "22nd Annual Global CEO Survey." 2019. Disponível em: www. pwc.com/gx/en/ceo-survey/2019/report/pwc-22nd-annual-global-ceo-survey.pdf.

PwC. "Diversity & Inclusion Benchmarking Survey." 2017. Disponível em: www.pwc.com/gx/en/services/people-organisation/global-diversity-and-inclusion-survey/cips-report.pdf.

Randstad. "87 Percent of U.S. Workers Say a Multigenerational Workforce Increases

RandstadUSA. "Your Best Employees Are Leaving, but Is It Personal or Practical?" 28 de agosto de 2018. Disponível em: Disponível em: www.randstadusa.com/about/news/your-bestemployees-are-leaving-but-is-it-personal-or-practical/.

RandstadUSA. "4 Ways to Be a Better Boss." Disponível em: https:// rlc.randstadusa.com/for-business/learning-center/employee-retention/4-ways-to-be-a-better-boss-1.

Referências

Relihan, Tom. "How Going out Can Spur Outside-the-boxThinking." 18 de setembro de 2018. Disponível em: https://mitsloan.mit.edu/ideas-made-to-matter/how-going-out-can-spur-outside-box-thinking?utm_campaign=intercultural&utm_medium=social&utm_source=mitsloantwitter.

Reward Gateway. "New Research Reveals Breakdown between Employees and Employer in Recognition, Trust and Communication of Mission and Values." 5 de fevereiro de 2018. Disponível em: www.rewardgateway.com/press-releases/new-research-reveals-breakdown-between-employees-and-employer-in-recognition-trust-and-communication-of-mission-and-values.

Reynolds, Alison. "Teams Solve Problems Faster When They're More Cognitively Diverse." *Harvard Business Review*. 30 de março de 2017. Disponível em: https://hbr.org/2017/03/teams-solve-problems-faster-when-theyre-more-cognitively-diverse.

Robert Half. "Employers Fear 4.5m Workers Could Be on the Move This Year." 12 de abril de 2018. Disponível em: /www.roberthalf.co.uk/press/employers-fear-45m-workers-could-be-move-year.

Rubenstein, David. "The David Rubenstein Show: Indra Nooyi." 23 de novembro de 2016. Disponível em: www.bloomberg.com/news/videos/2016–11–23/the-david-rubenstein-show-indra-nooyi.

Safaei, Bardia, Amir Mahdi Monazzah, Milad Barzegar Bafroei, e Alireza Ejlali. 2017. "Reliability Side-Effects in Internet of Things Application Layer Protocols." *International Conference on System Reliability and Safety.* 10.1109/ICSRS.2017.8272822.

SIS International. "SMB Communications Pain Study White Paper." Disponível em: www.sisinternational.com/smb-communications-pain-study-white-paper-uncovering-the-hidden-cost-of-communications-barriers-and-latency/.

Smith, Casey. "Promote Ethics and Employee Engagement, Get Smart Training Executive Says." *Tulsa World*. 24 de março de 2017. Disponível em: www.tulsaworld.com/business/employment/promote-ethics-and-employee-engagement-get-smart-training-executive-says/article_f900f41f-16dc-50e4–8485-d7bd8a4c2677.html.

Solomon, Lou. "Why Leaders Struggle with Workplace Feedback." 11de fevereiro de 2016. Disponível em: http://interactauthentically.com/why-leaders-struggle-to-give-employees-feedback/.

TalentSmart. "About Emotional Intelligence." Disponível em: www.talentsmart.com/about/emotional-intelligence.php.

Tanner, Robert. "How Much Does Good Leadership Affect the Bottom-Line?" *Management Is a Journey*. 18 de fevereiro de 2018. Disponível em: https://managementisajourney.com/fascinating-numbers-how-much-does-good-leadership-affect-the-bottom-line/.

Udemy. "2018 Millennials at Work Report." 2018. Disponível em: https://research.udemy.com/wp-content/uploads/2018/06/Udemy_2018_Measuring_Millennials_Report_20180618.pdf.

Ultimate Software. "New National Study Conducted by Ultimate Software Reveals Need for Greater Focus on Manager–Employee Relationships." 4 de dezembro de 2017. Disponível em: www.ultimatesoftware.com/PR/Press-Release/New-National-Study-Conducted-by-Ultimate-Software-Reveals-Need-for-Greater-Focus-on-Manager-Employee-Relationships.

Ulukaya, Hamdi. "The Anti-CEO Playbook." TED Talk. 22 de maio de 2019. Disponível em: www.ted.com/talks/hamdi_ulukaya_the_anti_ceo_playbook/transcript?language=en.

US Census Bureau. "Older People Projected to Outnumber Children." United States Census Bureau. 13 de março de 2018. Disponível em: www.census.gov/newsroom/press-releases/2018/cb18–41-population-projections.html.

Vesty, Lauren. "Millennials Want Purpose Over Paychecks, So Why Can't We Find It at Work?" *Guardian*. 14 de setembro de 2016. Disponível em: https://www.theguardian.com/sustainable-business/2016/sep/14/millennials-work-purpose-linkedin-survey.

Vozza, Stephanie. "Why Employees at Apple and Google Are More Productive." 13 de março de 2017. Disponível em: www.fastcompany.com/3068771/how-employees-at-apple-and-google-are-more-productive.

Walker. "Customers 2020: The Future of B-to-B Customer Experience." 2013. Disponível em: www.walkerinfo.com/Portals/0/Documents/ Knowledge Center/Featured Reports/WALKER-Customers2020.pdf.

Wellins, Rich. "Global Leadership Development? No Easy Task." Association for Talent Development. 15 de junho de 2016. Disponível em: https://www.td.org/insights/global-leadership-development-no-easy-task.

Wigert, Ben. "Re-Engineering Performance Management." 2017. Disponível em: www.gallup.com/workplace/238064/re-engineering-performance-management.aspx.

Wilcox, Laura. "Emotional Intelligence Is No Soft Skill." Harvard Extension School: Professional Development. Disponível em: www.extension.harvard.edu/professional-development/blog/emotional-intelligence-no-soft-skill.

Wilson, H. James. "How Humans and AI Are Working Together in 1,500 Companies." *Harvard Business Review*. Junho-julho de 2018. Disponível em: https://hbr.org/2018/07/collaborative-intelligence-humans-and-ai-are-joining-forces.

Winkler, Becky. "New Study Shows Nice Guys Finish First." *AMA*. 24 de janeiro de 2019. Disponível em: www.amanet.org/articles/new-study-shows-nice-guys-finish-first/.

Wooden, John. " Motivational Quotes: Success." Disponível em: www.thewoodeneffect.com/motivational-quotes/.

World Bank. "Self-Employed, Total (% of Total Employment) (Modeled ILO Estimate)." Disponível em: https://data.worldbank.org/indicator/SL.EMP.SELF.ZS?view=chart.

Wrike. "Wrike Happiness Index, Compensation." 2019. Disponível em: https://cdn.wrike.com/ebook/2019_UK_Happiness_Index_Compensation.pdf.

Zenger, Jack, e Joseph Folkman. "What Great Listeners Actually Do." *Harvard Business Review*. 14 de julho de 2016. Disponível em: https://hbr.org/2016/07/what-great-listeners-actually-do.

Zenger, Jack, e Joseph Folkman. "The Inspiring Leader." 2015. Disponível em: zengerfolkman.com/wp-content/uploads/2019/04/White-Paper_-Unlocking-The-Secret-Behind-How-Extraordinary-Leaders-Motivate.pdf.

Zenger, Jack. "Great Leaders Can Double Profits, Research Shows." *Forbes*. 15 de janeiro de 2015. Disponível em: www.forbes.com/sites/jackzenger/2015/01/15/great-leaders-can-double-profits-research-shows/#3ceea3026ca6.

Zillman, Claire. "The Fortune 500 Has More Female CEOs Than Ever Before." *Fortune*. 16 de maio de 2019. Disponível em: https://fortune.com/2019/05/16/fortune-500-female-ceos/.

Agradecimentos

Cada livro que escrevi foi acompanhado por um grande acontecimento da vida. Quando escrevi *The Collaborative Organization*, fiquei noivo; quando escrevi *The Future of Work,* me casei; quando escrevi *The Employee Experience Advantage,* tornei-me pai. Quando escrevi *O Líder do Futuro*, eu e minha esposa Blake estávamos esperando o bebê número dois, um garoto!

Este livro não teria sido possível se mais de 140 CEOs não tivessem concordado em ser entrevistados. Agradeço o tempo que me concederam e a disposição para compartilhar comigo suas ideias e suas perspectivas para que eu as pudesse compartilhar com você, leitor. Todos esses CEOs possuem as próprias equipes, às quais tiveram de dedicar algum tempo para coordenar, programar e conceder permissão para uso do material que faz parte deste livro – um grande obrigado também a elas.

Obrigado à equipe do LinkedIn, que acreditou no projeto e concordou em fazer parceria comigo para pesquisar os quase 14 mil empregados ao redor do globo: Sophie, Colleen, Suzi e Dan.

Agradeço a Steve King, da Emergent Research, pelo conselho e pelaorientação sobre a pesquisa para este livro.

Obrigado, John Wiley & Sons, por ajudar a tornar este livro possível; um obrigado especial a Peter, Jeanenne, Vicki e Victoria.

E à minha equipe, que me ajuda a administrar o lado comercial das coisas: vocês todos são incríveis. Obrigado, Megan, por ter ajudado a coordenar e a programar tudo e por ser a melhor assistente que eu poderia desejar! Tive a sorte, Allen, de trabalhar com você, no decorrer dos anos, em todos os assuntos criativos; obrigado pela incrível capa do livro e por todas as ilustrações. Vlatko, seus *designs* e suasideias criativas são sempre uma inspiração em todo o meu conteúdo. Michelle, sua assistência com a pesquisa e o conteúdo sempre deu uma enorme ajuda.

Abdullah, obrigado por seu conteúdo e sua pesquisa de dados. Mhyla, obrigado por me fazer parecer um bom sujeito *on-line*! Vlada, obrigado pelas incontáveis horas que lhe custou a edição de áudio e vídeo! Drew, obrigado pela orientação e pelo apoio na estratégia de negócios. Charlie, obrigado por fazer todos os meus *sites* parecerem ótimos!

A Karen Hardwick e a todos os que nos apresentaram (ou tentaram nos apresentar) aos CEOs, obrigado pelo tempo e esforço.

À minha família em Los Angeles e na Austrália; amo muito todos vocês, e obrigado pelo apoio e pelo incentivo contínuos.

Por fim, obrigado a todos os que continuam compartilhando minhas ideias, lendo meus livros, participando de minhas palestras e me enviando, de todas as partes do mundo, histórias, palavras de apoio e incentivo. Vocês fazem todo o trabalho árduo valer a pena!

Recursos Adicionais

A avaliação do líder do futuro

Quantas dessas habilidades e *mindsets* você está praticando de forma eficiente hoje e onde você precisa melhorar? Para ajudá-lo a descobrir, montei um teste que vai avaliá-lo com relação às Nove Notáveis. Isso lhe dará uma boa base do que você precisa para trabalhar. Mas lembre-se, o teste só faz sentido se você for honesto em suas respostas! Para acessar, visite: **FutureLeaderSurvey.com**

Reset da liderança

Deseja conhecer os macetes, as dicas, as técnicas e as estratégias secretas de liderança dos principais CEOs do mundo? Como bônus especial, montei um programa gratuito de 31 dias com tutorial e *coaching* especialmente para você.

Funciona assim. Ao se inscrever, você começará a receber uma série de vídeos que lhe enviarei durante 31 dias, um por semana. Cada vídeo terá cerca de 3 a 5 minutos de duração e compartilhará um macete, uma dica, uma técnica ou uma estratégia de um dos muitos CEOs que entrevistei. São elementos que não consegui encaixar no livro, mas que, ainda assim, gostaria de compartilhar com você como agradecimento especial por ter adquirido esta obra.

Para ter acesso, visite **LeadershipReset.com** e não deixe de usar a *hashtag* **#leadershippreset** na mídia social para que eu possa seguir sua jornada e seu progresso!

Minhas informações de contato

Por fim, se quiser entrar em contato, pode me encontrar no *e-mail* Jacob@ TheFutureOrganization.com ou pelo meu *site*: TheFutureOrganization. com. Lá você também encontrará *links* para todos os meus canais sociais. Espero que tenhamos a oportunidade de nos conectar!